«И тогда наверняка...»
книга-блог

Семен Винокур
«И тогда наверняка...» книга-блог.
LKPublishers – 2025. – 392 с. Напечатано в Израиле.

Semion Vinokur
«It Will Happen for Sure...» book-blog.
LKPublishers – 2025. – 392 pages. Printed in Israel.

ISBN 978-965-7577-04-2
DANACODE 760-50

Эта книга составлена на основе блога Семена Винокура.

Семен Винокур – выпускник Высших курсов сценаристов и режиссеров (ВКСР). Как сценарист, режиссер и продюсер, он принял участие в создании более 80 художественных и документальных фильмов.

В 1999 году получил первый приз Израильской Академии Кино. 2006 год – Серебряная статуэтка Рэми на 39-м ежегодном фестивале кино в Хьюстоне, а также призы на фестивалях документальных фильмов в Москве, в Карловых Варах, Нью-Йорке и Шанхае.

Блог С. Винокура пользуется огромной популярностью.

Суммарная аудитория блога на всех площадках – с начала проекта (февраль 2011) по сегодняшний день – превысила 100 000 человек.

Статистика по посещению его основного блога в ЖЖ:

– 67 000 посещений за все время;

– 147 тыс. просмотров страниц.

Два раза попадал в так называемый ТОП-3000, в первую двадцатку, один раз стал лауреатам конкурса «Профессионалы в ЖЖ».

В книге приведены избранные комментарии, после каждого поста указано их общее число.

ISBN 978-965-7577-04-2
DANACODE 760-50

© Винокур С., 2025
© LKPublishers, 2025

«И тогда наверняка...»
книга-блог

оглавление

предисловие	7
знакомство	9
встреча	21
завод. шок	27
подкуп	37
молитва	55
бомж	67
учитель (встреча)	85
надежда	103
высоцкий	115
с тобой	125
любовь	131
зденечка	147
трюк	161
по ту сторону	171
тюрьма	179
жизнь и смерть	189
цель	205
аврал	217
затерянный рай	231
боль	247
януш корчак	261
друг	271
мир	281
первый	307
наше окружение	313
связь	323
прорыв	337
авария	353
улыбка	373
послесловие	389

предисловие

Открывал блог неохотно. Тянул и тянул… Какой из меня блоггер – я уже дедушка.

Но мой друг, Ринат, – он на этом «собаку съел» – он мне сказал: «Не тяни и не задумывайся, будь собой, пиши, как пишется. Это я тебе говорю – тот, который «собаку съел»».

И тогда я стал писать, точнее, рассказывать, – ну, какой я писатель – о том, что наболело, что мне важно, что люблю, что ненавижу, что вспомнилось, что забылось.
Писал и писал. Плакал, смеялся, переживал все заново… И все писал и писал! И вдруг обнаружил десятки тысяч друзей, которые плакали, смеялись, переживали вместе со мной.

Вот это было открытием нового мира, который не знал.
Вдруг оказалось, что за этим экраном бушует жизнь, можно протянуть руку и почувствовать рукопожатие, можно раскрыть сердце – и навстречу раскроются сердца…

А вот недавно мне сказали – издавай книгу!..
Я говорю – ну, вот еще!..
Мне говорят – ну, тогда мы издадим.
Я говорю – издавайте.

Вот они и издали. Но в покое не оставили.
Подошли ко мне и сказали – надо предисловие написать.

Я им говорю – ребята, ну вы меня просто достали!..

Но вот, сел и написал, чтобы сказать вам: «Спасибо, дорогие мои читатели! Вы такие классные, – куда мне до вас!.. Как вы все воспринимали точно, как поддерживали, как вы тонки, чувственны, как умеете сопереживать и любить».
Ну вот, написал. Перечитал. Подумал – тут надо бы подправить, и тут, и тут… А тут заменить…
Но оставил, как есть.

пост_
знакомство_

Меня зовут Семен Винокур. Я знал, что когда-нибудь займусь кино. В пять лет начал сочинять сценарии, при этом наблюдал за реакцией близких. Мне уже тогда важен был зритель. Школа, зачем-то технический вуз. Работал мастером на Ижорском заводе, в цехе, в котором пили технический спирт и все выжили.

Потом армия. Архангельская область. Наша часть в лесу, снег по колено, туалеты (то есть «очки») на улице, в 40-градусный мороз, ленивые офицеры, сержанты, которые тренировались на нас (потом они стали моими друзьями). И постоянный вопрос: «Для чего всё это?.. Неужели так и пройдет жизнь?..»

Из армии я вышел что-то понявшим, и к тому же старшиной.

Снова завод. Дважды поступал на Высшие сценарно-режиссерские курсы – самое престижное кинообучение…

Поступил. Закончил… Когда мои сценарии приняли сразу на трех студиях, я получил фантастические деньги. Начал снимать. Мне прочили небо в алмазах, меня хотели.

Моим кино-папой был Юрий Клепиков, потрясающий сценарист («Пацаны», «Не болит голова у дятла», «Взлет»), моей кино-мамой – Фрижетта Гукасян – главный редактор «Ленфильма» и редактор всех фильмов Германа, Арановича, Динары Асановой. Я работал с самыми крутыми режиссерами и сценаристами, и жизнь, казалось, получается…

Но решил уезжать.

Нас лишили гражданства и разрешили взять с собой 500 долларов. Все деньги я оставил, так и не насладившись ими.

Кто-то утверждает, что есть свобода воли? – Ну-ну…

Я, жена, сын и три чемодана приземлились в Израиле 8 июля

1990 года, в страшную жару. Из Питера, с Невой и набережными, – в Ашдод, город, построенный на песках.

Началась новая жизнь. Думал, что уж кино-то точно не буду заниматься, но на третьем месяце начал снимать на центральном телевидени. И потом пошло-поехало. Не просто. Со слезами от усталости и ностальгии – первые два года.
Потом прошло. Потом получил 12 международных призов как режиссер, израильский «Оскар» за лучший сценарий. В сумме наснимал около 80-ти документальных фильмов, по моим сценариям поставили 11 игровых фильмов…

В общем, прославился. И стал тут академиком кино, и преподавателем. Но это оказалось не самое главное.

Мне тут ребята, сведующие в интернете, сказали: «рассказывай байки о себе, только не грузи идеологически».
Но смысла нет, честное слово! Нет никакого смысла мне писать правду о себе и умолчать о самой большой правде: о том, что однажды привели меня к Учителю, и я уже 15 лет с ним; открыли мне таких ребят, о которых я не мечтал даже; и с вопросом «для чего всё это?» я уже справляюсь – я знаю «для чего всё это».

И еще мне говорили интернетовские ребята: «Только не пиши больше пол-страницы, не будут читать». Вижу, что перебрал уже на 26 строчек. Останавливаюсь. Буду рад общаться с вами. Спасибо. До завтра.

Ваш Сеня.

Ivan Babushkin
2011-02-22 12:45 pm (UTC)

Здравствуйте Семен!

Расскажите, пожалуйста, как вы начинали снимать, ваши первые ошибки, находки, работа с актерами и так далее.

Мне, как начинающему кинорежиссеру, безумно интересно было бы услышать от вас некое напутствие молодым кинематографистам от мэтра современного кино!

Спасибо!

> **blog_vinokur**
> 2011-02-23 08:59 am (UTC)
>
> 1999 год. Я стою на сцене дома кино и держу такую железку, килограмм в пять, – израильский «оскар» за лучший сценарий. Говорят всякие лестные слова.
>
> Я смотрю в зал, забитый академиками кино.
>
> Уже через минуту проходит восторг, и приходят мысли.
>
> «Завтра надо забежать к Марэку, у него лежит моя заявка на документальный фильм». Вот он сидит, Марэк, хлопает мне, улыбается.
>
> Вижу Катриэля – председателя фонда игрового кино, и думаю: «Через неделю истекает срок подачи проектов, а я еще ничего не родил… Срочно! Срочно, что-нибудь написать…»
>
> Я думал раньше: «Цель – получить этот «оскар»». А получил, и всё наслаждение составило минуту чистого времени.
>
> «Суета сует», Ваня, – это когда цели не те.

>>>>>

Sergei Fairuzov
2011-02-22 05:41 pm (UTC)

Здравствуйте, Семен.

«Перебор» в 14 строчек совсем не «давит». Видимо ребята, сведущие в интернете, не учли интереса к вашим «байкам». Тем более, что некоторые из них отвечают на вопрос: «Для чего все это?»

Я как-то слышал от вас историю про то, как вы и несколько ваших друзей попали в серьезную аварию, и о том, как посещая товарищей, попавших в разные госпитали, чувствовали себя с ними одним целым.

Может, как-нибудь, напишите? В любом случае – спасибо.

blog_vinokur
2011-02-23 09:02 am (UTC)

Сережа, обещаю вам, расскажу. Это история потрясающая – как в нашу машину, прямо в лоб, въехал микроавтобус «Мерседес», с 14-ю пассажирами, почему это произошло, когда, что из этого всего вышло, и почему я считаю это счастливейшим событием в моей жизни.

Расскажу. Спасибо.

>>>>>

obituary_life
2011-02-23 05:54 am (UTC)

Тоже с большим удовольствием прочитал ваш «перебор». Ждем-с продолжения.

P.S. Можно про армию в Архангельской области, ведь я оттуда.

Хотя, как можно больше про кино, вот чего хочется. Про сами съемки, про смешные закадровые ситуации...

P.S. получился больше самого сообщения – «перебор».

blog_vinokur
2011-02-23 09:14 am (UTC)

Посмотрите, я там Ване про кино кое-что написал.

А об армии?..

Архангельская область. Плесецкий район. Ноябрь. Уже идет снег. Нас выгружают, 20 призывников в части посреди леса. Холодно. Очень холодно.

Я никогда не стригся «налысо». Загоняют бегом в казарму. Выходит мне навстречу сержант Сивулько, смотрит в глаза и говорит, как гипнотизирует: «Вот увидишь, ко мне попадешь...»

Это первое впечатление.

Второе – баня.

Просят наши гражданские вещи, которые мы хотим отправить домой, сложить в стороне и заходить. Мы раздеваемся (вещей этих, конечно, мы потом не увидим) и заходим. Воды горячей нет. Моемся холодной. Выхожу мокрый на улицу, думаю: «Менингит обеспечен. Нет худа без добра, хотя бы домой отправят».

Ведут в столовую. Низкое «депрессивное» помещение. Лениво выходит повар – парнишка-узбек, швыряет на стол миску с кашей непонятного цвета. В центре – что-то небритое от свиньи. Выдерживает паузу, глядя на нас. Такую киношную, точную паузу, и говорит: «Я бы на вашем месте повесился».

Это третье впечатление.

Их у меня от армии – сотни.

И я благодарен этому времени, и армии, и всему, что прошел там за то, что это привело меня в сегодня. Сюда, где я есть. К мыслям, которые «мыслю» сейчас.

>>>>>

Татьяна Агеева
2011-02-23 11:10 am (UTC)

Здравствуйте, Семён.

Как вы решились уехать от жизни, которая, как вы написали, получалась?

> **blog_vinokur**
> 2011-02-23 02:41 pm (UTC)
>
> ---
>
> Пусто. Вы знаете, Таня, когда становится пусто – при деньгах, без денег, завален работой, или нет, – тогда уже ничто не удержит. Ищешь, чем заполнить эту пустоту.
>
> Так и ведут человека.

>>>>>

beloshitskaya
2011-02-23 08:51 pm (UTC)

«...Из армии я вышел что-то понявшим...»

А что, если не секрет?

blog_vinokur
2011-02-24 09:37 am (UTC)

В армии я окончательно понял, что во мне что-то сидит, что-то меня такое мутит, а я не даю ему выхода. Начал писать уже по-настоящему. Подумал, что именно это меня и мутит.

Написал два сценария «между боями» и через день после возвращения из армии, пошел на «Ленфильм», позвонил первому же редактору, которого увидел в списке, и передал сценарии. Не ждал, что что-то получится, вернулся на завод.

В общем, мне перезвонили, всё понравилось... Так началось мое кино.

Но вы спрашиваете, что я понял. Понимание пришло потом. Самое главное.

Мне потребовалось несколько лет, чтобы задаться основным вопросом: «Для чего я это пишу?!» Меня уже ставили, я уже снимал... И вдруг меня этот вопрос сшиб с ног. Для чего?!.. Вот это меня и мутило в армии, понять – для чего вся эта жизнь такая, и для чего мне дали такую возможность – писать и снимать.

Всё не просто так – не для того, чтобы зашибать деньги, получать медали, премии, нет, не для этого...

Ну, а потом был прорыв. Остановлюсь здесь, чтобы это не превратилось в статью.

Спасибо. Пишите. Сеня.

>>>>>

happy_point
2011-02-25 11:28 am (UTC)

Здравствуйте, Семен!

Зовут меня Дмитрий, сценарии не пишу, так как лень и времени нет. Почитал, понравилось, многообещающе – жду продолжения.

Дружим?

> **blog_vinokur**
> 2011-02-25 06:54 pm (UTC)
>
> Конечно!

>>>>>

veta_9
2011-02-26 08:33 pm (UTC)

Здравствуйте, Семен!

Спасибо, что пригласили меня в собеседники. Жду ваш рассказ об Учителе, так как вопрос «Зачем все это?» задают себе многие.

С уважением.

> **blog_vinokur**
> 2011-02-28 03:04 pm (UTC)
>
> Посвящу этому как-нибудь пост. Не хочется коротко отвечать. Всё-таки, речь идет о перевороте. О революции.
>
> Я не из соображений грамматики пишу «Учитель» с большой буквы.

>>>>>

yukkav
2011-02-28 03:52 am (UTC)

Вы очень интересно пишете. Но вы занимаетесь каббалой?

> **blog_vinokur**
> 2011-02-28 03:06 pm (UTC)
>
> Я занимаюсь каббалой 15 лет. Учитель мой – Михаэль Лайтман.

>>>>>

cangooroo
2011-03-07 09:02 pm (UTC)

Доброго времени суток!

Польщена, что вы меня «зафрендили».

Я тоже сценарист и режиссер –17 документальных фильмов и один игровой. Но мне до вас как до Китая…

Сейчас воспитываю дочь – это важнее.

P.S. А вы с Лайтманом лично знакомы? Какое он производит впечатление, ощущение (понимаете, о чем я)?

> **blog_vinokur**
> 2011-03-08 08:20 am (UTC)
>
> Я с Лайтманом лично и очень близко знаком 15 лет. То есть, вы понимаете, какое он на меня впечатление производит!
>
> Я очень много снимал фильмов-портретов, у меня было много учителей в жизни, но тут я столкнулся с явлением, которое словами не опишешь. Как-нибудь я этому посвящу пост – как вдруг, при первой нашей встрече, по-другому сердце забилось, как дыхание вдруг прерывается от счастья, что мне посчастливилось встретить настоящего Учителя, и самого близкого человека.
>
> Я обязательно об этом напишу. Очень скоро.
>
> Спасибо за вопрос. Спрашивайте еще.

С праздником вас! Чтобы все сбылось, чего только хотите!

Семен.

>>>>>

alektoeto
2011-03-13 07:36 am (UTC)

Приятно познакомиться!

Меня зовут Алёна, я пишу киносценарий по роману Милорада Павича «Хазарский Словарь» и по понятной причине, в связи с этим, интересуюсь каббалой.

Что посоветуете почитать «для начинающих»?

> **blog_vinokur**
> 2011-03-14 04:22 pm (UTC)
>
> Я читал Павича. Прекрасный русский язык.
>
> Что касается каббалы, то вы разочаруетесь, если я вам скажу, что же это в действительности такое. Это не мистика, как у Павича, не таинственные заклинания, сны, гробницы, – это, просто-напросто, ступени соединения между людьми, это о том, как подняться над своим эго.
>
> Я имею в виду классическую каббалу, основанную на первоисточниках.
>
> Если вас это интересует, то зайдите на наш сайт: kabbalah.info/rus

>>>>>

chio_chio_sun
2011-04-19 06:03 pm (UTC)

Спасибо, что «зафрендили»

Если это не очень личный вопрос – знакомство с каббалой у вас началось именно с книг Лайтмана?

blog_vinokur
2011-04-21 08:03 am (UTC)

Если коротко ответить, – то «да». Но не хочется коротко, уж слишком все это для меня серьезно. Поэтому обещаю вам, что один из следующих постов напишу о встрече с Лайтманом и каббалой.

Огромное спасибо вам, что натолкнули. И вообще, пишите, оставайтесь, буду очень рад.

>>>>>

kittennika
2011-10-08 06:53 pm (UTC)

И байки рассказывайте, и грузите идеологически!!! Потому что очень интересно, а главное – заставляет задуматься и, как следствие, развиваться все время, не останавливаясь.

blog_vinokur
2011-10-10 07:41 am (UTC)

Спасибо большое, особенно за «грузит идеологически», потому что бессмысленно рассказывать все истории, если они не для того, чтобы задуматься. И я рад, что вы это заметили.

Спасибо вам!

298 comments

пост_
встреча

Я был свидетелем на свадьбе моего друга. Это было в 1979 году. Мне сказали: «Тут должна прийти одна девочка. Обрати на нее внимание…»

Когда она пришла, я сразу обратил на нее внимание, – да и не мог не обратить! Пригласил на танец, не дал никому с ней танцевать, – да и она не хотела!.
На второй день свадьбы, мы уже говорили во всю.

Когда я пришел домой, с порога сказал маме, что встретил свою будущую жену. Мама посмеялась, а я уже действительно все знал.

Потом была армия. Она меня ждала, и я ждал ее писем, как глотка воздуха. О письмах особый разговор…

А вот посылки… Когда приходила посылка, вокруг меня сбивалась вся голодная команда моих товарищей. Дело в том, что Нина училась в текстильном и подрабатывала по ночам в издательстве «Правда». А там, даже в самые трудные времена, в буфетах было всё. Ну, всё без исключения!.. Так в посылке и оказывалось сгущенное какао, сервилат, печень трески, грильяж… Не перечислить всего.

Мы «раздевали» посылку в течении секунд!.. Это были мгновения настоящего счастья – и от того, что вкусно, и от того, что вместе.

Пришел из армии, мы с Ниной поженились.

Прошло 30 лет, и вот я впервые «в полный голос» пишу об этом. О том, что есть такая штука – две половинки одной души; что этой своей половинке я могу доверить все самые сокровенные мысли; что были такие случаи, и не один, когда я убеждался в великой мудрости ее советов.

Конечно, в нашей жизни было всё: и подъемы, и спады, и «американские горки». Но всегда жило это ощущение одного неразрывного целого. Не знаю, как это еще объяснить – то, что мы никогда не расстанемся, что бы ни происходило, потому что это невозможно.

И всё это перешло с годами в наш совместный поиск вот этой Единой Гармонии, которой полон мир, этого Закона Любви, который только и существует.

Мы просто не можем прорваться к нему из-за наших амбиций, гордыни, наших пустых эгоистических игр.
Один великий человек, Учитель моего Учителя сказал: «Любовь – это как красивый цветок, который мы выращиваем дома. Он растет и раскрывает свою красоту только в одном случае – если мы уступаем один другому».

Да, мы знаем, что мы эгоисты, но знаем также: чтобы вырастить этот цветок, эту любовь, надо уступить.

Утром купил жене цветы – гвоздики с ромашками…

beloshitskaya
2011-03-08 12:57 pm (UTC)

Вот-вот, взаимные уступки – самое главное в любом союзе, а уж в семье - и подавно. Как жаль, что современные женщины считают, что уступать – значит, унижаться. Какой переворот в мозгах неправильный!

Вашей жене и вам, конечно, – потому что кто вы без нее – всего самого наилучшего и самого большого, неэгоистического, наслаждения!

blog_vinokur
2011-03-08 03:14 pm (UTC)

Важна цель! Цель – какая!

Если цель – не унижаться перед мужем (женой), – это одно. Тогда скандалов не избежать.

А если цель в том, чтобы, несмотря на все обиды, подняться над ними, уступить, понимая, что мы оба эгоисты, но хотя бы стараться все время соединяться над всем этим, – это со временем и опытом приводит к хорошему.

Спасибо. Пишите еще. Сеня.

beloshitskaya
2011-03-08 03:23 pm (UTC)

Да, цель – конечно.

Но здесь так важны похожие свойства – у мужа и жены.

Если свойства одинаковые, тогда они действительно близки, и, как говорится, есть с чем работать.

А если свойства абсолютно противоположные? Насколько такие люди должны быть в осознании своего зла, чтобы помнить о цели?

Ведь семья – можно сказать – «первичная» площадка для работы над своим эгоизмом, и до недавнего времени, пусть и механически, но семья вынуждала вести себя уступчиво (в рамках традиций). А сегодня – полный разброд и суррогат свободы, которая, на самом деле, ни что иное, как кульминация эгоизма.

Развязка, видимо, близко.

>>>>>

pointinheart
2011-03-08 12:58 pm (UTC)

Читали вместе: дочь и я.

Спасибо за теплоту, мягкость и ненавязчивую мудрость!

> **blog_vinokur**
> 2011-03-08 03:16 pm (UTC)
>
> Вот так и будем жить. Все мы.
>
> Спасибо за теплые слова. Вам и вашей дочке большой мудрости.

>>>>>

lioudmilalis
2011-03-10 12:05 pm (UTC)

Хорошо, когда две половинки одной души находятся в гармонии. Но ведь бывает иначе: даже ум с сердцем одного человека бывает не в ладу, а когда двое...

Как вы считаете, Семен, если один из двоих стремительно идет на дно, приближается к смерти, нищете, болезням, – второй должен умереть с ним? Или он должен бороться до конца за другого? Борьба приводит к скандалам и зачастую бывает нерезультативна.

А есть еще выход – пустить на самотек, отойти в сторону или уйти.

> **blog_vinokur**
> 2011-03-10 12:49 pm (UTC)
>
> Из того, что вы пишите, я вижу, что речь идет именно о физическом состоянии человека. Постоянно стараться вывести его из мыслей об этом – «мы там, где наши мысли» – это, прежде всего. И быть с ним.
>
> Это сработает, если он почувствует, что вы для него поддержка, что вы очень ХОТИТЕ, чтобы он вышел из этого состояния. Он за вас ухватится обязательно. И тогда вытаскивайте его...
>
> Я так думаю.

Главное правило – не оглядываться назад и не сожалеть о прошлом. Всё, что было сделано, сделано правильно и иначе быть не могло.

lioudmilalis
2011-03-12 06:22 pm (UTC)

Верно. Только вперед.

>>>>>

yazva_sibirska
2011-04-07 11:09 am (UTC)

Спасибо за такой теплый пост. Так приятно знать, что кому то повезло.

> **blog_vinokur**
> 2011-04-07 12:08 pm (UTC)
>
> Это зависит от ощущения человека. Точно.
>
> И вы проживаете свою неповторимую жизнь. Только почувствовать, к чему вас ведут.
>
> Спасибо вам!
>
> Почувствуйте!

>>>>>

miledi_om
2011-11-04 11:12 pm (UTC)

Боже, какая красота!!!

Спасибо вашей семье! Отдельное спасибо жене, Нине, которая не погасила очаг, которая своею красотой освещает путь вам, а вы – нам.

И в моей душе теплится надежда встретить свою половинку, и не даёт покоя мечта – пройти свой жизненный путь рядом с любимым!

Спасибо за искренние дружеские пожелания!!!

С большим уважением к вашей семье.

41 comments

пост_
завод. шок

Мне 21 год, я молодой специалист. Распределен на Ижорский завод – гигант тяжелой индустрии, флагман, 30 тысяч работников, 120 цехов и так далее.

Как я волновался перед первым рабочим днем?!..

Сестра выгладила меня (я тогда жил у нее), начистила мне ботиночки, галстук я решил не одевать, завернула с собой пару бутербродов и сказала: «Как себя поставишь в первый день, так всё и будет».

Я перед зеркалом отрепетировал вступительную речь и уже видел себя, как я так, чуть свысока, но, в то же время, по-братски – это любят – вот так говорю с рабочими. Потом прохожу по участку, знакомлюсь, жму руку демократично каждому, с такой полуулыбкой, потом показываю, конечно, что специалист, разбираю с ними чертежи… Ну, и пошло-поехало…

С этими мыслями я, молодой мастер, появился в четвертом цехе Ижорского завода, вечером, во вторую смену.
Мне было оставлено задание, что надо сделать за смену, я его внимательно просмотрел и спустился на участок.

Станки молчали.
Вот-вот должна была начаться смена.
Часы пробили уже не помню сколько, но на дворе было темно.
И это был день получки.

Десять минут проходит – на участке никого. Двадцать минут – никого. Полчаса!.. Никого!.. Станки молчат. Тишина гробовая. Я уж, грешным делом, подумал: «Может, время перепутал или цех…»

Вдруг вижу в конце пролета, на улице, между ящиками, сверкнул огонек. Осторожно иду туда. И что же? Стоит человек двадцать работяг, перед ними на ящиках штук двадцать портвейна, и так, в тишине, они употребляют.
И вдруг они все, как по команде, поворачивают ко мне головы.

И смотрят.
И молчат.
Ни улыбки, ни привета, глаза недобрые.
Чувствую – помешал.

Через полминуты произношу заученную дома фразу: «Здравствуйте, я новый мастер цеха, давайте будем знакомиться...» В ответ молчание.
Ну, я тогда, не заученную говорю, как-то само собой вышло и очень жалобно: «Ребята, мне много задания оставили, может быть, пойдем в цех, это мой первый день...»

Молчат! Неприветливо смотрят. И пауза затягивается.

Я не знаю, что делать, но отступать некуда. И я глазами нахожу того, кто как-то по-другому, чем все, смотрит, и уже только ему начинаю объяснять, что «я вас очень прошу, ну давайте пойдем, ну я вас очень прошу, ну очень...»
Это все выглядит жалко. Я прямо весь вытягиваюсь навстречу, только бы услышал.

Пауза...
Но, похоже, что он меня слышит.
Потом медленно оглядывает всех и говорит: «Ну ладно, пошли», и первым трогается с места.

Они действительно идут за ним.
Действительно начинают работать.
А я стою за спиной этого рабочего, боюсь от него отойти. Он для меня сейчас, как мать и отец, и безопасность, и тепло. Я благодарю его, извиняюсь...

Но только через неделю-две, он начинает со мной разговаривать (после проверки, которую мне устраивают), и мы становимся с ним друзьями, а потом и со всеми ребятами на участке... Они оказываются не волками, а простыми, очень хорошими людьми. И в день получки мы уже иногда выпиваем вместе.

Что я хочу сказать? Что часто у меня так в жизин было, когда из полного непонимания и отчаяния вдруг находились глаза, которые смотрели в мои глаза, сердце, которое открывалось навстречу, – и тогда понималось, что только это и надо человеку, что все наши проблемы в том, что порвана связь. И так хотелось ее найти. И когда находилась, больше ничего не надо было.
И сегодня то же самое.
Найти связь, научиться слышать друг друга… И все проблемы уйдут, будто и не было их. И то, что казалось невыполнимым, окажется очень простым.
Вспомнил. Расчувствовался.

turja
2011-03-31 06:17 am (UTC)

Всегда меня восхищали люди, которые умеют становиться своими в любой компании. А если бы не это – «И в день получки мы уже выпиваем вместе» – признали бы?

blog_vinokur
2011-03-31 07:59 am (UTC)

Спасибо.

Но не во всех компаниях становлюсь своим. Обязано быть что-то общее. Вопрос, который мучит, – сострадание, общее переживание, что-то, за что можно ухватиться... В каждом, самом последнем, живет Человек. Вот и встречаются Человеки.

turja
2011-03-31 08:52 am (UTC)

Да, я тоже могу все это сказать и «посочувствовать слегка, погибшим им, издалека».

Но вот страх перед «чужой стаей», снобизм и нелюбопытство, наверное, мешают видеть Человеков в не слишком себе подобных.

>>>>>

moscowfaq
2011-03-31 06:19 am (UTC)

Жизнеутверждающе. Спасибо. Но как найти эту связь?

blog_vinokur
2011-03-31 08:03 am (UTC)

Знать, для чего ты ее ищешь. Так я думаю. Потому что все это происходит для тебя.

>>>>>

podjig
2011-03-31 06:28 am (UTC)

И просто, и сложно одновременно.

> **blog_vinokur**
> 2011-03-31 08:07 am (UTC)
>
> Просто. Честно, просто.
>
> Только мы всегда очень зажаты своим «я» – попробуй, впусти туда кого-нибудь. А когда решаем впустить, – раскрываемся, расслабляемся – и оказывается, что все просто.
>
> Но ответил, наверное, сложно, извините.
>
> Спасибо, что зашли.

podjig
2011-03-31 08:12 am (UTC)

Нет, не сложно. Сложно в выборе – кого пускать, а кого нет...

Многие «обожглись», впустив не тех людей. И эти люди выжимают из тебя по максимуму...

> **blog_vinokur**
> 2011-03-31 09:09 am (UTC)
>
> Согласен, что в нашем мире самое главное – выбрать свое окружение. Чтобы цели наши совпадали.
>
> Вот такой вывод я делаю из вашего письма. И с ним на 100% согласен.
>
> Спасибо.

>>>>>

tudernvar
2011-03-31 06:41 am (UTC)

Думаю, что в мире проблема с желанием найти эту связь. Ибо, если есть желание найти, – глаза найдутся, и найдутся сердца, готовые раскрыться, и слова найдутся.

blog_vinokur
2011-03-31 08:08 am (UTC)

Это абсолютно точно! Надо, чтобы было желание! И тогда всё происходит.

Спасибо!

tudernvar
2011-03-31 09:54 am (UTC)

Это вам спасибо! Так приятно читать ваши размышления!

>>>>>

o_yu_mi
2011-03-31 08:54 am (UTC)

Очень интересно, а главное – простая рядовая жизненная ситуация. И многие из нас сталкиваются с ней, хотя бы раз в жизни.

Кто-то приходит руководителем в слаженный коллектив, кто-то таким же, как и они, работником. И в том, и ином случае, люди, вначале к тебе присматриваются – кто ты, с чем пришёл. И если у человека есть желание стать частью этого коллектива, его примут, полюбят и будут считать своим.

morfing
2011-03-31 09:00 am (UTC)

А я выбрал самого крепкого и дал ему в рыло... И понимающие глаза стали у всего взвода.

blog_vinokur
2011-03-31 09:06 am (UTC)

На заводе я думал, что это экзамен для меня, – смогу ли объяснить, не быть над ними, а с ними. Очень хотел, чтобы услышали меня, и я услышал.

В армии, согласен с вами, была такая ситуация – как выход из унижения. Не смог сдержаться.

>>>>>

pointinheart
2011-03-31 10:37 am (UTC)

Семен, о какой связи вы говорите? Сегодня каждый хочет использовать других ради собственной выгоды и налаживает связи ради получения...

blog_vinokur
2011-03-31 10:57 am (UTC)

Это точное замечание.

В тот момент, когда я ощущаю, что это я такой – использующий других, насквозь эгоистичный, это я, а не кто-то – с этого и начинается построение настоящей связи...

pointinheart
2011-03-31 11:09 am (UTC)

И когда наступает ощущение этого момента. Что для этого надо сделать?

Когда страны помогают друг другу во время катастроф, они, наверняка, думают о том, что и с ними может произойти несчастье, и им нужна будет помощь...

blog_vinokur
2011-03-31 12:55 pm (UTC)

Ощущение это называется «ощущением собственного зла», собственной эгоистичности, и приходит оно, когда вам «подсвечивает» немножко.

Нет в этом никакой мистики. Просто вы ощущаете, что есть у вас желания к чему-то, «не из этого мира», как мы говорим, – не к деньгам, славе, власти и так далее, а к чему-то, что и объяснить не можете. Только надо чуть из себя выйти, чуть приподняться над собой, над своей природой, и там уже действует другой Закон – и вы действительно это ощущаете – Закон равновесия, покоя, любви.

Когда приходит это понимание – это я и называю «подсвечивает»,

– вы себя начинаете невольно сравнивать с Ним, с этим Законом.

«А какая я? – вы спрашиваете. – Получается, что не очень я соответствую этому Закону. А как ему соответствовать? Чтобы жить не только для себя...»

И пошло-поехало...

Потом находите таких же, как вы, «не от мира сего», книги, инструкции, Учителя...

Ну, и приходит это потом. Приходит!

Что касается стран, то согласен с вами.

Спасибо за постоянные очень глубокие вопросы.

41 comments

пост_
подкуп

Нас можно купить, каждого. Или подкупить. Не знаю, как деликатнее сказать.

Только с годами я это понял. До этого думал: «Как так?! Кто-то берет, но я-то – нет! И вообще, есть честные неподкупные люди».

Прошли годы, и я понял – нет неподкупных, и быть не может. Почему? Потому что наш эгоистический мир населяют не просто семь миллиардов человек, а семь миллиардов жаждущих, алчущих, вожделеющих…
Я хочу есть, я хочу её, я хочу стать ученым, я хочу быть первым, я хочу тихо жить, я хочу Оскар!.. Хочу! хочу! хочу!..
И я так устроен, и я, как и каждый из нас, выбираю то, что мне принесет большее наслаждение.

Кто-то продастся за 10 тысяч, а кто-то за миллиард, кто за областную премию все отдаст, а кто-то только за Нобелевскую. Продаемся за место в парламенте, за место на олимпиаде, за хороший обед, за красивую женщину, за чью-то улыбку… Все – чистая продажа и не надо никого в этом обвинять: человек живет для себя.

И даже, если я говорю, что неподкупен, – это очень «крутой» подкуп, потому что от этого я получаю высочайшее эгоистическое наслаждение, от этой моей «честности», «порядочности», «праведности», «неподкупности». Все это идет напрямую в мою гордыню, в мое «я».

В общем, долгое время был я уверен, что неподкупен. И хорошо мне с этим было. Я потерял «невинность» только через много лет. А по дороге, сколько же их было – зримых и незримых подкупов.

…Я служил в армии уже около года. Служил глубоко в лесу, в Архангельской области. Как-то подходит ко мне Дигуров, старлей, борец, красавец, осетин, и говорит: «Поедешь со мной за молодыми в Ереван».
Я так обрадовался! Еще бы, вырваться из вечной зимы, к солнцу,

мясу, коньяку, людям, винограду. Я ведь год не был в отпуске. И вот, мы едем.

Приезжаем в Ереван. Приводят нас на сборный пункт, он мне сразу показался странным. Такая закрытая высоким забором территория, в которой есть один вход и один выход. Выход прямо к вагонам.
Нам сразу объясняют, почему это так.
– Они бегут, – говорят нам. – Призывники, армяне, бегут. И поэтому, говорят, упаси вас Бог сказать, куда вы их везете. Говорите: «за Москву».

И вот мы начали говорить «за Москву», и наверное, народ нас не так понял – подумал, что «в Москву». Потому что я вдруг вижу: подваливают к нам такие крутые ребята – в джинсовых костюмах, в очках поляроид (тогда это было писком моды), и все из центральных районов Еревана.
Мы так тихо, не добавляя ничего к сказанному, собрали у них паспорта и закрыли в сейфе. Набралось 25 орлов.

К вечеру мы вышли в город поесть.

Это был 1979 год. Так вкусно я давно не ел. Мы сидели в каком-то открытом ресторане, прямо в форме, и ели, и ели. Ну, и пили. Дигуров опрокидывал стаканами, я рюмками.

Я сначала оглядывался: патрули шастали вокруг все время, но – мистика какая-то – нас не видели. Потом я уже перестал оглядываться, потерял контроль.

В общем, мы с трудом дотащили друг друга до базы. Свалились.

Утром встали, как новенькие (лишнее доказательство, что продукт был качественный), и открыли сейф. Оказалось, что за ночь в сейфе нам заменили все паспорта. Блатные Еревана раскрыли, что мы везем не в Москву, и вместо 25-ти блатных, у нас оказалось 25 не блатных, простых ребят с окраин.

Ну, что делать, стали мы их заносить в списки.

Пишу я, пишу… Маму свою вспоминаю. Я не видел ее уже год и, конечно, стосковался.

Вдруг, чувствую на себе чей-то взгляд. Поднимаю глаза. Стоит передо мной моя мама. Я замер. Я обомлел просто. Моя родная мама – вот она!.. Как она сюда попала?!.. Смотрю на нее. Сердце бьется. И даже выскакивает.

«Мама!..» – произношу.

А она меня спрашивает: «Куда вы едете?»

И я понимаю, что это не мама, – акцент выдает. Но сумасшедшим образом на маму похожа.

И она смотрит куда-то в списки, которые я заполняю. Показывает в них пальцем и говорит: «Вартан – это мой сын. Куда вы едете?»

Я отвечаю ей: «Нельзя нам говорить».

Она: «Умоляю, куда?!..»

«Ну, в общем, за Москву, – говорю. – Но не в Москву, – уточняю, – а за Москву…»

– Куда за Москву? – не отстает.

– Не могу… Нельзя нам… – пытаюсь выкрутиться.

А она настаивает: «Ты обязан мне сказать! Обязан!.. Это мой сын, Вартан!..»

Вот это «обязан» меня добивает. Подхожу к Дигурову и говорю ему: «Товарищ старший лейтенант, скажите женщине, куда мы едем».

«Нельзя», – отвечает и сморит на меня грозно. Но я уже вижу, что не возражает. И тогда говорю «маме»: «В Архангельскую область едем, в лес».

Она чуть ни в обморок… Побелела, пошатнулась и пошла.

Что было дальше, мне рассказывал ее сын – Вартан. Она пришла домой и сказала ему: «Сынок, Вартан, беги!»

А он остался.

– Я уже три раза бегал, – рассказывал он мне. – А тут, вдруг, подумал – не побегу. Почувствовал, что вас встречу, товарищ сержант (в этот момент глаза его хитро блестели, подкупал).

Так он и не сбежал.

Пришел ночью, прямо к отправке… Такой горный орел в белой кроликовой шапке. И в пиджачке.

Как мы ехали – это особая история. Но приехали, все-таки (я бы сказал, не смотря, ни на что). Снег валит. А они в пиджачках. Спрыгнули в сугробы.
Тут же ждут их наши бравые «старички». Беззастенчиво ощупывают их одежду. Прищуриваются. Прицениваются. Примеривают на глаз. Им ведь скоро на дембель.

Ребята мои, армяне, приуныли.

Приехали мы в часть. Я Вартану говорю: «Сейчас вас будут распределять. Просись не ко мне, а во вторую батарею, просись. Понял?»
– Я с вами хочу, – отвечает.
– Идиот! – говорю ему, – из нашей батареи попадешь на Новую Землю, из второй – в Краснознаменный Бакинский округ. А оттуда до Еревана раз плюнуть.

Ушел он распределяться. Ну, думаю, благодари маму свою.
Проходит час.
Идут они обратно. Уже половина из них осталась. Я еще издали вижу: идет «белая шапка», и он, Вартан, под ней.

Я на него набросился: «Ты что, меня не понял?! Ты же себе сейчас приговор подписал!» А он мне говорит: «Я решил с вами быть. А там, что будет, то будет».

Вот так он и остался.

А я, «подкупленный» его мамой, так похожей на мою, назначил его на самое блатное место в батарее – каптером назначил (я уже тогда стал старшиной батареи, неожиданно; это тоже особая история).

Так вот, я сделал его каптером. А это, товарищи, место за которое все бы отдали всё! Это место покруче любого места будет! Командир части позавидовал бы! Генеральный секретарь!

В каптерке всегда тепло, уютно, можно часами лежать на матрацах и ватниках, жить со своим чайничком, брать взятки у солдат за то, чтобы выдать им не дырявые валенки, не протертые рукавицы, не продутую ветрами шапку, чтобы припрятать их посылки, которые надо было съедать сразу же, потому что негде было их хранить. Хранили у него, в каптерке. Взятки он брал «борзыми»: сгущенкой, копченой колбасой, шоколадом, салом…

В общем, жил Вартан припеваюче, как на курорте, при +40, когда снаружи было -40.

Сначала у меня болела совесть за то, что меня так «подкупили». И я поднимал его каждое утро, вытаскивал из теплой каптерки, и он бежал три километра по бетонке вместе с нами, в одной гимнастерке, как и мы, в самые лютые морозы.
Он прихрамывал, стонал, но бежал.

Месяц он так бегал.
Потом я устал его поднимать, и он уже до конца службы не выходил из каптерки.
Начал полнеть и ходить медленно, как это и положено каптеру.
Парень он был добрый – просто место развращает человека…
Слаб человек, подкупаем, ничего тут не скажешь!

Далее подкупы продолжились, но уже более откровенные.

Приехал его папа через три месяца. Оказался он развозчиком армянского коньяка по России. Пришел ко мне и сразу сказал: «Спасибо за Вартана. Кого подкупить, чтобы он домой служить попал?»
Я даже развел руками от этой наглости…

Но он и без меня разобрался.

Рассказывали – сам не свидетель, но рассказывали, – что на следующий день зашли ребята к начальнику штаба домой и видели ковры персидские на стенах, видели жену его в расшитом восточном халате, и самого его видели в домашних тапочках красоты неописуемой... И еще что-то гулко (множественно) звенело в холодильнике...

Это звенел коньяк. Много коньяка, так понимаю, потому что через четыре месяца Вартан поехал служить в город Ереван.

Сначала писал письма. Потом перестал.

***

Так, когда же мы неподкупны, все-таки? Есть такая ситуация или нет ее?

По идее, это может произойти только в одном случае – когда мое «я» ничего не требует себе. А когда оно не требует? – Когда я хочу отдавать, а не брать, просто быть отдающим, и все. Это состояние называется подъемом над эгоизмом. По сути – ты живешь для другого.
А если еще другой живет для тебя? – Тогда получается такой круговорот заботы, который снимает с меня всякую тревогу. Это состояние называется поручительством. Чувство такой абсолютной безопасности. Весь мир, как семья – дети, братья, сестры, родители...

Возможно ли это?
Это наше реальное будущее. Путь к нему – это путь человечества.

А пока – живем в этом мире, покупаем и продаемся...

Я как-то приехал в Питер (уже жил пять лет в Израиле), пришел на родной Ижорский. Встретился с ребятами, выпили, вспомнили былое, потом посидел с начальником производства.
Говорю ему: «Владимир Палыч, что же это вы делаете?»
«А что?» – говорит.

«Вы же, – говорю, – строите Ирану ядерный реактор. На нашу погибель».
А он мне говорит: «Сеня, я в такие тяжелые времена сумел всем пенсионерам дать работу. Благодаря этому реактору. Посмотри, все заводы развалились, а наши люди в тепле и заботе, и при копеечке…»

Я о том же… Никого судить нельзя…

Только надо торопиться к тому, чтобы стать все же одной семьей…

Может, выпьем за это?!..

teterski
2011-08-17 05:50 pm (UTC)

Спасибо!

Очень пронзительно, ярко и жизненно. Правдиво и сильно.

> **blog_vinokur**
> 2011-08-18 07:43 am (UTC)
>
> Спасибо!
>
> Спасибо, что не обиделись. А то, знаете, в этот момент человек вдруг благородно возмущается: «Что?! Это я продаюсь?!..» И его можно понять – он с этим жил всю жизнь.
>
> И каждый из нас так. Эгоизм – ведь наша основа.
>
> Спасибо и до встреч.

>>>>>

spread_dragon
2011-08-17 05:54 pm (UTC)

Это называется коммунизм.

И это неправда, что все покупаются, и каждый хочет жить для себя. Если бы это была правда, то никакого будущего у человечества не было бы.

А, может, и нет?

> **blog_vinokur**
> 2011-08-18 07:50 am (UTC)
>
> Будущее у человечества есть. Оно в том, чтобы подняться над собственной выгодой, то есть над этим подкупом постоянным, и раскрыть настоящий мир, который основан на взаимной отдаче и любви.
>
> И эти понятия тоже не простые.
>
> Что такое – отдавать, не преследуя при этом личных целей? Что такое – любить, не эгоистически?
>
> Я, конечно же, говорю не о коммунизме. Его делали нормальные

эгоистичные люди, поэтому все и провалилось. И первая романтическая стадия сменилась террором. И все купилось, в результате.

Сначала должен пройти процесс исправления человека, то есть человек должен очиститься от эгоистических намерений, а уж потом, на этой основе, можно строить справедливое общество. И оно будет стоять, а не развалиться.

Спасибо вам!

>>>>>

nelichnoe
2011-08-17 06:18 pm (UTC)

Истории интересные, но согласиться с выводами не могу.

Совершенно очевидно, что всё имеет свою цену. Но не всё покупается, так же, как и не всё продаётся. Затёртые, банальные слова, и, мне кажется, что наряду с историями «как меня подкупили» в памяти каждого найдутся и истории о том, как не удалось подкупить.

Вопрос ведь не в подкупности или неподкупности. Вопрос в последствиях. Если от того, «что подкупили» многим стало лучше жить, разве это плохо?

blog_vinokur
2011-08-18 08:30 am (UTC)

Думаю, как вам ответить. Чувствую вашу искренность и даже обиду за человека.

Но ничего обидного я не хотел сказать. Слово «подкуп» колет, конечно. Но это естественное состояние человека в нашем мире. Я написал уже много комментариев и, наверное, повторюсь сейчас, но за каждым нашим действием обязательна собственная выгода – это энергия, которая нами движет.

То есть я ищу все время более выгодное, комфортное состояние для себя. Если мне комфортно ощущать себя честным, то так оно и будет: я не пойду на явный подкуп, для того чтобы остаться честным, потому что мне так хорошо. Мне.

В вашем последнем предложении тоже надо бы разобраться. Что значит: «многим стало лучше жить»? О какой жизни мы говорим? О материальной? Они стали счастливей?

Здесь много вопросов, боюсь запутать вас в коротком комментарии. Но счастье, все-таки, это когда человек понимает, что хочет подняться над собственной выгодой и соединиться с другим.

Извините, что больше вопросов чем ответов, но будем разбираться вместе и дальше.

Спасибо вам!

>>>>>

ikovalski
2011-08-17 06:22 pm (UTC)

«И даже, если я говорю, что неподкупен, – это очень крутой подкуп». А сказать, что это подкуп, значит, тоже неподкупен, вроде бы. И так до бесконечности.

Софистика. Вы правы.

> **blog_vinokur**
> 2011-08-18 08:41 am (UTC)
>
> Не софистика. извините, а очень реальный, честный взгляд на вещи, на то, что основа наша – наши эгоистические желания, которые мы обязаны наполнить. То, что сулит нам большее наполнение, туда мы и идем
>
> Спасибо вам!

>>>>>

max_x_001
2011-08-17 08:09 pm (UTC)

Интересно, кто бы Христа смог купить?

Наверно можно, если человек перестает бороться сам с собой и своими слабостями.

blog_vinokur
2011-08-18 08:56 am (UTC)

Как это «бороться с самим собой»?

Бороться с самим собой – это, на мой взгляд, понять, что я думаю только о себе, что я такой законченный эгоист, и что хотел бы из этого выйти. Это называется «бороться с самим собой».

Захотеть соединиться с кем-то, но не на эгоистической основе, а научившись отдавать, научившись чувствовать желание ближнего и наполнить его.

Спасибо вам.

Уж извините, говорю все время о соединении. Это не потеря собственного «я» – это его настоящее применение.

>>>>>

dimulenka
2011-08-17 08:56 pm (UTC)

Не выйдет. Дело не в эгоизме. Даже отдавая, мы отдаём неравно. Ближним больше, чем дальним, а значит, последним недодаём.

Так и директор предпочёл дать своим рабочим достаток, обделяя тебя безопасностью. Они его подкупили, а ты нет.

Всеобщего равенства не существует, свою дочь я люблю больше, чем такого же ребёнка из Гвинеи.

Значит, дело не столько в эгоизме или альтруизме, а в мере отдачи, а она измеряется только деньгами. В последнем счёте, огрубляя, – самая удобная мера, лучше пока не выдумали. Потому, что и любовь и доброта стоит чьих-то усилий или затрат, выражаемых в деньгах.

Если и будущее, то очень дальнее: когда малолетний иранский экстремист тебя полюбит, а ты его; когда вы будете иметь одинаковые ценности; когда отступит дикость. А это всегда зависят от достатка, равномерного развития цивилизации.

Пока таких перспектив не очень видно.

blog_vinokur
2011-08-18 09:06 am (UTC)

Димыч, во-первых, что-то не видел тебя в моем предыдущем посте. Просто привык, что ты все время есть, так что не исчезай, пожалуйста.

Во-вторых, ты знаешь, это нам наш разум не дает представить такую ситуацию, что весь мир – семья. И это тоже из-за того, что мы – законченные эгоисты, и разум – он работает на нас, на наш эгоизм, он проводит расчет, что нам выгодно, а что нет.

Я тебя боюсь запутать, но я скажу: мы уже сейчас находимся в таком состоянии единства. Все, весь мир – одно целое.

Что нам мешает почувствовать это? То же самое наше эго. Мы через него смотрим на мир. Как только мы его подчистим, сразу же поймем, что мы все время находились в самом лучшем, идеальном состоянии полного единства. Покоя, счастья.

Извини за высокие слова.

А деньги?!.. Да о чем ты говоришь, Димыч?!.. Столько несчастных людей, у которых они есть?!..

Обнимаю, пиши, спасибо!

>>>>>

nandzed
2011-08-18 01:03 am (UTC)

Не согласен с образом семьи, как образца для мира.

Простая вещь – мир как семья. Но давайте разберемся.

Ведь понятие семья и сегодня прекрасно вмещает в себя неимоверный эгоизм соучастников этого проекта. Легко и непринуждённо. Сама семья, то есть то, что кто-то ХОЧЕТ жить друг с другом, а это уже эгоизм, существует, как ни крути, за счет долгов – кто-то кому-то что-то должен отдать в силу ранее созданных причинно-следственных отношений. В основе их – страсти, это неизбежно, бесчувственная семья – нонсенс. А страсти сформированы эгоистично.

Семья – это обмен, то, что вы называете подкупом.

Вы предлагаете образ семьи миру, как неподкупный. Но ведь вас, самого, подкупили (в вашей терминологии) в армии – на чисто семейный образ мамы. Вы противоречите сами себе.

В мире нет устоявшихся образов из обычной жизни, которые были бы неэгоистичны, – увы. Любовь матери может быть самоотверженной, безоглядной, но совершенно эгоистически окрашенной. Примеров предостаточно.

Понимание взаимосвязанности всех и вся действительно не эгоистично, – если оно не просто интеллектуально, а прожито в опыте, если оно стало реальным переживанием.

Но получается, что пока вы не обрели реальный опыт, практически, святого человека, до тех пор это просто разговоры умных людей, реальная жизнь которых не соответствует их разговорам, не более того.

blog_vinokur
2011-08-18 09:16 am (UTC)

Вы правы, но не о той семье я говорю. Не о семье, которая строится на эгоистической основе. Эта основа зыбка, и мы это видим по количеству разводов, по несчастным детям, и так далее. Это потому, что эгоизм сегодня достиг своего пика.

Я говорю о семье в ее высоком понимании – когда есть забота о ближнем, когда каждый чувствует безопасность, и дает это состояние другим, когда все строится на отдаче, а не на получении. В такой семье не может быть несчастных. Это такое одно состояние тепла, покоя, любви.

О такой семье я говорю.

И я написал в предыдущем комментарии, что это состояние есть уже сейчас, и это не философия. Просто на мир мы смотрим через призму собственного эгоизма, а она – искажает. Приподняться над ним – и перед нами предстанет абсолютно другая картина.

Вы спросите: «Как это сделать практически?»

Отвечу: стремиться к соединению – это выход из собственной клетки. Хотя бы понять это и начать стремиться к этому. А там – помогут!

Спасибо вам. Всегда рад с вами подискутировать.

>>>>>

alentia11
2011-08-18 03:25 am (UTC)

Да, вы правы, слаб человек и продажен…

Хорошие вопросы задаете, спасибо за них.

«Так, когда же мы неподкупны, все-таки?» «Есть такая ситуация, или нет ее?!..»

Если хорошо подумать, то – по моему мнению – нет таких ситуаций. Не нашла, не увидела… Потому что, как бы мы себя не повели, с одной стороны, – это может и примут за неподкупность, а с другой стороны, начинает маячить тень одной из основ греховности – гордыни. И к чему бы мы ни прикоснулись, дуальность мира всегда шлет нам улыбку…

Слабость чаще проявляется в том, что не хотим признавать её и быть честными с самим собой. Ну, очень хочется быть такими хорошими, честнющими, правильными, неподкупными… Сначала чего-то доказываем себе, врем себе, потом другим… И получаем вокруг сплошную оппозицию и сопротивление…

Не судить, признавать и принимать – вечные истины, которые слышал почти каждый, мало-мальски грамотный человек. А вот признавать и принимать – увы. Слаб человек…

blog_vinokur
2011-08-18 09:22 am (UTC)

И даже нечего добавить. Очень точно и честно.

Но требует продолжения: какие мы из этого делаем выводы.

Если я не хочу смириться с таким состоянием, то я ищу, как из него выйти, как не быть подкупаемым. Вот здесь и начинается настоящая работа.

Спасибо вам, что начали ее. Чувствуется.

Спасибо!

>>>>>

yoqneam
2011-08-27 08:09 pm (UTC)

ХОРОШО!!!

У меня в голове часто крутятся мысли, которые не всегда могу облечь в слова! И вот находится человек, который эти слова подобрать может, и я готов под ними подписаться!

Впрочем, как и каждый из нас!

Спасибо!

blog_vinokur
2011-09-14 06:33 am (UTC)

Именно потому, что у вас «крутятся» эти мысли, я и могу произнести слова. Связь – она не только физическая. Мысленная связь – она гораздо круче.

Так что, спасибо вам!

>>>>>

vorobev_andrey
2011-09-13 09:25 am (UTC)

Спасибо, в самое сердце!

Я вот подумал, что если тебя не подкупить и ты всецело отдаешься служению людям, то тогда подкупаешь ты. Ведь так получается? Но если ты до конца честен в намерении, то не пользуешься совершенным подкупом. И в этом случае люди начинают беспощадно пользоваться тобой, считая тебя простаком.

Должно быть, нужно четко разграничивать с кого брать, а с кого нет.

Лично мне к сердцу ближе принцип, с грубым названием: «ты мне – я тебе», но искренне, в знак благодарности и уважения, во славу дружбы. Но чтобы до конца понять этот принцип его нужно прожить.

Я не знаю, как и чем живут другие, и пусть это прозвучит пафосно, но мы живем друг другом. Мы – я и мои друзья. Всегда выручаем, поддерживаем и помогаем друг другу. Это ведь очень важно – чувствовать надежное плечо друга. Это ведь тот самый тыл, о котором все говорят.

Я хочу сказать, что нас – меня и моих друзей – наши родители называют братьями. И нас их слова до сих пор трогательно смущают. Нам удалось стать одной большой семьёй по духу. Семьёй из десяти семей по крови.

blog_vinokur
2011-09-14 06:41 am (UTC)

Спасибо вам.

Конечно же, любая связь между людьми замечательна, если цели ее благородны.

Есть цели – мы хотим объединиться, чтобы нам было хорошо. Есть цели – мы хотим объединиться, чтобы научиться отдавать и помочь всем объединиться...

Спасибо вам!

>>>>>

crocco
2011-09-14 11:25 am (UTC)

Спасибо, хорошо написано.

Скажите, Семён, а как вы думаете, ваш Учитель, Лайтман, – он неподкупный? Или его тоже можно купить?

Ведь «нет неподкупных, и не может быть»

> **blog_vinokur**
> 2011-09-15 06:35 am (UTC)
>
> Можно купить. Он пойдет туда, где почувствует, что сможет больше отдать.

>>>>>

vieniga
2011-09-17 11:08 pm (UTC)

Очень хорошо написано! Очень понравилось!!!

Жаль, что закон равновесия и любви существует лишь в сознании тех, кто думает о таких законах.

К сожалению.

> **blog_vinokur**
> 2011-09-21 02:01 pm (UTC)
>
> Он может начать существовать в сознании всех, если мы будем проводить его в этот мир. Да даже говорить об этом чаще, беседовать, дискутировать, писать, снимать кино...
>
> Построим такое окружение человеку, и он захочет соответствовать этому закону.
>
> Спасибо вам!

136 comments

пост_
молитва

Луис приехал из Аргентины. Я из России. Оба киношники. Подружились.
Он одним из первых начал «клепать» сериалы в Израиле.
Я подался в документалистику, когда увидел, что на сценарии здесь не проживешь.

Как-то он мне звонит, говорит: «Ты должен мне помочь».
Оказалось, что он ступил на мою территорию и запустил документальный фильм. Как он сказал, «обреченный на успех». И еще оказалось, что он уже год его снимает. Фильм о наркоманах. А я не знал. Он попросил меня пойти с ним на съемку, потому что переводчик заболел, а герои его говорят по-русски.

Съемки были ночные.
Меня привезли на место.
Это были старинные пещеры под Иерусалимом. Я знал, что здесь они отсиживаются.

Все, что было дальше, я долго старался забыть...

В маленьких таких отсеках, на каких-то измусоленных матрацах, кучковались дети. Первые, кого увидел, были еще ничего – могли говорить, философствовать, отстраненно улыбались, что-то лениво ели...
Но я уже почувствовал, что это только начало.

Кто-то играл на гитаре.
– Посмотри на его руки, – шепнул мне Луис.
Я увидел исколотые руки гитариста...
Луис вывалил на стол пакет с едой.
– А-а, Луис пришел, – сказал гитарист. – А Алик тебя ждал-ждал...

И мы подошли к Алику.

Передо мной сидел такой молоденький мальчик. Как сейчас помню, у него были вытянуты вперед руки, ладонями вверх. Руки были такие же, как у гитариста. Голова была закинута.

Глаза закрыты.
Я испугался.
Трогаю его, не реагирует. Я уже никого не замечаю – ни камеры, ни Луиса. Пытаюсь этого мальчика растолкать. Бесполезно. Приоткрывает глаза и снова закрывает...
Мне Луис шепчет, что наблюдает его уже год.

Первое интервью было с умным, очень образованным мальчиком. Это уже потом его забирали на лечение раз пять, но он снова сюда возвращался, приходили родители, пытались что-то сделать, но и они поставили на нем крест... И вот это его последние дни.

– Он никому не нужен, кроме этой девочки, – говорит Луис и показывает на девочку напротив.
Только сейчас ее вижу. Лет 16 ей, не больше, сидит и так перебирает в руках обрывки бумажки какой-то. Улыбается.
– Как тебя зовут?– спрашиваю.
– Таня.
– Таня, – говорю я, – давай я тебя отвезу домой и его тоже, твоего парня.
– Мы дома.
– Таня, если он тебе дорог, посмотри на него, парень кончается.
– Вы не понимаете, ему хорошо.
Я вижу ее глаза. Никогда не видел такие глаза. Какой-то дикий покой в них.
– Таня, ты же понимаешь, что здесь происходит? – задаю идиотский вопрос.
– Понимаю, – говорит, – здесь хорошо.
«Скажи это в камеру, скажи», – слышу голос Луиса.
И она улыбается и говорит: «Говорю в камеру: нам хорошо»...
Поворачиваюсь к Луису.
– Их надо везти отсюда, я не знаю куда, но надо срочно везти! Что ты снимаешь тут?!
– У меня есть разрешение на съемку. Я уже год с ними и мне надо закончить. Это мои герои.

– Ты ждешь, когда они умрут?! – меня разрывает на части.
– Я их к этому не подталкиваю – я просто фиксирую.
– Боже мой, Луис, как ты можешь это снимать?!
– Это настоящее документальное кино. – Не твое вранье, а чистая документалка. Голая правда!
– Да положил я на твою правду, – кричу!..
Поворачиваюсь к этой девочке:
– Я забираю тебя отсюда! – хватаю ее за руку.
– Не надо!..
Она высвобождает руку. Не хамит, улыбается в камеру, и говорит:
– Да, это правдивое кино, и мы настоящие герои. Мы не играем. Нам хорошо здесь… Без вас!..
Я слышу ее и только сейчас вижу, что дальше в пещере есть еще и еще отсеки, и там еще какие-то огарки свечей горят… Вижу, там еще дети, и их не мало.
Накатывает волна. Не могу.
Поворачиваюсь, выскакиваю наружу. Луис кричит мне:
– Ты меня бросаешь?!.. Я же не знаю русский…

Выхожу, хватаю иерусалимский воздух, и слышу, как Луис за спиной говорит на ломанном русском:
– Говори-говори, ты актриса…
– Я Грета Гарбо, – слышу голос девочки.
И бегу оттуда.

Я помню, позвонил в полицию. Они сказали, что не приедут.

Мы с Луисом с тех пор не встречались.

Нет, встретились один раз. Я сказал ему:
– Я не принимаю фильм, в котором нет твоей боли.
– Есть моя боль, – говорит. – Я хочу, чтобы все они были в шоке. Все, кто увидит.
Я не ответил. Тогда я пребывал в благородном гневе и в ощущении своей правоты.
Луис доснял фильм.

Фильм вызвал шок, мне рассказывали. Так и говорили – голая правда.
В конце фильма умирали все герои: и гитарист, и мальчик, и девочка – Грета Гарбо.

Я тогда задумался: «Что же это такое – весь этот побег от действительности, когда ничто не наполняет»?
Ответа не находил.
А сейчас все больше понимаю, что это мы загнали их в мышеловку.

Какое окружение мы приготовили нашим детям?..
Они растут, окруженные безумным потоком информации, которая вываливается на них отовсюду. Вся она – кричащая, желтая, рейтинговая, эгоистическая.
Всё куплено.

А наши сегодняшние герои? Эти дети не хотят подражать никому. Кому подражать – миллионерам, бандитам, поп-звездам, топ-моделям, политикам, от которых их воротит?.. Они не хотят этого изнуряющего соревнования – быть лучшими, преуспевающими, давящими, завистливыми. Они не хотят быть лидерами, не хотят жить за счет других!

Они очень чувствительны ко лжи, наши дети.

А сейчас время лжи.
Такой последний эгоистический скачек.
Вот они и убегают.
В свой сон.

А если бы нашими героями были другие – те, кто хочет раскрыть, что такое Любовь; те, кто ищет, как почувствовать ближнего, как создать новый мир, основанный на соединении между людьми, а не на использовании одним другого?
Если бы о таких героях мы говорили постоянно, во всех средствах связи. И такое окружение предложили бы нашим детям.

Включили бы их в эту игру. Чтобы они почувствовали, что научиться Любить, – это счастье, которое гораздо круче всяких наркотиков. В миллионы раз!
Снова скажете, что я идеалист… Но я уверен, мы бы вытащили их из петли, наших детей.

Теперь о Луисе.
Я его когда-то осуждал, что он вот так, бесстрастно, мог снимать этот свой фильм.
А сейчас я смотрю на себя. На нас.
Разве мир не «колется» сейчас на наших глазах?.. Разве он не похож на этих же несчастных детей, этот безумный мир?
А что же я? Мы?..
Мы продолжаем снимать «свое кино». Бесстрастно наблюдаем за всем. Из черной дыры своей не можем выйти… Из своих личных целей, из своей эгоистической сущности.

Начать строить другое окружение.
Начать переделывать себя.
Изменяться из живущего для себя – в живущего для других.
Об этом мечтаю.
Другого Пути не вижу.

Фильм Луиса я так и не посмотрел. Не смог себя пересилить.

>>>>>

jeito
2011-06-17 10:55 am (UTC)

Черт знает...

Не люблю искать правых, виноватых... Но верю и на это опираюсь в жизни: мир такой, каким мы его делаем сами. Каждым своим действием.

Просто показ, констатация, типа «какой ужас», никому не помогало. Но (это из моего опыта) достаточно показать историю о том, как хоть один – хоть один – выкарабкался, идет немедленный резонанс и не только в словах. Те, кого это касается, получают импульс: «Это можно, это здорово, это уже сделано конкретным человеком».

Просто, когда зритель (читатель) видит, что то, что казалось безнадежным, можно изменить, – это влияет на всех, кто это увидел и на круг их знакомых.

Странно, размышлял о том, кому нужна моя работа, тем ли я занимаюсь в жизни... И тут ваш пост.

Спасибо!

blog_vinokur
2011-06-17 12:35 pm (UTC)

Согласен с вами, что показав того, кто выбрался, мы помогаем, но тем, кто хочет, чтобы ему помогли.

С наркотиками дело сложнее. Есть те, кто не хотят выбираться, кому хорошо.

Тут, на мой взгляд, поможет только один метод – и я об этом написал, и не перестану повторять – создать окружение, в котором культивировались бы другие ценности. Они постоянно обрабатывали бы человека и примерами, и попыткой объяснить ему, какое это великое наслаждение идти вот к этой любви, к соединению, идти вместе.

Если бы мы смогли направить на это все средства связи мировые, мы бы победили любые мировые проблемы, включая политические, экологические. Какие хотите.

Потерянна связь между нами. Отсюда все.

Спасибо вам.

>>>>>

irk77
2011-06-17 10:55 am (UTC)

Вы знаете – возможно, я очень и очень неправа, – но проблема, мне кажется, как раз в том, что нас все время учат жить для других.

Те же миллионеры, бандиты, поп-звезды, топ-модели, политики… Почему вы думаете, что они живут для себя?.. Они так живут в оправдание чьих-то чужих ожиданий…

> **blog_vinokur**
> 2011-06-17 12:39 pm (UTC)
>
> ---
>
> Жить для других очень непросто. Под всем, что мы делаем, наш личный интерес. Мы не живем для других – живем для себя. Захотеть жить для других, захотеть, – вот что требуется. Не потому что сказали, написали, а самому прийти к такому решению, и начать искать, кто же этому научит.
>
> Спасибо вам!

>>>>>

svetilyina
2011-06-17 12:27 pm (UTC)

Да, трудная тема и трудный вопрос. Наверное потому, что я тоже склонна от этого убегать.

Спасибо что показали это! Чем можно помочь – не знаю. Показать – это, конечно, один путь. Он не очень эффективен – я тоже не хочу на это смотреть.

Эти дети – самоубийцы… Наверно, они неосознанно выбрали этот путь. А вот есть ли у них дорога обратно? Есть ли положительный опыт прошедших подобный путь и выживших, и нашедших силы и желание жить дальше?

Только познавшие на своей шкуре могут вытащить этих детей. Это мое мнение.

Или как открыть в этих детях любовь к жизни, они ведь могут помочь другим идущим за ними?

blog_vinokur
2011-06-17 12:55 pm (UTC)

Вот, представьте себе, если бы меня постоянно окружали люди, которые говорили бы мне, писали, снимали бы фильмы о том, как прекрасно соединение между людьми. Пусть бы они даже играли это счастье соединения, излучали его, даже понимая, что играют. Уверяю вас, я бы поддался. Я бы захотел разделить с ними это счастье. Я бы втянулся… и вдруг действительно почувствовал бы, что это действительно здорово!

Окружение!

В своих ответах я пишу об этом постоянно, уж извините, но не знаю другого выхода.

Спасибо вам!

>>>>>

miracle_in_life
2011-06-18 11:10 am (UTC)

Каждый выбирает свой путь – уйти в грёзы или жить. Не знаю, кто прав, кто виноват.

Лечить? Насильно? – Зачем? Если человек не хочет – бесполезно; если хочет – нужно помочь, но без насилия.

blog_vinokur
2011-06-19 10:45 am (UTC)

Верно в том, что желание определяет все.

Как вызвать у этих ребят желание, которое даст им большее наслаждение, чем этот «кайф», в котором они живут?

То есть напротив их «кайфа» должен быть больший «кайф». Они должны увидеть открытых счастливых людей, которые знают, для чего они живут. Другое окружение они должны почувствовать.

И тогда они – не сразу – но захотят все же попробовать: «а что это за «наркотик» принимают эти ребята, что вот этот поиск соединения и любви, он делает человека счастливым…»

\>\>\>\>\>

licka_nicka
2011-06-23 06:09 pm (UTC)

У меня просто нет слов. Не думала, что там настолько страшно.

Наверно, это нужный фильм для тех, кто ещё не сделал шаг. Как прививка. И теоретически я это понимаю.

Но когда читаю о том, как этот Луис год (!!!) наблюдает за процессом самоубийства парня и несовершеннолетней девочки и ни хрена не делает, – он для меня соучастник преступления. И родители заодно. Луис ещё, похоже, испытывает от этого плотоядное удовольствие – такая добыча!

То, что говорите вы, подобно тому, что говорил Христос ученикам – что к ним придут тогда, когда увидят любовь между ними. Это надо именно увидеть, об этом недостаточно говорить – словам давно нет веры.

Хотя да, вы правы в том, что надо и говорить постоянно – это тоже хоть как-то работает. Но наивно думать, что эту любовь выберут все, даже если она будет сиять на каждом углу. В каждом человеке есть что-то, что надо преодолеть, чтобы в эту любовь войти. Нужен труд. А тут: укололся – и на тебе вселенское счастье.

Мы должны сделать всё, чтобы спасти хотя бы одного. Но быть готовыми к тому, что не получится.

blog_vinokur
2011-06-24 10:12 am (UTC)

Спасибо вам за неспокойствие, небезразличие, за боль, поиск выхода. Все это есть в вашем комментарии. Нет точного знания, ясности, и это хорошо. Значит, есть куда двигаться самому человеку. Потому что – так или иначе, рано или поздно – выясниться, что все дело в нас, в нашем решении соединиться, в понимании, какие мы сами. С этого и начнется исправление себя и всего, что вокруг нас.

Нужен труд мой над собой.

Мир, который вокруг меня, я не могу изменить никакими внешними решениями. Только понимание, какой я, и решение мое измениться – изменят мир. Внешний мир –отражение моего внутреннего мира. Это не философский ответ, не думайте, что я убегаю от решения.

Спасибо вам.

>>>>>

alla pevzner
2011-06-25 07:37 am (UTC)

Семен, ваш рассказ проникает в самую душу...

Обычно, видя чужое падение, ошибки, мы кидаем косой взгляд или проходим мимо – пробегая как от «чумы», которая, не дай Бог, может прилепиться к нам и нашим близким. Всем известно, что сила примера велика, вне зависимости отрицательный он или положительный.

Мы подчас не задумываемся, что люди вокруг – это отражения нас самих в разных ракурсах, и проходя равнодушно мимо, мы наносим вред самим себе.

Наверное, лишь сменив свое отношение к другим, относясь к ним, как к частичкам самого себя, мы сможем повернуть мир на путь добра, гармонии, любви.

blog_vinokur
2011-06-27 12:22 pm (UTC)

Абсолютно точно.

Огромное вам спасибо за теплые слова и за желание все это почувствовать. «Наверное, лишь сменив свое отношение к другим, относясь к ним, как к частичкам самого себя, мы сможем повернуть мир на путь добра, гармонии, любви».

Спасибо. Пишите обязательно.

>>>>>

alex_akishin
2011-10-29 03:33 pm (UTC)

Они – среди нас, как бы нам иной раз и не хотелось переселить их в некий параллельный мир, хотя бы и в нашем сознании. Более того, они ждут помощи –всегда, как бы кому-то не казалось, что им уже ничем не помочь.

Встречал людей, которые выкарабкались из небытия. Много лет идут по тропе к свету. И каждое утро, открыв глаза, с благодарностью вспоминают в своей Молитве того, кто протянул им руку, не дав сделать последний шаг в пропасть.

blog_vinokur
2011-11-02 10:00 am (UTC)

Мне хочется верить, что она там есть.

Ведь что такое молитва – это не то, что на бумаге, а то, что в сердце. В сердце была молитва.

Как здорово, что мы понимаем друг друга!

Спасибо!

136 comments

пост_
бомж

1980 год. Я возвращаюсь из отпуска в часть.

Ночной поезд «Москва – Архангельск» еле ползет.
Снег валит уже вторые сутки.
В плацкарте не продохнуть. Пахнет потом и кислой капустой – кто-то уронил банку в проходе и не убрал.

Приближается моя станция. Все спят. Попытался разбудить проводницу. Она, проклиная все на свете, встала и пошла впереди меня к тамбуру.
Поезд притормозил. Он здесь не останавливался, только притормаживал.
Она открыла дверь. Ей было плевать на меня: «прыгай быстрее» – сказала, и зевнула.

Я прыгнул.

Попал в сугроб. Встал. Отряхнулся. Меня должна была ждать машина. Но никто не ждал. Я не знал тогда, что она застряла в снегу, в 20-ти километрах отсюда.

Ну, думаю, отсижусь на станции. Оглядываюсь. Здания не вижу, но вдруг понимаю, что вот этот сугроб передо мной и есть станция. Светится изнутри какой-то огонек – значит, жизнь есть.

С трудом открываю дверь, захожу. В центре буржуйка топится. Рядом, на лавке, бомж лежит. Спит себе или просто лежит, укутанный каким-то тряпьем, в огромных черных валенках с калошами. Не шевелится.
Бомжи – обычное явление здесь, поэтому я не удивляюсь. Сажусь на скамейку рядом. Главная мысль – не заснуть. Холодно.

Тут бомж этот начинает шевелиться, встает, достает бутылку из-под портвейна и не торопясь чешет к кипятильному агрегату. Набирает он воды и так долго-долго и задумчиво взбалтывает ее…
Потом разглядывает бутылку на свет и пьет. Снова наливает. Снова взбалтывает. Снова пьет. И так несколько раз.

Этот прием мне знаком. Бомжи мне рассказывали, что дело не в том, остался портвейн или нет, – дело в ностальгии.

Ну, я закрыл глаза, сделал вид, что засыпаю. Просто не хотел никаких бесед. Обычно они были примитивными и сводились к требованию денег или выпивки.

Метель за окном не перестает.

Я сижу с закрытыми глазами, передо мной проплывают мама, папа, холодец, рыба, «наполеон», мой незабываемый отпуск… Греет мысль, что у меня в чемодане подарки для ребят, и они это знают, и ждут.

Мысли прерывает приятный баритон. Думаю, что снится. Открываю глаза. Нет, бомж бормочет. Сидит, разглядывает на просвет бутылку и бормочет.

И что?!.. Ушам своим не верю!..

Велимир Хлебников!..

«Мне мало надо!
Краюшку хлеба
И каплю молока.
Да это небо,
Да эти облака!..»

Откуда?!.. Ну, откуда этот бомж знает Хлебникова? Его не учат ни в школах, ни в институтах. Я раскопал его пять лет назад, только чтобы блеснуть перед своей первой любовью, которая бредила символизмом.

Слушаю дальше.

Он читает в пустоту, баритоном своим, естественно так, красиво-красиво читает. Без выражения, но с каким чувством! Мой друг, артист Саша Демидов, умер бы от зависти. Читает моего любимого Пастернака.

«Мело, мело по всей земле
Во все пределы…
Свеча горела на столе,
Свеча горела.»

Даже сейчас, когда записываю, слышу его голос… Баталов! Яковлев! Нет-нет, и они пролетают!

«Метель лепила на стекле
Кружки и стрелы.
Свеча горела на столе,
Свеча горела.»

Беззубый, грязный, с отмороженными красными руками, он взбалтывает свою бутылку, бомж этот, задумчиво смотрит в огонь буржуйки и читает стихи…

На затерянной, заваленной снегом станции…
Ночью…

Нонсенс какой-то.

И вот он уже замечает меня. Так спокойно поворачивает ко мне голову. У меня даже такое ощущение, что он удивляется (бровь изгибается), что здесь кто-то есть, кроме него.

И объявляет мне: «Бродский».

Я не знал тогда это стихотворение, вообще не знал Бродского, но я запомнил слова «погост», «Васильевский остров».

Оно поразило меня, это стихотворение. Я его потом нашел и выучил.

«Ни страны, ни погоста
не хочу выбирать.
На Васильевский остров
я приду умирать.
Твой фасад темно-синий
я впотьмах не найду.
Между выцветших линий
на асфальт упаду…»

Я не удержался и спросил его: «Извините, откуда?»

Оказалось – он из Ленинградского университета, оказалось – с филфака. Оказалось – жил он счастливой жизнью маменькиного сыночка, с законченной музыкальной школой, с двумя языками, с блестящим будущим, которое было ему гарантировано, и пустотой, которая сшибла его на лету в возрасте 33-х лет.

И он исчез из жизни всех: и родителей, и жены, и сына…

Долго блуждал по России. Его ловили, возвращали, сажали, а он все уходил. Так и попал на эту заброшенную богом станцию, со всем своим багажом знаний.

Я думал: попросит чего-то, как все его «братья». А он ничего не попросил. Рассказал свою историю и лег. Было в этом такое редкое благородство. Им он меня и подкупил, и своей беспутной жизнью тоже.

И я не выдержал.
Достал заветную бутылку коньяка, которую мечтал распить с ребятами, и отдал ему.

Он взял ее.
Не вцепился, а взял спокойно, даже спасибо не сказал и удалился в дальний угол.
Выпить не предложил.

Я видел, как он опрокидывает бутылку в себя короткими глотками. Смакует, сразу не глотает. Коньяк был пятизвездочный, хороший… Я даже в какой-то момент пожалел, что отдал ему.

Он сидел в углу и уходил в себя. А я в себя.

И я думал – точно помню свои мысли тогда – я думал, для чего была дана жизнь этому человеку без имени?.. Он так мне и сказал: «нет у меня имени».

Для чего его убаюкивала мама, не спала ночами?
Для чего отец водил его в музыкальную школу?
Для чего его готовили стать интеллигентным человеком?
И почему все цели оказались призрачными, и он не нашел в этой жизни никакого наслаждения, и ушел, чтобы жить одним днем?
Он так и сказал мне: «Живу одним днем, сегодняшним, «завтра» нет».

Уже через два часа увозил меня вездеход в часть.
Бомж оставался один на заснеженной станции, со своими стихами, с этой непутевой жизнью.

Я думал о нем, думал…

И вдруг, помню, ошарашил меня вопрос, ошарашил, потому что он касался уже лично меня: «А что же я?!.. Моя жизнь?!.. Что у меня впереди?.. Чего я хочу?!..» И я с ужасом почувствовал – не могу ответить на эти вопросы, не могу. Все ответы банальны, поверхностны, пусты… И признаюсь, я в какой-то момент даже позавидовал ему, этому человеку без имени.

Я приехал в часть.
Ребята, конечно, расстроились, что «коньяк ушел», не поняли, как меня мог раскрутить этот бомж.
Я не стал объяснять.

Ночью долго не спал.

Вдруг подумал, что не просто мела метель, не просто застряла машина, меня встречающая, не просто так стояла эта засыпанная снегом станция на моем пути, не просто он читал мои любимые стихи, не просто…

Я должен был что-то понять о своей жизни.
Для чего она?!..
Я долго искал ответ на этот вопрос. Долго.

Пока не нашел своего Учителя.

dolboyascher
2011-07-13 02:19 pm (UTC)

Тронуло...

> **blog_vinokur**
> 2011-07-13 03:08 pm (UTC)
>
> И меня тогда. Знаете, очень благодарен ему – он дал мне толчок.
>
> Так и происходит в жизни, и понимаешь потом, что нет случайных встреч.
>
> Спасибо!

\>\>\>\>\>

ilfasidoroff
2011-07-13 02:20 pm (UTC)

Да, это был не просто бомж.

> **blog_vinokur**
> 2011-07-13 03:12 pm (UTC)
>
> Не просто. Он мне как бы сказал: «Ты, вообще, задумывался, чего хочешь от жизни?»
>
> Я задумался, и понял, что не знаю. Тогда. Поэтому и стало неуютно.
>
> Сейчас могу ему только спасибо сказать.
>
> И вам!

\>\>\>\>\>

fisherlady
2011-07-13 02:54 pm (UTC)

А что же превратила того, 33-летнего мужчину, в бомжа? Ведь просто так это не происходит.

blog_vinokur
2011-07-13 03:36 pm (UTC)

Нет, не происходит.

Когда вот так наступает пустота, человеку надо понять, чем же ее наполнить можно. Это время серьезных решений, – когда ничто в этом мире не наполняет.

Спасибо!

>>>>>

sapozhnikov75
2011-07-13 02:54 pm (UTC)

Очень кинематографично, Семён. Мог бы получиться хороший фильм. Я серьёзно...

А что до ваших вопросов самому себе, то смею предположить, что как раз именно после таких случайных встреч с такими нестандартными людьми они и возникают. И не только у вас.

Спасибо за историю.

blog_vinokur
2011-07-13 03:41 pm (UTC)

И не просто встречаются эти люди, конечно. Все с целью. И если готов человек проанализировать, к чему его подталкивают, эти встречи, если готов сделать выводы, заметить, что это не случайность, задуматься, – то почти всегда он выбирает правильное направление.

Но, на самом деле (простите, что путаю вас), но направление – оно всегда правильное, даже если приводит в тупик. Значит, надо было пройти именно такой путь.

Спасибо вам!

>>>>>

elenarinn
2011-07-13 03:10 pm (UTC)

Хорошая история, грустная и светлая.

У каждого человека свой путь. Хорошо, что пути иногда пересекаются.

> **blog_vinokur**
> 2011-07-13 03:43 pm (UTC)
>
> У каждого свой путь – это точно. И как бы он ни крутил, не вертел человека, ведет он его к соединению с другими.
>
> Спасибо вам!

palmah77
2011-07-13 03:11 pm (UTC)

Мороз по коже... Благодарю...

> **blog_vinokur**
> 2011-07-13 03:43 pm (UTC)
>
> Спасибо вам за то, что постоянно меня поддерживаете.
>
> Знаете, как это надо?!!!

happy_one
2011-07-13 03:22 pm (UTC)

Очень живописно... Прямо, даже, глаза закрывать не надо – все представилось...

А вопросы... Мне кажется, они есть у всех, просто все по-разному на них реагируют.

blog_vinokur
2011-07-13 03:57 pm (UTC)

Важно, чтобы, так или иначе, они подталкивали к единственному вопросу: «Для чего я живу», и чтобы у нас была смелость честно ответить на него. Или искать ответ.

Спасибо вам!

>>>>>

duchelub
2011-07-13 03:33 pm (UTC)

О смысле неслучайной встречи – понятно. Но хотелось бы тоже знать, что заставило бомжа жить одним днём.

Или хотя бы 1/3 людей должна идти в бомжи, так как не имеет чёткого представления о своём предназначении?

blog_vinokur
2011-07-13 04:05 pm (UTC)

Знаете, это, конечно, банальная фраза, но точная, – что у каждого свой путь, и свое время прозрения, и даже свой конечный пункт назначения.

Но если человек не затушевывает этот вопрос: «Для чего я живу?!», – он продвигается к ответу быстро, а бывает стремительно и не притормаживает по дороге, чтобы «пробомжить» жизнь.

>>>>>

kot23gel
2011-07-13 04:25 pm (UTC)

Спасибо!

Я бы тоже, скорее всего, отдал бутылку, да и стол бы ему накрыл на этой станции, ради того чтобы послушать историю его жизни...

blog_vinokur
2011-07-14 06:42 am (UTC)

Для меня – так получается – историю моей жизни, которая с этого момента наполнилась вопросами о жизни. Он был для меня.

Спасибо!

>>>>>

amok_life
2011-07-13 04:36 pm (UTC)

Думал, ошарашил, ужаснулся, позавидовал…

Что-то понять… Такое понять невозможно.

Если ушел ото всех, значит, ушел.

Страшно.

blog_vinokur
2011-07-14 06:47 am (UTC)

Он мне помог понять себя. Мы же эгоисты. Все на себя примеряем.

И спасибо ему за это!

И вам!

>>>>>

ksuman
2011-07-13 04:48 pm (UTC)

Да уж… Хороший рассказ, спасибо вам.

Я тоже, пока читала, поймала себя на мысли – что все это и про меня.

Вот меня баюкала мама, и я окончила музыкальную школу и меня готовили быть интеллигентным человеком… И что? Чем я отличаюсь от того бомжа? Что у меня есть квартира и каша на завтрак – это, конечно, большое благо, но ведь тоже весьма мимолетное, преходящее…

И я не знаю ответов на многие вопросы, на которые большинство людей отвечают чётко, на автопилоте.

Зачем это всё? Кто я? – Не знаю. Знаю только, чего хочу – чтобы на душе было спокойно и радостно. И больше абсолютно ничего не знаю.

А жить одним днем – это очень мудро. Одним моментом – ещё лучше.

blog_vinokur
2011-07-14 08:01 am (UTC)

Понимаю Вас, конечно…

Это естественное желание человека, чтобы было спокойно и радостно на душе. И будет! – Если человек не отступит от вопроса: «Для чего живет?»

Сегодня – не думаю, что можно жить одним днем, исключительно для себя. Время другое. Интегральное.

Так я думаю.

Спасибо вам, пишите еще!

>>>>>

drakosh_a
2011-07-13 04:55 pm (UTC)

Библейская история в современном варианте). Вы себя нашли, а вот бомж?).

blog_vinokur
2011-07-14 08:08 am (UTC)

Знаете, у каждой души свой путь исправления.

Если бы мы могли видеть весь фильм, называемый жизнью человечества, мы бы все поняли. Мы видим только фрагмент.

Бомж нашел наполнение своей пустоты в том, что, вот так, остановился.

На самом деле, это большое эгоистическое желание – никому ничем не быть должным, все оставить.

Спасибо!

>>>>>

v_so4initel
2011-07-13 05:10 pm (UTC)

Мне кажется, что для того, чтобы завершить аскетическое (это ваша сильная сторона) эссе органично, следовало бы подавить тягу к морализаторству. С того момента, как бомж ушел в себя и вы – тоже, прочее убрать и завершить фразой о том, что все было не просто так.

Извините за назойливый совет, но вы, как человек серьезный и одаренный, надеюсь, поймете, что моя реплика продиктована самыми добрыми чувствами.

> **blog_vinokur**
> 2011-07-14 08:19 am (UTC)
>
> Понимаю, очень благодарю вас!
>
> Но прошу понять и меня.
>
> Я пишу это не для эссе. Не ради рассказа самого, нет. Признаюсь, даже рискуя разочаровать вас, что для меня эти пять строчек – основное в этой истории. Я бы и не писал ее, если бы не «горели» во мне эти пять строчек последних.
>
> Мне важно очень – для чего пишу! Не для того, чтобы показать, как я умею писать. Не скрою, мне очень приятно, когда вы пишите «прекрасный текст»…
>
> Но не для этого – нет – для этих пяти строчек. В них моя жизнь.
>
> И может быть, это кому-то поможет. Это очень важно для меня!
>
> Спасибо вам!

>>>>>

gril
2011-07-13 05:32 pm (UTC)

Спасибо.

А ведь часто мы не осознаем таких знаков-встреч… Хорошо, если хоть задним числом получается, а то ведь пройдешь и… жизнь прожита не та, не твоя…

Или Б-г следит за такими недоумками и еще намеки подбрасывает?..

blog_vinokur
2011-07-14 08:28 am (UTC)

Важно все время держать «ухо востро» и знать, что ничто не приходит случайно, все направляет, и стараться делать правильные выводы.

И еще знать, что ведут нас к Абсолютному Счастью и стараться быть благодарным всему, что происходит.

Понимаю, что это не просто, но...

Спасибо вам!

>>>>>

pyjioh
2011-07-13 05:32 pm (UTC)

Нелегко понимать и принимать такую нестандартную жизненную позицию. С какой же силой навалилась та «пустота», чтобы отказаться от семьи?

blog_vinokur
2011-07-14 08:32 am (UTC)

Человек – это желание. Жизнь – наполнение желания.

Если вдруг нет наполнения, если пустота и ничто не наполняет – ни деньги, ни слава, ни семья – ничто, то человек начинает судорожно искать, чем же наполниться. У бомжа, как у очень большого эгоиста, наполнение произошло от того, что он перестал о ком-то заботиться.

Спасибо вам!

>>>>>

belarussachka
2011-07-13 06:08 pm (UTC)

Прочла на одном дыхании. Спасибо.

Действительно, ничего не бывает случайно. Мне кажется, что за последний год я встретилась с такими случаями несколько раз, только с противоположной стороны.

Этот человек искал свой смысл и, может, потерялся в ответе на этот вопрос, но увидел, что реальность должна быть другой.

А я видела людей с противоположной точкой зрения – все «о-кей»: зарплата, офис, бар вечером, «шопинг» по выходным. И я, вдруг, резко поняла, что я этого не хочу.

> **blog_vinokur**
> 2011-07-14 08:40 am (UTC)
>
> Вот видите, все от желания. Значит, есть у вас желание к чему-то большему, и вы уже в поиске, вы не остановились на «офисе, баре, шопинге».
>
> Отлично!
>
> И спасибо огромное!

>>>>>

vincentgresly
2011-07-14 07:55 am (UTC)

Нет в жизни смысла без таких вот моментов... Очень символично, что это было на станции.

Совершено замечательная история.

> **blog_vinokur**
> 2011-07-14 10:21 am (UTC)
>
> Да, все моменты – эти – для нас.
>
> Не дело оглядываться обратно, но сколько их было, когда ничего я из них не вынес. Хотя, получается, что вынес, если сожалею, что «не вынес».
>
> Спасибо!

\>\>\>\>\>

vintvv
2011-07-19 08:34 pm (UTC)

Трогательно! По-настоящему! Не придумано! Из вечности!

Спасибо!

> **blog_vinokur**
> 2011-07-20 11:34 am (UTC)
>
> Очень тронут, дорожу вашим мнением!
>
> Спасибо!

\>\>\>\>\>

bengaya
2011-07-19 10:57 pm (UTC)

Спасибо за рассказ. Задумался...

> **blog_vinokur**
> 2011-07-20 09:45 am (UTC)
>
> Именно этого и хотел, и поэтому очень вам благодарен!

\>\>\>\>\>

gengrish
2011-08-09 05:40 am (UTC)

Необходимо научиться читать Книгу Жизни. Ничего никогда просто так не происходит!

> **blog_vinokur**
> 2011-08-09 11:50 am (UTC)
>
> Книга Жизни – это ступени соединения между нами, и чем дальше

ты ее «читаешь», тем больше понимание, что мир Един.

Это в конце «чтения» приходит, когда «я» – это «мы» – весь мир. И все – одно целое. Так я понимаю, что такое Книга Жизни.

Тут еще много всего можно добавить, но не хочу усложнять.

Спасибо вам!

>>>>>

zgg1
2011-08-21 03:31 pm (UTC)

Это самый доступный способ – уйти от любящих тебя людей, от общества, залить свои духовные проблемы водкой или коньяком, уйти в босячество...

Так поступают чаще всего мужчины. Но это не выход.

Я тоже давно, практически с детства, задаюсь этим вопросом: «Для чего я живу?» Ищу ответы каждый день и каждую минуту. Но поступить, как этот, воспетый вами бомж, – безответственно и трусливо – не могу.

blog_vinokur
2011-08-22 06:34 am (UTC)

Знаете, в этом случае, как и во многих других, призывы: «Будь мужчиной. Возьми себя в руки» не действуют.

Я не воспеваю этого бомжа, я просто говорю, что во времена стремительно возросшего эгоизма, бесполезны увещевания. Человек идет за своим эго – за тем, что его наполняет, за наслаждением. Остановить его невозможно.

Единственный выход – показать, что большее наслаждение он получит в другом месте. Ну, например, с детьми, в семье, ну, например, даря им свою любовь...

Как это сделать – другой вопрос и он стоит внимания.

Спасибо вам!

В общем, вполне вас понимаю.

262 comments

пост_
учитель (встреча)

Начну издалека.

В детстве меня любили.
Бабушка кудахтала надо мной, как наседка, оберегая от всех.
Отец – тот души не чаял. Все ему говорили: «Матвей Львович, сынок ваш – вылитый вы».
Мама – ну, мама, как все мамы.

Но случалось – среди всей этой любви и заботы – наваливались какие-то страхи, которые я и объяснить не мог.
И тогда меня вели к врачам. Те склонялись надо мной с палочками и зеркалами и говорили, что нечего тут волноваться – это обычные детские страхи. Пройдет.

Потом была юность. Школа. Первая любовь. Охи и вздохи…

И вдруг я находил себя лежащим вечером в своей комнате, в тоске и печали. Как сейчас помню: я смотрю в потолок, бегут по нему огни от машин, проезжающих по улице; я слушаю Высоцкого или Окуджаву, больше Окуджаву: «Мне надо на кого-нибудь молиться, подумайте, простому муравью…»

Тоска и печаль… Но отчего?..

Дальше институт. Завод. Армия. Снова завод… Наконец, кино, которым с детства бредил.
Мечты сбываются, я становлюсь сценаристом.

Сейчас я вижу – я забивал эту пустоту. Она только возникала во мне, и я тут же заглушал ее каким-нибудь действием. То судорожно писал сценарий, то снимал, то философствовал о какой-нибудь ерунде и краем глаза ловил взгляд женщины. Я был ей интересен. Собственно, для нее и «выступал».

Но, не смотря ни на что, тоска все же пробивалась…
И тогда я задумывался.
Однажды даже, в общежитии Высших режиссерских курсов, на

пике, казалось бы, сбывающейся мечты, открыл окно на 12 этаже и подумал: «А что, если?.. Раз, и никаких вопросов…»

Потом был отъезд в Израиль, и тоска первых двух лет.
Зачем? Что привело меня сюда? От чего бежал и к чему пришел? И что, вообще, вся эта жизнь? Для чего, короче, родился?
А тут ещё звонят из России друзья и кричат в трубку: «Ты не представляешь, как прошла премьера! Тебя все искали! Все хотели поздравить! Ну, когда ты возвращаешься?!»

Но и это все я заглушил.
Начал снимать и в Израиле, писать сценарии, –только бы меньше думать, для чего все это.
И знаете, дело пошло.
Обо мне стали говорить, даже брал призы какие-то.

И вот он, 1995 год.
Просыпаюсь от звонка. Два часа ночи. Хватаю трубку.
Из темноты выплывает голос моего близкого друга Фимы, родного человека, с которым столько пройдено.
– Миши нет, – слышу.
– Что?! – не понимаю.
– Миши нет, – повторяет он монотонно.
– Что, значит, нет?!
– Наш Миша погиб.

И уходит земля!

Мишу я знал открытым, улыбающимся мальчиком, восторженным, не умеющим скрыть своих чувств. Помню, он кричал моей маме: «Роза Семеновна, вы так делаете рыбу. А можно я всё съем?» Я помню, как мы с ним ходили в обнимку, пели песни. Он заглядывался на девушек и говорил: «Какая красивая!» Он был чистосердечный, наивный, родной, он был мне, как сын…

И вдруг звонок в ночи, и бесцветный голос Фимы: «Наш Миша погиб».

Я сразу лечу в Америку.

На похороны не успеваю. Но семь дней мы с Фимой бродим по серому Бруклину. Фима, вдруг поседевший в этой беде, поникший, шел, разрезая ветер, ничего не видя от горя. Вдруг появлялись слезы от боли и непонимания, и он останавливался, разводил руками, и, превозмогая отчаяние, спрашивал: «Ну, почему?»

Как назло, по дороге нам встречались какие-то типы, которые рассказывали истории, о кричащем в темноте мальчике, которого тащил поезд, о том, как его, окровавленного, выносили из-под вагона. Не знаю, как выдержал Фима. И Ира, его жена. Не знаю…

Я с ними был неделю. Сделал, что мог, как мог, поддержал, и уехал, оставив их наедине с бедой.

Вернулся.
Надо было снова впрягаться в жизнь, писать, снимать, бежать, зарабатывать… Впрягся. Никуда не денешься.

А через месяц снова звонок. Теперь от мамы.
– Сынок, – сказала мама, – ты только не волнуйся, папа умер.

Это было уже слишком. Я, конечно, знал, что это произойдет. После двух инфарктов, инсульта и всего «цветника» болезней, не живут до 120. Но все-таки всегда человек надеется на чудо…
Оно не произошло.
Папа дожил до 67.
Он был оптимистом, его все любили, а я больше всех.
Его провожал целый город.

Я вернулся после похорон. Поехал в Иерусалим к Стене Плача. Сказали, что надо молиться. Ходил вдоль Стены туда-сюда, сидел, думал, смотрел…

И вот тогда-то снова и вернулись все эти вопросы.
Просочились.

Нашли время.
Те же вопросы: «Что я? Почему все так? Для чего живет человек, черт побери?!»
Ну, и что вы думаете? Через месяц я уже снова снимал.
Снова окунулся в этот «экшен», придумывал себе занятия, чтобы бежать от вопросов. Загнал их в себя снова на полгода.

Через полгода делаем мы с Герцем Франком фильм «Человек стены». Идет дело непросто, торчу в монтажной днями и ночами… Звонит мне жена.
– Знаешь, говорит, – я сейчас прочитала в газете: «Лайтман набирает курс каббалы». Может, сходишь, послушаешь.
Никогда я ни во что такое не верил. Ни религии, ни учения – ничто меня не тянуло. Но тут, думаю, дай, схожу. Ну, и чтобы не зря сходить и соединить полезное с приятным, я звоню на телевидение и говорю им:
– Хотите сюжет о каббале?
– Хотим, – отвечают.
– Тогда, – говорю, – я схожу, посмотрю, стоит ли это дело сюжета, ну, а потом и сниму.
Про себя, думаю: «Будет неплохо заработать. Накручу мистики, дыма. Народ это любит».

И вот, иду я к Лайтману.
Оглядываюсь. Квартира старенькая. За столом сидит седой человек, лет 50-ти. Нас 20 человек собралось. Пока все довольно примитивно – ни горящих тебе свечей, ни каббалистических знаков, ни красных ниток, ни святой воды… Ничего. В общем, снимать нечего.
Ну, думаю, посижу для приличия минут двадцать и пойду.
Подходит время. Лайтман начинает говорить.

Помню ли я, о чем он рассказывал?
Не помню.
Я помню только, что произошло со мной: я замер; вот, как сидел, так и застыл; время, страна, кто я, что я, для чего пришел сюда, –

всё исчезло; я сидел и вздрагивал от каждого слова, потому что каждое слово было обо мне.

Я не слышал ничего – вот это ощущение помню, – о я всё чувствовал. Я чувствовал, о чем он говорит. Я получал ответы на все вопросы, которые затушевывал все эти годы. Все мои страхи, мое одиночество, тоска, беспокойство, счастье, несчастье, жизнь, смерть – всё вдруг прояснилось.
И я понял, что вся моя жизнь была именно так устроена, чтобы привести меня сюда, сейчас, в эту неказистую квартиру, к этому Белому, как я его про себя назвал.

Дохнуть боялся.
Спугнуть боялся это счастье.
Так и просидел, не вздохнув, полтора часа, пока не услышал: «На сегодня всё. Кто захочет, приходите на второе занятие».

Вот так я присел в квартире Лайтмана 15 лет назад, по совету моей любимой жены, с тайной мыслью сварганить сюжет для телевидения и подзаработать. И вот до сих пор сижу.

Вот так я встретил моего Учителя.
О нем еще буду много рассказывать.
Есть что рассказать.

С этого момента начинается другая жизнь.

troika_ptah
2011-04-27 07:05 am (UTC)

Мне просто интересно. После обретения Учителя люди вокруг вас перестали умирать или вас просто перестало это беспокоить?

Подобные же размышления привели меня к философии «общего дела» Фёдорова, биокосмизму и трансгуманизму, то есть к концепциям, предлагающим борьбу с феноменом смерти и достижения посюсторонего бессмертия с последующим воскрешением умерших.

А какую альтернативу предложил Лайтман?

blog_vinokur
2011-04-27 11:11 am (UTC)

Я никуда не делся, я по-прежнему беспокоюсь, когда болеют мои близкие, или, не дай Бог умирают. Я живу этой жизнью, с семьей, детьми, внуками, заработками. Но только теперь я знаю, что движет нами в этом нашем мире, знаю к чему иду. Нет уже такого понятия, как беспричинная пустота, тоска, а есть подъемы и спады по дороге к Цели. Есть абсолютное понимание, что Цель творения заключается в том, чтобы привести нас всех к постижению Закона Любви, Равновесия – Закона Природы, который нас и окружает.

То есть, мы так или иначе придем к этому, просто можно быстрее прийти.

Понимание, что нас ведут именно к этому, абсолютно счастливому, состоянию, приводит к тому, что и к любым страданиям я отношусь, как к корректировке. Нас так поправляют. Тем самым мы не погружаемся в наши эти проблемы, а оказываемся над ними.

Ну и как же нам прийти к этому Закону Любви?

Прежде всего, понять, что мы, по природе своей, законченные эгоисты, то есть живем исключительно для себя и всех вокруг мы используем, чтобы самим наполниться.

И вся штука состоит в том, чтобы подняться над этим своим эгоизмом. Научиться жить для других. Отдавая. Радуясь от того, что хорошо другим, что ты наполняешь их.

Вот этому и учит нас наш учитель Михаэль Лайтман – как я должен измениться, чтобы соединиться с другими. Не то, как я должен изменить других, а как мне измениться...

Короче, каббала – это ступени соединения между людьми до ощущения, что все мы – одно целое. Это состояние и называется бессмертным.

Надеюсь, что ответил вам.

Извините, что не коротко, но хотелось бы верить, что это вам поможет.

>>>>>

motyletsve
2011-04-27 07:50 am (UTC)

Хорошая и почти обыкновенная история.

blog_vinokur
2011-04-27 11:13 am (UTC)

Очень хорошо, что вы написали – «обыкновенная».

Пусть так произойдет со всеми и все найдут свой путь, как я нашел свой.

>>>>>

koasia
2011-04-27 08:49 am (UTC)

А я все ищу своего Учителя, а тоска все нарастает тем временем…

blog_vinokur
2011-04-27 12:01 pm (UTC)

Тоска – это и есть ваш компас. Она не дает вам остановиться. Направляет. Её благодарить надо, тоску, что она есть. Ищите, читайте, не успокаивайтесь, и однажды – это уже проверенно и не мной одним – сердце подскажет, и вы услышите: «Вот это то, что я ищу».

Спасибо! Пишите!

>>>>>

millermax
2011-04-27 10:50 am (UTC)

Прочитал написанное с удовольствием до момента вашей встречи с вашим Учителем.

Извините, ничего личного… По мне, вопрос веры – очень интимный вопрос. Я не сторонник коллективных сборов, а просто за индивидуальные поиски и находки.

Самое главное, что вы нашли пользу для себя.

И вопрос нескромный: «А почему я к вам в «френды» попал?» На инициацию вашу, конечно, ответил положительно...

> **blog_vinokur**
> **2011-04-27 11:51 am (UTC)**
>
> Я индивидуально для себя и нашел, и описал, как это было.
>
> Просто, когда в человеке происходит такой «клик», тогда все отпадает: и предварительные мнения, и философствования всякие. Просто в тебе происходит явный переворот, и ты веришь. Верой я называю не то, о чем мне кто-то рассказывает, а то, что я могу на себе проверить. Я на себе проверил, поэтому и пишу.
>
> Что касается второго вашего вопроса – просто ищу друзей.
>
> Спасибо вам.

>>>>>

vet_vs
2011-04-27 12:46 pm (UTC)

Спасибо вам, Семен Матвеевич, за удивительные посты!

Когда человек рассказывает о себе просто, мягко, душевно, даже о сложном, – это чудо. Кто прошел через моменты потери близких, может понять, что происходит в таком случае. Хотя, одинаковых ситуаций не бывает, скорее всего. Наступает затуманенность происходящего, машинальность действий, и дальнейшее ожидание «общения». При этом рождается вихрь вопросов.

Иногда можно увидеть, услышать, рвануться к родному человеку, и четко понимать, что происходит общение. Где оно происходит? Почему? Это невыясненные состояния, недосказанность, что была при жизни? Где оно, то вечно живое место, в котором можно «поговорить» и понять себя, окружающих, события?

Постепенно приходит успокоение и осознание того, что есть что-то вечное, но объяснить это нет никаких возможностей. Пытаешься что-то рассказать человеку, попавшему в такую же ситуацию, а порой, даже не знаешь, как и подойти к нему, что сказать. Присутствует понимание того, что он должен почувствовать это сам, а ты просто должен быть рядом.

Объяснить, что происходит в этот момент, трудно. Это словно бросить канат в глубокий, темный колодец, в который попал несчастный. Ты не видишь всю глубину колодца, не знаешь, сможет ли он ухватиться, не знаешь тяжести, которую придется поднять. Ничего не знаешь. Есть одно желание – помочь.

Ждешь, а когда же он ухватится, понимая, при этом, что канат привязан к крепкому основанию – там где-то «выше», не видно где. Но ты полностью доверяешь этой силе, иначе, если глубина колодца велика, и попавший в западню тяжел, то сможет утянуть тебя вниз, и ты не спасешь его, даже если есть огромное желание.

В итоге получается, что помощь приходит не от тебя, а от общего доверия в единой связке.

Еще раз спасибо вам за пост. Он сейчас важен мне для понимания действий.

blog_vinokur
2011-04-27 02:17 pm (UTC)

Спасибо вам за открытость и за то, что уже почувствовали, что есть это вечное, за которое и надо ухватиться.

Я счастлив, что вам нравится то, что я пишу.

Буду писать.

Спасибо!

>>>>>

larkovskaya
2011-04-28 06:19 am (UTC)

Ваш рассказ дал мне надежду, что когда-нибудь, я найду своего Учителя, научусь верить безоговорочно, без сомнений и цинизма, избавлюсь от беспокойства и, наконец, обрету счастье и душевный покой.

А пока... буду метаться!

Возможно, это необходимо, чтобы отбрасывать чуждое моей натуре, и обрести именно то истинное, что Господь где-то «припрятал», и что я пока не заслужила найти.

Но теперь я верю – всему свое время и место.

Спасибо!

> **blog_vinokur**
> 2011-04-28 12:17 pm (UTC)
>
> Но не переставать искать! Не затушевывать вопрос: «Для чего живу?!»
>
> Этот вопрос – самое дорогое, что есть у человека. Ни деньги, ни положение, ни покой – все это ерунда по сравнению с этим вопросом.
>
> Он – та драгоценность, которая вам дана, вас выделили.
>
> И Вы обязательно найдете!
>
> Удачи вам!
>
> И пишите обязательно!

>>>>>

pointinheart
2011-04-28 07:25 am (UTC)

Когда вас читаю, я не чувствую, что вы счастливы...

blog_vinokur
2011-04-28 12:12 pm (UTC)

А я счастлив! И очень! Поверьте!

А другого и быть не может, когда знаешь, к чему идешь!

Спасибо!

>>>>>

prosvet_s
2011-04-28 10:51 am (UTC)

Да, когда читаешь или слышишь о том, что происходит с тобой, и вдруг понимаешь: «Так вот оно что! Вот для чего были все эти ситуации в жизни!», когда жизнь обретает смысл, – это меняет тебя навсегда. И даже если снова уходишь во всю эту суету, внутри, всё равно, остается ощущение, что истина здесь и место твоё здесь.

Единственное, что не могу принять от рава, – это то, что Творец – это система, которая не слышит твоих жалоб и слёз, кроме одной, и её никак нельзя ощутить вне других.

Я не раз убеждалась в том, что рядом есть сила, которая слышит тебя и всегда готова помочь. Много раз, на молитву о помощи тут же появлялись нужные люди, зачастую, в течении нескольких минут, и находились ответы на вопросы.

Было и есть постоянное ощущение диалога.

blog_vinokur
2011-04-28 12:36 pm (UTC)

Учитель, просто, в своем ответе хочет подчеркнуть только одну, очень важную, базисную вещь, что Творец – Он неизменяем. Это постоянный Закон. Константа. И поэтому просьбы, чтобы Он изменился по отношению ко мне, – стал более милостив, щедр и так далее – эти просьбы бесполезны. Изменяюсь только я – по отношению к окружающим, к Нему.

И поэтому, если к вам приходит ответ, как вы пишите, то потому, что это вы изменились. И это очень хорошо!

Спасибо вам!

>>>>>

ludmila_tv
2011-05-02 12:34 am (UTC)

Впервые я узнала, что такое тоска в 16 лет, когда умерла мама и я осталась одна. И всё, что вами написано мне очень знакомо и близко.

Вот только учителей себе не искала никогда, старалась до всего доходить самостоятельно и ничуть сейчас об этом не жалею. Понимаю так, что в жизни должно быть место для всего: и для тоски, и для радости. Иначе, это будет иллюзия. Жить в иллюзии не очень честно для самого себя.

Человек в утробе одинок и таким остается по жизни, и умирает один. Это нормально. Так заложено природой.

А наполнять душу, возможно, и нужно с помощью других людей, природы и Бога.

Ну, кто как умеет...

blog_vinokur
2011-05-02 06:57 am (UTC)

В этом деле, как говорится, нет насилия. Есть вопрос – ищешь и ищешь, пока не найдешь. Пока нет вопроса, полагаешься только на себя. И это тоже верно для такого состояния.

Что касается одиночества – то человек не одинок в утробе у матери. Он соединен с ней. Он в безопасности. И эта связь, и забота матери дает ему безопасность, любовь...

И мама тоже счастлива от этой связи.

Естественное состояние человека – это связь. Соединение.

Больше того: скажу вам, что мы все уже сейчас связаны друг с другом – только нам остается раскрыть это.

А то, что, как вы пишите «одиночество – естественно», то это наш эгоизм искажает нам всю реальность. Это и есть иллюзия. Жизнь, подчиненная эгоизму, называется иллюзией.

Только поднимаясь над эгоизмом, мы видим настоящую жизнь, только там мы свободны.

Спасибо, пишите!

Ни в коем случае не хотел вас переубеждать. Человек должен оставаться в том состоянии, в котором ему комфортно.

>>>>>

chuivack
2011-05-02 09:40 am (UTC)

Только смерть поднимает нас абсолютно над эгоизмом. Всё остальное в той или иной мере подчинено ему. Связь некоторых наших самых альтруистичных поступков с эгоизмом не проступает явно по причине ложности, сумбурности и неосознанности мотивов.

Мне думается, что подняться над своим эгоизмом невозможно. Но поскольку душа человека явление загадочное, непостижимое и всеобъемлющее, то, думаю, в ней найдутся неисчерпаемые богатства, которые создадут (в некоторых случаях создавали и создают) уникальную систему противовесов, на которой будет основано новое – доброе, «неэгоистичное» – сознание, о котором вы, Семён, мечтаете.

Согласен, что одиночество не может быть абсолютным. Так установлено природой.

В камере-одиночке люди сходят с ума. Природный процесс саморегуляции – и вот они уже не одни: им слышатся голоса, они, словно Робинзон, с кем-то общаются…

Точно так же невозможность абсолютного единения заложена природой: люди, длительное время вынужденные беспрерывно находится вместе, начинают испытывать инстинктивную агрессию по отношению друг к другу.

Конечно, ребёнок, находящийся в утробе матери, является с ней почти что одним целым. Но ребёнок этот не является ещё вполне личностью, а когда становится – связь становится опосредованной. Иначе и быть не может.

Юрий.

blog_vinokur
2011-05-02 03:47 pm (UTC)

Согласен с вами, Юрий, что природа человека – эгоистична. Поэтому и любовь, и милосердие, и отдача – под всеми этими высокими словами только эгоистическое намерение. И получается, что чтобы подняться над эгоизмом, для этого должно произойти чудо.

Именно о чуде я и говорю. И вы правильно замечаете, что душа человека – явление загадочное, великое. И еще (добавлю от себя) постижение души и будет тем чудом, которое произойдет пониманием, что душа – это то вечное, что есть, и что душа – это свойство чистой отдачи, любви, которые постигает человек.

А тело – оно, как рубашка, которую мы отдаем в стирку, меняем, для того, чтобы раз за разом все больше приблизиться к постижению вечного – души.

Что касается людей, которые, как вы пишите, находясь вместе, испытывают вдруг агрессию друг к другу, то это тоже верно.

Но тут я хотел бы добавить что-то очень важное: я говорю о тех, кто целью своей ставит постичь этот Закон Души – свойства Любви и Отдачи. И тогда они собираются вместе, эти люди, и у них есть цель, и они, действительно, по дороге к этой Цели испытывают все состояния вплоть до ненависти друг к другу.

Это даже необходимо, чтобы они их испытали. Они, как бы вытаскивают из себя все это. Проявляют скрытое. А иначе, как же это исправить!..

И тогда они вместе стараются превозмочь все эти состояния, поддерживая друг друга. Потому что собрались они только с одной Целью, и она важна им. Так они и поднимаются над ненавистью, и идут дальше. И потом им дают еще большую ненависть – они ведь уже подросли…Они и с ней пытаются справиться…Справляются…Идут дальше…

Так и подчищают свой сосуд. Так и выходят к чуду – постижению Абсолютной Любви.

Написал много, уж извините.

Вижу, что есть у меня такая проблема.

Спасибо вам, пишите.

Рад вам!

chuivack
2011-05-02 07:31 pm (UTC)

Действительно, душа – это отдача, причём бескорыстная и безусловная.

Природа даже самым чёрствым эгоистам деликатно подсказывает о наивысшей радости искреннего дарения. Ведь когда мы влюбляемся в женщину, то испытываем наслаждение, делая ей подарки даже в том случае, когда по тем или иным причинам не можем получить любовь от неё.

Сущность каждой творческой личности заключается в дарении людям своего таланта, реализованного в постоянной работе. Потому, на мой взгляд, даже весьма скромно обеспеченный материально творец счастливее томимого бесконечной жаждой наживы богача.

Насчёт единения людей, думаю ответ неоднозначный.

Вы же, Семён, думаю, не каждого зачислите в друзья? И совершенно справедливо полагая, при этом, главнейшей целью человечества – единство. Достижимо ли оно, в принципе, не берусь судить.

К единению для великих целей я лично отношусь с осторожностью: древние римляне объединялись во имя ВЕЛИЧИЯ РИМА, крестоносцы – во имя ВЕЛИКОЙ ВЕРЫ, инквизиторы и иезуиты – «ДЛЯ ВЯЩЕЙ СЛАВЫ ГОСПОДНЕЙ». А в прошлом веке придавленные Версальским договором создали духовное братство во главе с учителем-маньяком, с куцым садистско-мазохистским мировоззрением.

Я больше доверяю УЧИТЕЛЮ в себе самом, который всегда что-то говорит. Говорит он тихо, и, конечно, услышать его требует усилий. Но тут уж, как говорится, вопрос творческий. Уж если людей и объединит что либо, то, на мой взгляд, именно этот сидящий глубоко в нас УЧИТЕЛЬ. А может, он и является совестью?

Я записался слишком…

Надеюсь, читать будет не слишком утомительно.

blog_vinokur
2011-05-03 12:26 pm (UTC)

Юрий, я надеюсь, вы понимаете и видите, что о таких целях я не пишу. На такое мне жалко и своего и вашего времени. Цели эти эгоистичны и пусты. Как «великий Рим», так и «великая вера», да и «слава господня» – туда же.

Не может быть насилия в достижении цели. Может быть постижение. Исправление…

Но уже не хочется писать много. Думаю, вы меня понимаете.

Что касается внутреннего, «тихого Учителя», то зачастую это маски, которые одевает эго человека, становясь то «тихим учителем», то «верным другом», то «истиной»…

Гораздо сложнее услышать ближнего. Для этого надо поработать со своим эго. Чтобы услышать, понять, принять, соединиться… И вот если после этого услышишь «внутреннего Учителя», то, скорее всего, – это и будет Учитель.

Спасибо вам. Уверен, что мы понимаем друг друга.

Спасибо!

>>>>>

alik_shpaner
2011-09-24 09:14 pm (UTC)

Стал читать, и как будто ты подсмотрел мою жизнь…

ПУСТОТА, которая на тебя периодически накатывается всё сильнее и жёстче.

Но почему с детства? У меня, если помню, началось после окончания восьмого класса. И так долго пришлось ждать, пока нашёл ответ и объяснения тем состояниям.

Давно хотел спросить: «Что это за ощущения страха перед равом, когда находишься рядом?»

В голове столько вопросов, а задать нет сил.

blog_vinokur
2011-09-25 03:25 pm (UTC)

Рав в переводе с иврита означает «большой», или «учитель».

Те, кому важны знания и корочки, а не постижение и ощущение, – те говорят, что должно быть удостоверение, что ты «рав». Оставим их в покое.

Мы говорим о поиске смысла жизни, о поиске действительно Учителя, которого ты почувствуешь, который тебе ответит на вопросы, которые мучили тебя всю жизнь.

Ну так вот: не страх ты испытываешь, так как страх – это животное состояние, а трепет. А вот трепет возникает только тогда, когда есть у тебя ощущение, что перед тобой настоящий, большой Учитель, и ты так долго ждал этой встречи, и ты очень хочешь ему соответствовать. То есть быть таким, каким он хочет видеть своих учеников, и, в конце концов, стать таким, как он. Это очень интересное состояние, его переживают все.

Потом наступает пора вопросов, потом снова тишины…

Спасибо тебе!

102 comments

пост_
надежда

Меня убивали на станции «Казачья Лопань».
Есть такая зеленая станция на границе России с Украиной.

Ехали мы электричкой с первой моей любовью.

Была весна, бушевали гормоны, и мы переглядывались, боясь спугнуть «вечную» любовь.

Когда в электричку вошли шестеро парней, я сразу понял – конец любви.
Они присели напротив и рядом, и сбоку, и начали смотреть прямо в глаза.
Потом один из них коснулся ноги моей девушки, она откинула его руку, но он еще и обнял ее.

В этот момент в моей голове метались три мысли.
Первая – досада. Досада, что мы не доехали спокойно до Харькова, и сейчас мне придется что-то делать.
Вторая – страх. О том, что если я сейчас дернусь, меня в живых не оставят.
Третья – что она, моя девушка, смотрит на меня сейчас, и я просто обязан… я обязан сейчас, вот сейчас, что-то сделать… сказать… ударить… взмолиться…

И я говорю: «не надо ребята».

Они ведут меня в тамбур и начинают бить.

Я быстро падаю.
Они бьют ногами.
Девушка моя кричит за дверью. Зовет на помощь.
Вагон, молча, смотрит в окна.
Кто-то встает, но идет в другую сторону.

Я уже весь в крови. У меня перебит нос. Лежу и вижу, как пролетают за окном деревья, и слышу, как кто-то из бьющих говорит:

«Открывай дверь, выбрасываем».
Думаю: «на такой скорости мне конец». То есть мысли в этот момент у меня очень логичные.

Так бы оно и было.
Если бы не мужик.

Влетает в вагон взъерошенный мужик в телогрейке. Несется по пролету, размахивая топором.
Потом мне рассказывали, что он, оказывается, ехал со своим семейством на свой садовый участок.
Ну и выпил, мне на счастье.
С ним был топор и лопата.
Топор пригодился в этот раз.
Мужик разнес им стекло, прорвался в тамбур, а ребятки сами сбежали.

Вот такая история.

С первой любовью мы расстались через неделю.

А нос у меня по-прежнему набок, поэтому я всегда прошу оператора снимать меня слева.

К чему это я все рассказал? Ну, неужели ради этой истории?
Нет, конечно.
У меня вырос сын. Ему уже 26 лет. Зовут его Илюша. Он вот-вот будет кандидатом наук.
На самом деле он занимается воспитанием детей. Он и еще с десяток таких же молодых ребят. Они придумали такую программу на телевидении, где они «выуживают» из Михаэля Лайтмана всё, что он знает и чувствует. О том, как воспитывать детей. А он знает много… Только стоит завести его вопросом, и он начинает выдавать. И каждый раз что-то новое!.. И сам заводится!
Начинают они от корней, от того, как воспитывали при Аврааме, когда еще не было никаких религий. Когда главным принципом воспитания был принцип «возлюби ближнего, как самого себя».

Что вся задача сегодня: «не дать ребенку образование в «престижных» школах, а воспитать из него Человека». Вот о чем они говорят.
Не «набить» знаниями. А наполнить желанием соединиться. Дружить. Любить. Сопереживать. Отдавать. Эти теплые, глубокие, основные понятия лежат в основе воспитания.

Ребята – не философы. Они тут же все проверяют на практике. С детьми. Работают с ними много. Уже выстроена целая система. Дети приходят после школы и вместе со взрослыми, на равных, беседуют, учатся, играют, ищут эту связь друг с другом.

Я сейчас скажу эмоционально.
Представьте себе картину: я, 54-летний, что-то все-таки повидавший, сижу, раскрыв рот, и боюсь шевельнуться, когда девятилетний мальчик говорит о том, что мешает ему услышать другого. Как это не просто – отменить себя перед товарищем. Он просит, чтобы его друзья помогли ему открыть себя… Потому что он очень хочет научиться по-настоящему дружить. И я думаю: «Господи, какую же силу надо иметь, чтобы дойти до этой просьбы!»

Я слышу: эти дети говорят, о том, как нам и всему миру соединиться. Представляете?! Они знают, что такое наше эго, которое правит всем и не дает дружить. Они ищут: как подняться над ним, как научиться любить, как объединиться людям в нашем глобальном мире.

Я боюсь дышать – боюсь спугнуть это чудо рождения Человека будущего.

И ещё. Ну, это уж я знаю точно!..
Я смотрю на этих детей и понимаю: они никогда не будут наркоманами, не оставят в беде, не унизят, не поднимут руку на другого. Не будут избивать в электричке.
У них есть цель, и есть великий принцип, который они мечтают постичь.

У них перед глазами объединенный мир.
Но они знают, что надо начинать с себя.
Они учатся любить, наши дети.
Они чувствуют больше нас всех.
Они всего достигнут.
И мой сын молодец, что занимается таким делом.
И мой Учитель – большой человек, потому что воспитание для него – главное.

yana_anders
2011-05-04 12:12 am (UTC)

Это прекрасно, что дети учатся любить и дружить. К сожалению, в нашем мире очень много зла, поэтому, кроме этого, им ещё придётся и научиться драться.

blog_vinokur
2011-05-04 10:15 am (UTC)

Основной их бой происходит с тем, что мешает им соединиться, – со своим эго. Их никто и ничто не возьмет, если они смогут быть вместе. Здесь не поможет умение драться. На любого, полагающегося на свою физическую силу, обязательно находится другая сила.

>>>>>

larkovskaya
2011-05-04 04:13 am (UTC)

Интересно, а какие дети выросли у тех парней, которые избивали вас в тамбуре?.. Дай Бог, чтобы порядочными...

blog_vinokur
2011-05-04 10:22 am (UTC)

Все зависит только от окружения. Только!..

Будут в окружении бандитов, станут бандитами.

Попадут в окружение тех, кто ищет, что такое дружба, как сделать так, чтобы быть вместе, станут Человеками – ищущими, думающими, понимающими, что мешает им быть вместе, что такое настоящие ценности.

Наша задача – создать нашим детям такое окружение.

Я так думаю.

Спасибо вам.

>>>>>

veryeasy
2011-05-04 08:19 am (UTC)

Спасибо за хорошие записи, очень приятно читать.

А тема воспитания очень сейчас беспокоит от того, что у меня тоже скоро должен родиться ребенок, причем мальчик. А я и сам до конца не представляю что ему говорить и как самому поступать, чтобы быть внятным примером.

Простите за сопли

> **blog_vinokur**
> 2011-05-04 10:36 am (UTC)
>
> Знаете, родители разделяются на тех, кто говорит:
>
> – я ведь сам вырос, так и он вырастит, и нечего тут беспокоиться;
>
> – или на тех, кто говорит, – я знаю, как его ростить;
>
> – или на тех, кто беспокоится, ищет.
>
> Я за последних.
>
> И это правильно, что дети учатся на примерах, и это очень важно, чтобы рядом с ним был тот, с кого он возьмет пример. Особенно отец. И вокруг было бы окружение, которое не замыкалось бы на ценностях – деньги, карьера, а вело бы к другим – дружба, соединение... Там тепло, там поиски настоящей любви, важно, чтобы там был ребенок.
>
> Спасибо вам за переживание.

>>>>>

bustanai
2011-05-04 10:10 am (UTC)

Насчёт того, что дети эти не будут наркоманами, пьяницами и не поднимут руку на другого – в этом можно быть уверенными. Как и дети, которых воспитывают в школах по штайнеровским теориям, в различных школах духовного развития и прочее. А может, вообще, любые дети, которых хоть как-то духовно воспитывают, – всё равно, кто.

Но вот, я сомневаюсь, что у них сыщется топор во спасение ближнего, что они, вообще, будут кого-то спасать.

Про Лайтмана я знаю немного, но общее впечатление – это типично восточный подход. Знаменитое: ««А мой Учитель не окажется там, где кидают камнями». И вы, детки, все, можете научиться там не быть. А кто не учится – ну, что ж, карма такой… Авось, после того, как его забьют, в следующей жизни, поймёт, что должен был совершенствоваться».

Я это вовсе не к тому, что детей «надо учить постоять за себя, защищать слабых». Просто мне показалось, что у Лайтмана, как и у других, упор на индивидуализме, нет настоящего понятия человеческой общности. Во всяком случае – на земном уровне.

Извините за сумбур.

blog_vinokur
2011-05-04 10:41 am (UTC)

Нет-нет, это вы не о Лайтмане. Поскольку я с ним 15 лет, я говорю это со знанием дела.

Это не религия, не восточное течение, – это наука. Практическая, не оторванная от жизни. Это ступени соединения между людьми – больше и больше. Вот чему он учит. И сегодня это актуально, как никогда.

Так что, советую вам: загляните еще раз к Лайтману и не торопитесь.

Просто спокойно почитайте.

Спасибо!

>>>>>

prosvet_s
2011-05-05 09:44 am (UTC)

Что-то меня эта тема задела очень…

Взрослые, а вы уверены, что имеете право учить детей морали и что ваши ценности, вообще, чего-то стоят?!

Что, вообще, может быть ценней ощущения того, что мы дружим, мы вместе?

А ведь детей этому и учить не надо – только поддерживать и укреплять… И самим у них учиться.

blog_vinokur
2011-05-05 03:32 pm (UTC)

На мой взгляд, если воспитание ребенка направлено на развитие его мыслей и намерений, на соединение с другими, дружбу, то он будет излучать и притягивать именно это. И соберутся вокруг него именно такие ребята. И создадут именно такое окружение. И это будет лучшей защитой для него от всего отрицательного.

А если сразу воспитывать «волчонка», силовика, умеющего и желающего драться, то он и будет притягивать именно таких. И окружение его будет такое. И должны они будут и друг другу, и всем доказывать, какие они «крутые». И будут вызывать на себе еще более «крутых».

А все для чего?! Какие истины отстаиваются, кроме как «показать себя»?

>>>>>

confucius2
2011-05-18 10:51 pm (UTC)

Хочу сказать хорошие слова, но не умею. Просто задело за душу,

Спасибо!

blog_vinokur
2011-05-19 08:25 am (UTC)

Завидую вам. Знаете почему? Потому что вы в себя можете заглянуть. Вы пишите: «Хочу сказать хорошие слова, но не умею». А это значит, что умеете, и еще как. И это дорогого стоит, когда говорите.

Так что, спасибо вам!

>>>>>

crocco
2011-05-23 07:54 pm (UTC)

Да, хорошо написано.

Что сказать… Не повезло вам с этими ребятами в электричке, а с мужиком, который с топором, – повезло.

Так вся наша жизнь: то везёт, то нет. Мы слишком зависим от случайностей. Но не у всех хватает мужества признать это. Не можем поверить, не хотим. Всё ищем какой-то скрытый смысл.

И периодически появляются люди, которые говорят, что НАШЛИ! Нашли смысл жизни, нашли рецепт от всех бед. Будда, Моисей, Христос, Мухаммед, Маркс… Теперь Лайтман.

Кто следующий?

blog_vinokur
2011-05-24 08:56 am (UTC)

Конечно, не буду вас переубеждать, что нет случайностей в мире, что каждый выбирает учителя сам, в соответствии с вопросом, который его мучает…

Мне, на мой вопрос: «Для чего живу?», – ответил и продолжает отвечать Лайтман.

Если у человека нет вопроса, ему не нужен учитель.

Спасибо!

crocco
2011-05-23 11:37 pm (UTC)

Знаете, ваш рассказ меня задел… И я вот что подумал.

Ведь тех парней в электричке было шестеро, верно? Это была группа, коллектив. Они были вместе, они были друзья. Если бы они не были вместе, если бы каждый из них был по отдельности, смогли бы они вас побить? Это ещё вопрос. Но они были ВМЕСТЕ. Объединены общей целью, общим желанием.

Отсюда вывод – объединение не всегда во благо. Соединение может служить не только добру, но и злу. Следовательно, то «всеобщее объединение», о котором говорит Лайтман, тоже может служить не только добру, но и злу.

Есть о чём подумать…

Далее. Тот мужик с топором – он ведь был один. Один против группы. Эго – против коллектива. Но он разогнал шестерых. Одиночка победил объединённую группу. Следовательно, один (эго!) иногда может быть сильнее, чем группа.

Ещё один минус «объединению»...

Что скажете, Семён Матвеевич?

blog_vinokur
2011-05-24 08:52 am (UTC)

Я скажу вам – цели! Только о целях речь!

Есть объединение во имя того, чтобы быть самыми сильными, править миром и так далее, а есть объединение, чтобы исправить свое эго, чтобы подняться над собой и выполнить правило «возлюби ближнего, как самого себя», и стать подобным Закону Любви, который нас окружает.

Чувствуете различие: в первом случае – это фашизм, во втором – это Любовь.

Спасибо вам за вопрос.

crocco
2011-05-27 08:03 am (UTC)

Согласен.

93 comments

**пост_
высоцкий**

Все стены моей комнаты были увешаны его фотографиями.
Магнитофон «Нота» не знал других записей – только его песни.
Я проверял человека по отношению к Высоцкому.
Я знал наизусть все его стихи.

Он умер в 1980. Я был в армии. Кто-то из штаба передал по связи: «Скажите Семену, Высоцкий умер».

Я не думал долго. Попросил пять дней отпуска. Сказал, что умер брат.
Меня не отпустили.
Я решил бежать.
Слава Богу, задержали ребята. А так бы я попал в самое страшное место на земле – в наш северный дисбат.

Высоцкого я видел три раза.
Первый – на концерте. Я, восторженный, с дрожью в коленях, поднялся к кумиру в перерыве между песнями, чтобы подарить ему зажигалку. Знал, он их собирает. Он обнял меня и спросил: «Какую песню тебе спеть?» Я попросил: «Тот, который не стрелял». Он щелкнул зажигалкой и запел.

Второй раз я подождал его у театра и подарил пачку заморского чая. Он меня вспомнил, и сделал мне контромарку на «Гамлета».

В третий раз я оказался в маленькой «хрущевской» квартире на окраине Москвы, и он был там – пьяный, отрешенный, кричащий свои песни. Я помню, еще с ужасом подумал: «Так он долго не выдержит...» Он остановился, глубоко вздохнул... и его вырвало прямо на стол.

Потом я ушел в армию. И он умер.

Можно сказать, что у него было все: лучшая машина, лучшая женщина, первые роли, признание народа, деньги, связи... Даже заграничный паспорт! Всё!
Но наслаждение быстро проходило, и наступала пустота, кото-

рую он заливал водкой, а потом вкалывал наркотики в эту пустоту. Но она становилась еще пустее...

У него было много друзей, но и они его не наполняли...

Он искал и требовал наслаждений. Он кричал: «Почему я пуст?! Почему ничто не наполняет меня?!» Иногда он думал, что все изменится, если он станет режиссером, или его признает союз писателей...

Если бы он понял, или кто-то открыл бы ему, что наполнить себя невозможно, что вот она – перед ним – волшебная дверца настоящего наслаждения, когда ты радуешься от того, что наполняешь других. Ведь он наполнял миллионы людей.

Научиться радоваться этой отдаче, и все! И не было бы никакой водки и наркотиков...

Ведь он жил, отдавая!

Ему нужно было только раскрыть это великое свойство в себе, раствориться в нем!

Если бы он видел, как соединяет людей, делает их приветливее, ближе друг к другу, если бы он понял, что на самом деле он живет и творит только для этого, – он бы жил и сегодня.

Только не нашлось человека, который бы указал ему это, открыл бы этот секрет вечного наслаждения.
Жаль.

Великий талант радовать других был!
Любовь сеял!
О дружбе пел.

Я его очень любил и люблю.

happy_point
2011-04-15 06:47 am (UTC)

Чужая душа – потемки. Мы никогда не узнаем, что было у человека на душе, из за чего возникла эта пустота, приведшая к необратимым последствиям. Можем только думать об этом и строить догадки.

Да и нужно ли это, вообще…

Понять, из-за чего пил, кололся? Что было бы, если бы не было яда? А было бы творчество тогда?

Зачем?

Главное, он успел сделать то, что оставило этот след у многих внутри.

И читая этот пост, я понимаю – след яркий и продолжает жить!

blog_vinokur
2011-04-15 09:53 am (UTC)

Вы правы.

Вопрос один: «Зачем мне дан этот великий талант, великая способность тревожить сердца людей, будить в них чувства близости, дружбы, любви? – Какое счастье, что мне дан такой талант, и я могу наполнить другого...»

Почему пустота, – вы спрашивает? – Именно потому, что не выяснена эта цель.

>>>>>

o_yu_mi
2011-04-15 06:51 am (UTC)

Да, очень по-человечески написано. Доступно, без пафоса.

Родители очень любили Высоцкого, а я училась в первом классе, когда он умер. Поэтому его творчество прошло как-то мимо меня, не считая обожаемого всеми Жеглова.

А когда я познакомилась со своим будущим мужем, Высоцкий открылся и для меня. Муж просто им «фанател». Тоже плакаты, книги, кассеты. Он буквально разжёвывал мне каждый стих.

И меня тоже затянуло, ведь каждое произведение – это маленькая жизнь. Слушаешь, читаешь и приходит понимание, что это – твоё.

blog_vinokur
2011-04-15 09:55 am (UTC)

Было в нем сопереживание. Мог одеться в человека, почувствовать его боль, как свою.

Великое это свойство. Чуть ли не основное.

>>>>>

sleza
2011-04-15 07:04 am (UTC)

Очень хороший пост, спасибо!

Сразу немного по-другому, почему-то, на Высоцкого посмотрела..

blog_vinokur
2011-04-15 09:59 am (UTC)

Знаете, поразительно, но я после того, как написал этот пост, очень быстро, честно говоря, вдруг тоже увидел другого Высоцкого.

Я изменился, изменился и он.

>>>>>

zeroreply
2011-04-15 08:48 am (UTC)

А я думаю такие люди не умирают. Такими людьми измеряют эпохи и страны, они становятся идеалами, стандартами и идолами. И очень часто люди делают из них то, чем они совсем не являются и не были.

Но они никогда не умирают. Их жизнь не всегда идеал и очень часто совсем не идеал. Но то, что они несут людям, делает их бессмертными.

Мне кажется, что они приходят на землю именно для того, чтобы жить не во плоти, а в духе других людей.

Дух вечен – и жизнь таких тоже никогда не прекратится.

blog_vinokur
2011-04-15 10:01 am (UTC)

Большое это счастье, если понимаю, для чего это мне дается.

А дается это мне только для одного – соединить людей.

Слушают и соединяются, и ближе становятся, и добрее.

Вообще, все дается человеку только для этого.

>>>>>

darys
2011-04-16 03:33 am (UTC)

Спасибо за пост.

Голос Высоцкого когда-то помог мне пережить один из самых сложных периодов моей жизни. Жаль, что сам он все-таки сорвался.

«Хоть немного еще постою на краю»…

blog_vinokur
2011-04-16 09:16 pm (UTC)

Высоцкий как бы говорил: «Я всё понимаю, и все твои проблемы чувствую, и я буду с тобой все время. Не волнуйся, ты не один. Так мы вместе и выберемся».

Он помог не только вам, очень многим. Если бы он это так явно почувствовал, он бы жил.

Он сумел всех «достать», со всеми поговорить, кто бы ни были эти люди. Так и на концерты свои он мог собрать всех – и добрых и злых, и умных, и глупых, и евреев, и антисемитов.

Он соединял людей. И талант ему был дан именно для этого.

>>>>>

komik_ad_ze
2011-04-16 07:01 pm (UTC)

Меня тоже не раз спасал Его Голос.

Написал так, потому что согласен с точкой зрения, что Поэту стихи вдыхаются свыше. У меня тоже случилась своя маленькая история с Высоцким.

blog_vinokur
2011-04-16 09:24 pm (UTC)

Свыше, как Высоцкому, – свыше. И только с одной целью – соединить людей. Что он и сделал. Но не до конца придал этому значение.

>>>>>

turja
2011-04-18 05:50 am (UTC)

И вот что странно, удивительно и очень хорошо, по-моему...

Девочке моей – 16, друзьям-подругам ее тоже по 14-17. Так вот, наверное, пару лет назад они все его услышали. Нет, слышали и раньше конечно, но тут вдруг оказалось, что услышали, слушают, читают. Теперь, смотрю, приходит с томиком Окуджавы…

Хотя, нужно учитывать, что это дети в большинстве своем творческие, музыкальные, танцевальные, театральные, киношные… Но их много, на удивление много.

blog_vinokur
2011-04-18 12:28 pm (UTC)

Я думаю, что время внутреннее приходит, потому что внешнее себя уже низвело. Но мы уже существуем не на уровне 60-х – наивном, чистом, а на новом уровне эгоизма. Здесь и ступень более серьезная, и постижение будет гораздо круче.

С этой ступени по-новому все читается и понимается.

>>>>>

pointinheart
2011-04-20 09:45 am (UTC)

«…собрать всех – и добрых и злых, и умных, и глупых, и евреев, и антисемитов».

А есть разница, для чего собрать – для мира или для войны, для радости или для горя, для созидания или разрушения?

blog_vinokur
2011-04-21 08:16 am (UTC)

Ну, конечно, есть разница! Мы же говорим о Высоцком. Он только для того и собирал, чтобы почувствовали, какая это радость – соединиться. И понимал он это или не понимал, не важно. Это подсознательно в нем жило.

И так оно и было. Соединял.

>>>>>

a3103
2011-05-01 06:53 pm (UTC)

«Если бы он видел, как соединяет людей, делает их приветливее, ближе друг к другу, если бы он понял, что на самом деле он живет и творит только для этого... Он бы жил и сегодня».

Вряд ли. Высоцкий жил на живой больной эмоции. Благодаря этому, его песни так близки и понятны. Все через себя. Это как по острию ножа ходить: ты ходишь, а он тебя режет. Эта живая боль внутри (и чужая как своя) и привела к логичной развязке.

А пойми вдруг Высоцкий, что все хорошо, ему стало бы писать не о чем.

Ведь его стихия – драма. Драматический актер опять же – они часто или играют в жизни или живут в игре.

А вот Высоцкий, как мне кажется, и здесь не играл – жил! Он жил и в жизни, и на сцене – все через себя, напор, надрыв, накал! И случился бы другой конфликт – отрыв творчества от творческого человека. А поскольку, это крайне эмоциональный творческий человек, – то снова живая больная эмоция...

Поэтому, кажется мне, что не было у Высоцкого шансов.

Он просто пожертвовал себя песням и нам, в итоге.

Только это не жертва в полном смысле слова, ибо по-другому жить он просто не мог.

А пост у вас замечательный – очень прочувствованный и цельный.

blog_vinokur
2011-05-02 10:40 am (UTC)

Спасибо вам. Рад, что получается разговор. Очень хорошо, что что-то мы видим не одинаково, но слышим и понимаем друг друга.

Кстати, я согласен, со многим, что вы написали. Рад, что вам нравится здесь.

Пишите обязательно.

>>>>>

fluffy2001
2011-06-03 07:22 pm (UTC)

Только вот очень трудно представить себе счастливого, спокойного, пожилого Высоцкого.

blog_vinokur
2011-09-11 11:29 am (UTC)

Счастливый человек должен быть и будет. А вот спокойным?.. Зачем?

Камень – спокоен, человек – нет.

Пусть будет беспокойство, оно двигает нами. Только пусть будет такое хорошее, положительное, что ли – все ли я сделал, чтобы жизнь была лучше, то есть счастливее.

То есть смог ли я соединиться с другими, подарить кому то любовь, чувство безопасности, наполнить кого-то другого радостью...

Вот о таком беспокойстве я говорю.

Еще многое к этому можно прибавить.

91 comments

пост_
с тобой

Мысли! Мысли!
Если бы мы знали, что всё ерунда, и только наши мысли причина всех несчастий мировых, – мы бы сошли с ума. Поэтому нам и не дают это почувствовать. Пока.

* * *

Ноябрь 2010 года. У нас конгресс.
7000 человек съехались со всего мира.
Праздник, действительно праздник...

Я стою напротив моего друга из Японии – Ясукуни. Английского у меня нет (ну так получилось, что не входит этот язык). Ясукуни должен что-то сказать на открытии, и я, ответственный за это дело, пытаюсь объяснить ему, как я это вижу.

Как назло, вокруг никого нет. Язык общения отсутствует. Говорю на смеси русского и таких диких соединений, как «ю кен сказать, что...», «ай вонт, чтобы было чувственно...»
Я говорю. Он кивает... Я говорю снова, он снова кивает...
Тогда я смолкаю. Все-таки бывает, что приходят трезвые мысли в голову. Сейчас – это мысль «помолчать».
Молчу. И он молчит. Так стоим и смотрим друг на друга.
И я – просто не знаю, каким органом, – просто чувствую, что он мне говорит что-то. Давно такого не испытывал и не хочу это прерывать. Боюсь шевельнуться...

Так мы стояли минуты две.
Был потрясающий разговор. Таких у меня не было давно.
Никогда.
Я всё понял...
Потом обнялись – и это было продолжением нашего разговора.

Потом он поднялся на сцену вместе с другими.
Потом дошла его очередь говорить.
Я слушал его и понимал каждое слово.
Конечно, плакал.

Сегодня, после этой трагедии, которая случилась у вас, я хочу сказать тебе, Ясукуни, что я молчу, обнимая тебя. И понимаю всё, о чем ты просишь меня. И всех нас.

Когда нам откроется, что мир един и там наши родные, что все дела наши – ерунда, что только мысли наши поднимают цунами, сносят города, губят, и они же строят, излечивают, очищают, – тогда и наступит самое счастливое время.
Как дети, подумаем, молча, о наших родных и любимых – там, в Японии. И чтобы они почувствовали…

tanyamarch
2011-03-16 07:19 am (UTC)

Замечательно написано! Не надо ничего добавлять.

Помолчим...

>>>>>

veiksme7
2011-04-29 07:03 pm (UTC)

Благодарю. Очень проникновенно.

И сколько еще пинков надо нам, грубым материалистам, чтобы понять: САМОЕ СИЛЬНОЕ – ЭТО НЕЯВНОЕ. Принять это и открыть Ему сердце.

>>>>>

syuzani
2011-03-16 09:25 pm (UTC)

Спасибо за теплый проникновенный пост и за то, что напоминаете о важном!

Мы действительно влияем мысленно на все, и каждый из нас ответственен за то, что происходит на планете.

>>>>>

olafcik
2011-03-17 05:26 pm (UTC)

Слушаю новости: в городе Барнаул 70,000 человек остались без холодной воды, цены на воду в магазинах выросли в два раза.

Слушаю новости: в Японии, в местах пострадавших от цунами, магазины снижают цены на товары первой необходимости, компании-владельцы торговых автоматов распространяют питьевую воду бесплатно.

Оно – это цунами – наверно, должно пройти в голове, пронестись, разрушив что-то там до основания, а потом еще ядерный реактор (по энергоблоку в каждом полушарии) должен там же взорваться…

Я бы продолжил… Но слишком зашкаливают эмоции.

>>>>>

veiksme7
2011-04-29 07:08 pm (UTC)

А я восприняла почему-то эту страшную беду наших японских братьев, как очень серьезное предупреждение ВСЕМ НАМ, жителям планета Земля!

Где-то мы очень сильно нашкодили. Очень стоит разобраться!

И что будет дальше? Мы же все в одной лодке!

>>>>>

blog_vinokur
2011-03-18 12:32 pm (UTC)

Огромное вам спасибо!

И всё-таки, и всё-таки – мы не сможем исправить мир, что-то кому-то сказать, приказать. Начать с себя надо. Никуда не деться, надо будет заняться исправлением себя. И тогда, вдруг, увидим, что мир начнет изменяться.

Вот об этих мыслях я и писал.

>>>>>

alamayna
2011-03-18 01:38 pm (UTC)

Конечно же, с себя. Иначе ничего не получится.

Когда человек что-то начинает делать в помощь другим, он, таким образом, и над собой работает, исправляет себя. Это тоже определенный опыт.

Не все еще, к сожалению, действительно осознают силу собственной мысли и собственного чувства. До подобного осознания еще дойти надо, причем через собственные ощущения, в первую очередь. А это может тот, кто верит.

Но мы с вами, по сути, об одном и том же говорим. Я полностью разделяю вашу точку зрения.

>>>>>

mariatolstova
2011-03-18 08:58 pm (UTC)

Абсолютно согласна со всем сказанным.

Спасибо вам!

19 comments

пост_
любовь_

Шел 1998 год. Я уже восемь лет жил в Израиле. Делал фильмы. Все время судорожно искал, где бы подзаработать. Не брезговал и выборами.

И тут в руки мне попадается дневник.
Читаю. И не могу остановиться.
Тут вокруг бушуют страсти, сталкиваются лидеры... Самое время зарабатывать деньги, а я лежу на диване, отключив телефон, и плачу.

Пишет 12-тилетняя девочка Маут 24-летнему Герману.
«Увидеть тебя, быть все время рядом!.. Не могу и дня прожить, чтобы не думать о тебе... Только ты держишь меня на этом свете... Живу тобой и тем единственным поцелуем...»

Я чувствовал себя неловко, заглядывая в чужую жизнь, но не мог остановиться.

Дело в том, что дневник этот был датирован 1941-1943 годами.
И вела его Маут в концлагере.
Подруг её увозили в Освенцим, и они уже не возвращались никогда, другие кончали собой, отчаявшись, а она, Маут, писала и писала своему любимому Герману. И только благодаря этому и выжила.

Ухватилась за эту искорку любви и держалась за неё изо всех сил. Пока в 1943 году Германа не отправили в лагерь уничтожения, в Треблинку.

Она думала, что не выживет.
Но выжила.

Дневник этот мне подкинула Лена Макарова – писатель и друг.
Я завелся.
Тут же появился продюсер – лучший продюсер в моей жизни – Сюзанна.

Неимоверно быстро Лена составила заявку, быстро получили первые деньги из фонда, небольшие, но все-таки.
И пошли к Маут домой. Я нервничал. Боялся – а вдруг откажется сниматься.
Приходим. Встречает нас женщина с таким милым детским лицом.
Начинаю говорить с ней.
Улыбается, но абсолютно закрыта.
Приветлива, но это все очень внешнее.
Рассказывает, но не так, как я хотел бы.
В общем, все плохо.

Решаю брать ее «измором». За три дня я «выливаю» всю пленку, сидя напротив нее (это называется «съемка на привыкание»).
Пленка дорогая – это все наши деньги.
В конце третьего дня, к вечеру, она раскрывается.
Вдруг приходит доверие.
Вдруг она понимает, что я не ищу «дешевку».

И мы становимся друзьями.
И она становится прежней Маут.

Смеется, да так звонко, как та Маут, 12-летняя. Плачет. Тоскует. Поет. Говорит с ним, с Германом, как будто он сидит здесь, рядом с ней.
И уже не обращает никакого внимание на камеру.

Так начинается наш с ней кинороман…

Тем временем, деньги заканчиваются.
Но великая Сюзанна выбивает нам поездку «по лагерям уничтожения», по которым прошли Маут и Герман.
Едем в Чехию и Польшу.
Группа малипусенькая: я, Фима – «звукач», Лена Макарова, Иржи – чешский оператор и, конечно, Маут.
Едем… Снимаем…

Маут на моих глазах проживает снова этот роман...

И снова я понимаю, не будь этой любви, не было бы Маут.

Так подходит наш последний съемочный день (так мы думали). Снимаем на кладбище. Маленький чешский городок Простьев. На камне выбиты фамилии погибших и не вернувшихся.
Маут объясняет нам: эта погибла там-то, этот там-то, этот был адвокатом, и вся семья его не вернулась.
– А это Герман, – говорит она.
– Твой Герман? – спрашиваю.
– Да, мой Герман, – отвечает.
И тут что-то меня подталкивает, и я спрашиваю дальше:
– Но были же такие случаи, когда считали людей погибшими, а они выжили?
– Были, – говорит она и добавляет, – вот, например, Вальтер Бреслер. Вот здесь написано, что он погиб, а он вернулся... Живой...
Тогда я спрашиваю:
– А что написал тебе Герман в последнем письме?
Она смотрит на меня и вдруг отвечает:
– Он написал, из поезда уже, когда его увозили в Треблинку... Что? Он написал, – она вдруг говорит медленно и даже удивленно, – что будет ждать меня после войны в Берлине, по адресу «Арвайлештрассе 3».
И тогда я снова спрашиваю её:
– А ты была там после войны?
– Нет, – говорит и запинается... И смотрит на меня. – Не была.

В общем, что вам говорить, мы думали, что это наш последний съемочный день. Деньги практически закончились... Но мы не могли так уехать.

И вот мы на последние деньги едем в Берлин.

Приезжаем. Находим эту улицу.
И я прошу Маут идти по улице к дому...

Еще и не знаю, есть ли этот дом вообще. Специально не проверяю. А оператора прошу снимать все время. И не промахнуться, потому что будет один дубль…
И вот она идет.

Она идет, еле дышит… К ней вдруг возвращается надежда…
К ней, уже замужней, 70-летней, с тремя детьми, восемью внуками, вдруг возвращается надежда – а вдруг он там, и он ждет ее всё это время.

Она идет, как на ватных ногах…
Каждый шаг – еще большая надежда.

И мы страшно переживаем за неё.
Идем за ней.
И дрожащий оператор снимает, как в последний раз…

И вот она приближается к этому дому…
К этому подъезду…
И вот он список квартир…
И вот уже ее палец зависает над кнопкой…
Сейчас она позвонит…
И может быть, он откроет ей дверь, ее Герман…

Это почти конец фильма.
Такие очень долгие кадры замедленной съемки.

Ожидания чуда, которое, конечно, не происходит.

Германа убили в Треблинке.

Но мы очень надеялись.
До последнего мгновения.
А вдруг он выжил.
 Этот фильм «взял» несколько хороших фестивалей, включая Нью-йоркский… Но запомнился мне маленький, еле заметный фестиваль в Греции, в Каламате.

Время было антиизраильское. Все газеты против нас. Мне в открытую говорят, как нас не любят. Спрашивают: «Для чего приехал?!»

Забегая вперед, скажу – первый приз получил Иранский фильм, второй – фильм Палестинской автономии, ну, и далее, в том же роде.

И вот показывают наш фильм.

Кто-то демонстративно выходит ещё до показа.
Я не жду победы. Но смотрю, как реагируют.
И вижу, что делает «любовь» с людьми.

Настроенные абсолютно «анти», поначалу разговаривающие полушепотом и вслух, они вдруг начинают смотреть…
Вдруг слушают…
Вдруг перестают шевелиться…
Вдруг не могут оторвать взгляда, когда Маут бежит по улице, чтобы увидеть Германа в последний раз…
И потом, когда идет вся эта концовка с её проходом по Берлину, с этим ожиданием чуда, – это их просто сшибает, и вот уже кто-то плачет в зале…

И я понимаю, что есть то, что объединяет всех.
Есть!
И для этого только я и пишу, чтобы сказать это еще раз.
Любовь.
Банально, но это так.
Я говорю сейчас не о любви между нами, которая насквозь эгоистична, а о Любви, которая над нами. Вокруг нас.
Я говорю о Законе Любви, который держит этот несчастный мир. Держит в прямом смысле слова.
Нам бы захотеть только приблизиться к Нему. Мы бы массу проблем так решили.
Поймем это – придет новая пора.

***

А с Маут мы большие друзья. Она была на многих моих премьерах. И на свадьбе сына. Давно не звонил ей. Ей уже за 80. Написал и понял, что стосковался. Позвоню ей обязательно.

ratamaque
2011-05-12 04:15 pm (UTC)

Нет слов...

> **blog_vinokur**
> 2011-05-13 09:57 am (UTC)
>
> И снова, и снова…
>
> Скажу вам, почему я так рад даже таким коротким сообщениям – потому что чувствую, что мы похожи.
>
> Вот так и собирается окружение, в котором человеку хочется быть. Потому что в нем он может быть самим собой.
>
> Огромное спасибо за ваше сопереживание.
>
> Так и ищем близких людей.

>>>>>

ilfasidoroff
2011-05-12 05:02 pm (UTC)

Какая красивая Маут...

> **blog_vinokur**
> 2011-05-13 10:13 am (UTC)
>
> Меня тоже это поразило, когда я пришел с ней знакомиться. Она излучала эту красоту.
>
> Если бы вы видели, как в нашей поездке она смеялась, заводила всех своим смехом, как кормила нас, как перевоплощалась, рассказывая...
>
> Красивая очень!

>>>>>

svetlanka_1982
2011-05-12 05:48 pm (UTC)

Какая замечательная история.

А я как раз влюблена, хоть и обычной земной любовью. Но она пришла ко мне так неожиданно, после стольких невзгод и трудностей и теперь освещает каждый мой день.

Все очень трогательно, и то, как вы пишите, – это просто завораживает!!!

blog_vinokur
2011-05-13 10:24 am (UTC)

Как хорошо любить!..

Но если уже сейчас заложить это стремление, ваше обоюдное, к абсолютной любви – не думайте, что это невозможно – тогда все будет навечно!

Стремление наполнить своей любовью другого, заботиться о нем, а не себе, радоваться его радости, научиться отменять себя перед ним. Пишу уже в тысячный раз, может быть, но готов писать еще и еще!..

По дороге будет много всяких трудностей и разочарований, но важно проходить их вместе, продолжая стремиться!..

Спасибо вам!

Не думайте, что тон назидательный, просто пишу, как чувствую.

Надеюсь, не обидитесь.

>>>>>

autoanswer
2011-05-12 06:20 pm (UTC)

Любовь – единственная сила, которая может все.

blog_vinokur
2011-05-13 10:35 am (UTC)

Потому что она нас окружает – любовь, она соединяет нас. Потому что действительно есть только один закон – Закон Любви. Нет другого. Нет закона ненависти.

Будем страдать, пока не поймем это. А когда поймем, тогда откроем, что же нам мешает жить по этому Закону, и захотим измениться, так, чтобы по нему жить...

Придем к этому, придем... Хорошо бы не через страдания и горький опыт прийти.

Спасибо вам, что понимаете.

>>>>>

armfis
2011-05-12 06:56 pm (UTC)

Спасибо за то, что вы пишете.

Чудесная история. Такое бывает только в жизни

blog_vinokur
2011-05-13 10:40 am (UTC)

Потому что только любовь поддерживает жизнь.

>>>>>

millermax
2011-05-12 09:27 pm (UTC)

Чудесное лицо... И вам повезло, что вы встречаете на своем пути таких людей.

Такие посты не могут не понравиться.

Внутренний бес не позволят мне просто сказать вам спасибо, поэтому йоту полемики.

Любовь – да – сила. Но соотношение её идеального значения и реальной жизни? Насколько редко это чувство, когда настоящая ОНА... Многие не знают ЕЁ вообще...

Я везунчик – мы с НЕЙ знакомы...

> **blog_vinokur**
> 2011-05-13 10:49 am (UTC)
>
> Если знаешь, что Любовь – это Закон, и если стремишься изучить его, чтобы понять, как ему соответствовать, то и весь этот путь изучения – это ступени Любви. Такой счастливый путь постижения Любви, – что, в принципе, и является нашей жизнью. Она для этого.
>
> А если мы смотрим на любовь, как на эгоистическое наполнение себя, – то это временно, часто болезненно и не соответствует Закону.

>>>>>

chupa1
2011-05-13 04:32 am (UTC)

Слёзы на глаза навернулись, такая добрая грусть.

До последнего слова ждала – жив ли Герман, и что будет если жив...

А она сразу не поехала, не проверила...

Эмоций много...

Спасибо!

> **blog_vinokur**
> 2011-05-13 11:02 am (UTC)
>
> И мы также ждали. Все время жило это – А вдруг!..
>
> И понимаешь мозгами, что этого быть не может, но все мозги пасуют перед чувствами и огромным желанием, чтобы так было...
>
> Еще раз доказывает, что человек – это не мозги – это чувства, желание...

>>>>>

poruchik_sk
2011-05-13 05:29 am (UTC)

Да уж… До последнего ждал, что Герман откроет дверь.

На каком языке фильм, есть ли в сети, можно ли найти ссылки на него?

> **blog_vinokur**
> 2011-05-13 11:13 am (UTC)
>
> И я ждал. И мы все ждали. Ждали очень. Как дети.
>
> Фильм на иврите. Есть на английском.
>
> Есть и на русском, но мне надо найти этот вариант. Дублировала на русский замечательная актриса (к сожалению, покойная), актриса театра «Гешер» – Нелли Гошева. По-моему, очень точно передала состояние.
>
> Поскольку архивами своими я не занимаюсь, то тоже хотел бы найти и взглянуть на фильм после 13 лет перерыва. Поищу.

>>>>>

z_u
2011-05-13 12:50 pm (UTC)

И как эта женщина перенесла последний эпизод в Берлине?

> **blog_vinokur**
> 2011-05-15 02:06 am (UTC)
>
> Помолчали. Все мы собрались и помолчали. И подумали.
>
> И не было горечи, и какого-то отчаяния у нее. Напротив, такая тишина хорошая.
>
> Потом поехали обратно. Она сидела на заднем сиденье. Заснула тихо и хорошо. Это тоже есть в фильме.
>
> Вообще, у нее были очень светлые воспоминания о фильме, и о том, как мы все объединились, – наша маленькая съемочная группа.

>>>>>

sasha2002
2011-05-14 06:05 am (UTC)

Спасибо. Очень сильно.

blog_vinokur
2011-05-15 02:19 am (UTC)

Спасибо. Спасибо, что чувствуете.

Сколько значений есть у слова «сильно», но это основное, которое идет от чувства, а не от мускул.

>>>>>

litvar
2011-05-16 03:48 pm (UTC)

Как много раз вы должны были упоминать «деньги», насколько в вашей прекрасной истории (несмотря на весь ее трагизм) многое зависело от них. Ведь вполне могло не хватить, и не было бы фильма, или он получился бы обрезанным, незаконченным...

А ведь давление денег на нас – это тоже потому, что мы еще не смогли подняться на уровень высшей Любви, о которой вы говорите.

Все наши горести и несчастья от нас самих. Как не прискорбно это сознавать.

Благодарю за пост.

>>>>>

aqwerta
2011-05-16 05:31 pm (UTC)

Не столько покорила история Маут, сколько история о кинофестивале...

Как в сказке «любовь Герды растопила ледяное сердце Кая», так наяву любовь Маут растопила ледяные сердца, и вот уже нет стен отчуждения и злобы...

Спасибо большое за пост.

blog_vinokur
2011-05-17 09:22 am (UTC)

Точно! Мы, как луковицы, такие закрытые оболочками. Одну снимаем, вторую, третью… и обнаруживаем, что в центре – Любовь.

И у каждого так, у самого последнего так.

Спасибо вам!

>>>>>

anvoit
2011-05-16 07:22 pm (UTC)

Аж мурашки по коже…

Это такая редкость, когда удается сделать что-то настоящее, которое – даже вопреки твоему скептическому настрою – переворачивает тебя, выворачивает наизнанку вплоть до того, что становится стыдно и непонятно, как можно было так равнодушно жить, быть подверженным мелким обстоятельствам и страхам…

blog_vinokur
2011-05-17 09:45 am (UTC)

Вот так, когда-нибудь, мы сопоставим себя с настоящей Любовью и придем к мысли, что всё зависит только от нас, что Любовь, эта, существует постоянно, неизменяемо. Она вокруг.

Это нам надо себя подчистить. И всё.

Спасибо вам!

>>>>>

Людмила Веринская
2011-05-16 07:28 pm (UTC)

Это что-то невероятное: я от нечего делать бродила по дебрям интернета и вдруг такой сюрприз.

Сначала увидела этот пост с заголовком «Любовь» и подумала, что очередное полоскание этого слова. А как стала читать, оторваться не могла.

Что же пришлось пережить этой женщине и другим тоже?

Очень хочется посмотреть сам фильм, ведь сейчас так мало фильмов, которые пробуждают твою душу, заставляют сопереживать и думать.

И действительно, что еще может быть самым настоящим, кроме Любви?

blog_vinokur
2011-05-17 09:48 am (UTC)

Как вы понимаете, случайностей не бывает.

Так и соединяются люди, похожие по свойствам. Так и ищут себе подобных, и обязательно находят. Так и строят свое окружение.

Спасибо вам.

>>>>>

iblesq
2011-05-17 12:09 am (UTC)

Черт, я – толстый, лысый, сорокалетний лось от таких историй нахожу глаза «на мокром месте».

Хорошо, спасибо.

>>>>>

maxim999
2011-05-17 03:34 am (UTC)

Я сам чуть не расплакался! Очень задевает за живое!

Я тоже верю, что любовь держит вселенную и без нее никуда!

>>>>>

meditative
2011-05-17 10:23 pm (UTC)

Спасибо!

Прочитал несколько постов не отрываясь. Напомнили о главном.

Как только не забывать все это в рабочей суете и корпоративном мире?..

>>>>>

blog_vinokur
2011-05-20 02:43 am (UTC)

Все, что нужно для счастья нам – это понять, что нас окружает Любовь. Закон Природы. Закон Равновесия.

И нам надо только почувствовать это и захотеть жить по этому Закону.

Спасибо вам!

432 comments

пост_
зденечка

Пишу о том, что застряло в памяти. Прошло 13 лет, я могу быть не точен. Поэтому заранее прошу простить меня. Память – она ведь выборочна.
Речь пойдет о связи.
Мы так были связаны, вся наша съемочная группа, а я и не рассказал об этом почти.

Лена Макарова – сценарист и друг! Я так мало написал о тебе – всего одно предложение. А ведь это ты принесла мне дневник Маут, ткнула меня в него, как слепого котенка в миску с молоком, и сказала: «Ты не можешь об этом не снять».
Читал. Плакал. Спешил к тебе, сказать, что никому не отдам этот фильм. Это ты привела нас к Маут, вдохнула жизнь в сценарий, потому что все знала об этой жизни. Без тебя ничего бы не было, Лена!

Фима Кучук. Прости, только словом упомянул о тебе, а ведь это ты был и водителем, и «кормителем», и звукачем, и монтажером. Без тебя пропали бы мы.

Иржи – полслова о тебе написал. Самый чувственный оператор на свете, тонкий, интилегентный, ранимый, ответственный. Свой в доску!… О тебе история впереди, брат!..

Сюзанна. Ты вела нас и прикрывала, как мама. Окружала нашу маленькую команду своей заботой. Мы еще сомневались, а ты уже знала, каким будет фильм и вселяла в нас уверенность. И уже понимал я, что такого, как ты продюсера не найду в жизни. Родного!
Я говорю здесь о связи, без которой не было бы фильма. Без которой я – ничто. Ноль без палочки. Пустое место.

* * *

У Маут была близкая подруга в лагере. Звали ее Зденечка. Они вместе учились, вместе их везли в лагерь, вместе они голодали,

мечтали, грустили, радовались…
Только ей Маут рассказала о своей любви к Герману.
Маут показывала мне групповую фотографию. Там такая маленькая, глазастая девочка сидит – внизу, скромно, с краю… Зденечка.

Отправили её в Освенцим.
Навсегда.
И всё.
Казалось бы, конец истории…

Но нет.

Решаем мы с Маут, что поедем в Освенцим. Никогда она там не была и всегда хотела поехать. С нами ей спокойнее.
Едем.
Прибываем туда. «Музей» такой. Со зловещей историей.
Мне говорят: «Можно, как в музее – ходить и разглядывать экспонаты, которые за стеклом. А можно, за особые деньги (уже не помню какие) сразу за витрину попасть, например, туда, где чемоданы лежат». То есть увидеть их прямо, вживую. И снять реально.
Маут говорит: «Конечно, лучше «реально» к ним подойти, к чемоданам».

Платим.
Ведут нас за витрину.
Идем какими-то узкими коридорами. Так сейчас припоминаю – ремонт в Освенциме. Где-то надо привстать, где-то пригнуться.
Ощущение – что ведут нас через кулисы к сцене.
Пригибаемся, выходим… прямо к чемоданам.

Горы чемоданов.
Горы!..
И запах такой стоит…
Запах горя.

И мы пробираемся через это горе...
Оператор Иржи первым.
Я за ним.
Маут за мной.

Как это случилось, не знаю. Но я смотрел под ноги, чтобы не упасть, – везде чемоданы, проход между ними узкий. И на ходу я так, чуть повернулся, и краем глаза увидел Маут...

Она стояла застывшая. Как птичка, какая-то. И взгляд ее был – перед собой.

Не знаю, сколько это длилось. Может минуту, может две, а может одно мгновение...

И вот я вижу: она приподнимает голову, наклоняется вперед, руку вытягивает... И кричит: Зде-е-е-енечка-а-а!
И только сейчас я вижу, что во всей этой чудовищной горе чемоданов, на самом видном месте, лежит чемоданчик Зденечки. Так на нем и написано: «Зденечка Бергер»... И адрес.

Иржи не успевает развернуть камеру.
Кто мог это предвидеть!
Вижу, как он разворачивается на крик Маут. Страшно медленно, так мне кажется, прямо-таки, как в замедленной съемке.
Зде-нечка-а-а! – кричит Маут еще раз, но уже тише... Зденечка-а-а...

Это Иржи успевает снять.

Маут смотрит на чемодан.
Тишина просто оглушающая.
Иржи снимает.

Он снимает сцену, которую никто не строил, не режиссировал, потому что никто не ожидал, что так оно всё будет. Что из десятков тысяч, нет, из сотен тысяч чемоданов, этот будет стоять на самом видном месте. Чемодан Зденечки.

Которую сразу отправили в газовую камеру.

А чемодан остался...

Нет, не страдал я, что «профукали» сцену. Больше волновался за Маут. Но она быстро пришла в себя. Еще раз показала, какая она сильная.

А вот Иржи притих.
Корил себя, что пропустил этот сверхдокументальный кадр.

Мы потом еще долго ходили по Освенциму. Больше молчали, там все слова лишние. И снимали.

Вышли.
Едем.
Иржи по-прежнему молчит.

Останавливаем машину. Заходим в магазин. Берем виски, «Балантайн» 0,7.
Снова едем.

Первой выпивает из горлышка Маут. Выпивает и говорит: «Спасибо вам, как я вас всех люблю!»
Передаю состояние, слова точно не помню.
Пью за ней.
– За тебя, Маут, – говорю, – за то, что ты скрепила нас своей любовью.
Пьет Лена.
– Как хорошо нам вместе, это и есть жизнь!
Фима с выпивкой «пролетает» – он водитель.
Иржи долго пьет. И плачет (так помню).
– Спасибо вам, – говорит. – Никогда мне так хорошо не работалось, и ни с кем. Потому что у нас настоящая связь.

Маут обнимает его. И смеется.
Она смеется, как ребенок!..

* * *

Я говорю о связи. И о нашей связи там, на съемках, и о нашей связи здесь, в блоге. Такая здесь атмосфера создалась, замечательная.
И о мире – я говорю – связанном воедино.
Пусть даже мы пока это и не чувствуем.

8nana8
2011-05-20 12:57 pm (UTC)

Я с вами согласна на 100%: любовь – это всё! Это то, к чему мы должны стремиться – раскрыть нашу связь.

Я с нетерпением буду ждать нового поста. Каждый ваш рассказ приносит искорку любви в этот мир!

Огромное вам спасибо, от всего сердца!

> **blog_vinokur**
> 2011-05-20 03:05 pm (UTC)
>
> Именно стремиться, вы правы. Достаточно стремления. Все остальное сделают за нас.
>
> Спасибо вам.

>>>>>

ilfasidoroff
2011-05-20 01:23 pm (UTC)

А еще: «Как научить любить?»

Спасибо вам и за этот пост.

> **blog_vinokur**
> 2011-05-20 03:14 pm (UTC)
>
> Научить любви невозможно. В этом есть какая-то законченность.
>
> Учиться любить – вот это более подходит.
>
> И по дороге понять:
>
> – что мешает нам любить;
>
> – что такое наш эгоизм;
>
> – как можно подняться над ним.
>
> Спасибо вам!

>>>>>

nonymka
2011-05-20 02:04 pm (UTC)

Может быть, нужна одна мировая газовая камера или один, но глобальный, катаклизм?

Перед лицом страшной смерти и насилия, люди объединились бы в любви... Хотя нет, многие бы так и остались в естественном животном своем зверстве.

blog_vinokur
2011-05-20 03:20 pm (UTC)

Вся штука понять это до всех катаклизмов и мировых страданий.

Что конец – он один, мы так или иначе придем к объединению. К Любви. Только как придем – путем страданий, или путем Света?

Выбор всегда за нами.

Спасибо вам!

>>>>>

nandzed
2011-05-20 02:18 pm (UTC)

Тьма внешняя – это весь мир для того, кто не сумеет обрести себя в своем сердце.

До поры мир такого человека освещен, но когда понадобится спастись, спасутся лишь те, кто смог войти в собственное сердце. Остальные останутся снаружи, во тьме внешней.

А ведь еще можно войти, еще есть время.

А уже такое ощущение, что его нет. Опережающее видение.

blog_vinokur
2011-05-20 03:24 pm (UTC)

Мир мы постигаем из себя. Поэтому и разговор только обо мне – какой я. Я изменяюсь – меняется мир.

Спасибо вам!

nandzed
2011-05-20 02:19 pm (UTC)

Спасибо вам за эту историю... История закончилась, а то, что её двигало, продолжается.

> **blog_vinokur**
> 2011-05-20 03:28 pm (UTC)
>
> Знаете, в кино это называется «основной сценой», то есть тем, для чего я снял фильм, или рассказал историю. Ведь не ради самой истории.
>
> Я хотел говорить о связи, об объединении, я хотел бы, чтобы эти мысли занимали нас.
>
> Обычно «основная сцена» в конце фильма, или рассказа.
>
> Спасибо вам!

>>>>>

simfeya
2011-05-20 02:36 pm (UTC)

Семён, спасибо вам!

Сегодня ехала в маршрутке домой и как-то пронзительно ощущала своё единство со всеми и всем окружающим. Почему-то вспоминались люди, которые давным-давно, в тяжёлое для меня время, помогали, поддерживали, не давали забыть про любовь.

И вернуть это нельзя. Можно только передать дальше – самой помогать, поддерживать, любить.

> **blog_vinokur**
> 2011-05-20 03:31 pm (UTC)
>
> Вы меня очень этим поддерживаете!
>
> Спасибо вам!
>
> Ведь мысли материальны – это доказано. Они передаются, работают, они делают чудеса.

>>>>>

svet_vs
2011-05-20 03:00 pm (UTC)

В истинной, внутренней связи, просто знаешь, что сказано, и отвечаешь так же, боясь нарушить тишину голосом, движением. И при этом абсолютно четко понимаешь, что в этом месте – Любовь! Она составляет вокруг действительность и именно так, как должно быть.

Есть ли что-то важнее этой внутренней поддержки, этой связи? Раскрыть это, познать во взаимных действиях – большое Счастье.

Спасибо за наглядный пример этих действий!

> **blog_vinokur**
> 2011-05-20 03:34 pm (UTC)
>
> Без вас бы ничего не происходило. Если бы я писал в пустоту, давно бы опустились руки.
>
> А здесь чувствуешь такую поддержку!
>
> Спасибо вам!
>
> Так создается окружение, и создается оно именно для поддержки – когда кто-то устанет, другой его вернет к жизни.

>>>>>

max_rmg
2011-05-20 06:21 pm (UTC)

Любовь – тяжелый труд.

Спасибо за продолжение!

> **blog_vinokur**
> 2011-05-21 05:44 pm (UTC)
>
> Это благодаря вам, – что ждете и хотите продолжения.
>
> Я в ваших руках и рад этому.

>>>>>

saechka
2011-05-20 07:09 pm (UTC)

Спасибо за этот фильм, за эти посты.

Но я, как женщина, и согласна с вами и нет.

Мне кажется, что люди никогда не смогут жить в мире и любви. Я согласна, что многим не хватает любви, или надежды, или просто знать, что ты кому-то нужен. Но даже если бы у всех все это было, понять, что это и есть самое главное – обычно тяжело. И понимание приходит часто только после большой беды или трагедии.

> **blog_vinokur**
> 2011-05-21 05:52 pm (UTC)
>
> Конец – он один – жизнь в мире и любви, ощущение всех, как одного целого.
>
> Для этого рождается человек, – чтобы прийти к этому через пустоту, страдания, ощущение, что это невозможно.
>
> Это наше эго нам нашёптывает, что это невозможно, потому что понимает, что тогда ему плохо придется.
>
> Мы просто над ним поднимемся, чтобы соединиться с другими, и всё. Не слушайте его. Наше дело стремиться – и все произойдет!..
>
> Спасибо вам!

>>>>>

vipover
2011-05-21 04:06 am (UTC)

Семен, а у вас никогда не было такого живого ощущения, что по жизни вас ведут неясные нити, невообразимые совпадения? Неудача оборачивается успешно выученным уроком, который обязательно поможет...

Мне кажется, что нас ведет Вселенная, если мы хотим двигаться, хотим делать что-то очень важное.

blog_vinokur
2011-05-21 07:12 pm (UTC)

Нас ведут – это точно – и ведут к лучшему нашему состоянию, которое называется «конец исправления». Там мы ощущаем себя Едиными, Любящими, Отдающими.

Это настоящее, абсолютно счастливое состояние.

Как бы нам плохо ни было, надо знать, что это только фрагмент одного фильма, у которого счастливый конец.

Спасибо вам!

>>>>>

lily_valley
2011-05-21 06:23 pm (UTC)

К первой статье о фильме я не оставила комментарий. Просто прочитала все комментарии, по ссылкам нашла фильм, пересмотрела раза четыре, снова перечитала ваш очерк…

Переслала близким друзьям ссылки.

Потом прочитала другие статьи вашего журнала. Понравилось, очень понравилось! Потом стала читать уже все подряд.

Но эта история про Маут просто потрясла. Фильм очень сильный, добирается и задевает самые глубинные струны души.

Сцену с чемоданом Зденечки пересмотрела несколько раз. Все пыталась понять – неужели возможно совпадение? Сомнений не оставалось – ну нельзя так сыграть! невозможно просто!

Но и шанс такого совпадения настолько ничтожен, просто невероятно.

А у меня вопрос.

В фильме, время от времени, повторяются документальные кадры – красивая девушка с широкой улыбкой и светящимся взглядом поворачивается к камере, за ней – человек в пальто с нашивкой желтой звезды. Что это за кадры? Откуда? Ну, не Маут же это? Но может как-то связаны с ней? Она их знает?

И просто хочу сказать спасибо: за фильм и за воспоминания о съемках (так фильм интереснее и понятнее), и вообще за ваш журнал, потому что он очень искренний, яркий, интересный и светлый.

blog_vinokur
2011-05-21 07:27 pm (UTC)

Спасибо вам огромное! Так, очень тепло пишите. Очень искренне.

И я рад, что вы после просмотра фильма не разочаровались, а то я боялся. Пишу-пишу, люди заводятся... Это все мои ощущения от съемок, а, думаю, посмотрят фильм и разочаруются.

Так что спасибо вам, что рассеяли сомнения.

Та женщина, которая в документальной съемке проходит через фильм, – это не Маут. Это я просто нашел такой документальный кадр, он очень редкий, и он мне так понравился. Он так точно отражал то, что я ощущал, читая дневник, что я подумал – пусть будет, как тема фильма. Ведь о Любви говорим. А там, в этом кадре, в этом взгляде девушки, столько любви.

Но на самом деле мы все время говорим о том, что вокруг нас, что нас зовет, не отпускает, чью искру мы чувствуем все время, поэтому так и стремимся к любви.

Я говорю, и уже в который раз повторяю, о Законе Любви, который окружает все Мироздание. Это Он нас всех зовет. И мы придем к нему.

Обязательно.

Спасибо вам!

115 comments

пост_
трюк_

Мне Дима (смотрите пост «Здравствуйте») написал короткий комментарий и в конце, так спокойно, спросил меня: «Дружим?» И так, одним словом, вдруг всё взорвал. Я ответил: «конечно».
Но за этим «конечно» – вся жизнь, начиная с «когда себя помню», до сегодняшних моих 54-х.
Это – «дружим» – для меня «волшебное» слово, самое важное.

В детстве, когда в классе заглядывал в глаза ребятам, я так хотел, чтобы мы были друзьями. Так из дома и исчезли все собрания сочинений: и Майн Рид, и Дюма, и Конан Дойль. Раздарил, хотел дружбы.

В армии, когда мы – трое друзей – отбивались от выпивших «стариков», я помню, как сжималось во мне все от страха, а я все махал кулаками, потому что думал: «иначе – какой я друг».

В кино хотел дружить, и это получалось, пока учился. Но потом оказалось, что все это внешнее. Когда начал непосредственно писать и снимать, стало не просто. Подбавили эгоизма, зависти, нужно было быть лучшим… На многих обиделся, многих обидел. А ради чего?!..

Я всегда надеялся, что это случится – так сольются сердца, так поддержим друг друга, что подружимся. И из пустоты, неразберихи, из поиска, из страданий – короче, из нашей такой разной жизни, – мы вдруг найдем слова, проявим чувства… И отогреемся. И всё уйдет. Почувствуем, что здесь нас ждут. Что мы близки. Что нас не разделяет внешность, расстояние, а соединяет чувство… Вдруг потянет домом…

Написал и подумал, что так хотелось бы, чтобы мой блог таким и был. Честно, вот этого и хочется. Такую территорию создать – дружбы.
А вдруг получится.
И поймётся, что за детским словом «дружим» – сумасшедшая глубина…

Спасибо, Дима, вдруг задел ностальгические струны.
Всё-таки основа интернета – соединять. Связывать, а не разрывать.
И уверен, однажды отвалятся все сплетни, всё желтое, пустое, чем он забит, вся шелуха и дребедень... И вдруг окажется, что мы все соединены. И весь этот трюк нужен был только, чтобы свести нас в одно место. Таких разных, не уживающихся друг с другом, сердитых, воинствующих, критикующих, со своим «Я», таких круто разделенных, – нас смогли свести в одно место!
Подловили.
И это трюк.

Это гениальный замысел, потрясающая режиссура, с великой целью – соединить мир.

beloshitskaya
2011-02-27 07:37 am (UTC)

Я думаю, этот ваш пост отзовется в сердцах многих: ведь сколько есть людей, которые хотят именно такой – бескорыстной дружбы, без «задабриваний» (в хорошем смысле этого слова).

У меня есть товарищ, который рассказал как-то, что не верит больше в дружбу. Все, к кому он тянулся всей душой, «дружили» с ним, пока это было им выгодно. А мечта о настоящем друге (без взаимовыгодных «пользований») у него все равно осталась.

Так что, будем надеяться!

> **blog_vinokur**
> 2011-02-28 01:00 pm (UTC)
>
> Это дело не простое, но выполнимое. Когда мы все начинаем об этом мечтать, рассуждать об этом, спорить, как дети, – мы так начинаем работать со своим «я», подначивать его… Оно сопротивляется, конечно, – хочет все время что-то с дружбы этой поиметь. А мы продолжаем и продолжаем – и так приближаем и делаем реальным «нереальное».
>
> Я знаю таких друзей. Я вижу – они смогли. И это дает мне силы.

>>>>>

semnat
2011-02-27 09:32 am (UTC)

Надо не к другим тянуться, а сделать так, чтобы к тебе тянулись. До меня это тоже дошло далеко не сразу. Теперь мне и с друзьями, и без друзей хорошо.

> **blog_vinokur**
> 2011-02-28 02:22 pm (UTC)
>
> Нет такого – «без друзей». Нет!
>
> Думаю, нас для этого и поселили на этом шарике, чтобы после некоторой, непростой работы с самом собой, оказалось бы, что рядом близкие.

zhuravlyova
2011-05-17 07:08 pm (UTC)

К слову о людях на шарике...

Я помню себя, по доброй воле оторвавшую себя от людей. Было непреходящее состояние недоверия к людям, одиночества, чего-то волчьего, холодного, в период, когда кроме шишек от окружающих людей не сыпалось, казалось, ничего.

А со временем что-то щелкнуло внутри. Поняла, даже не поняла, а прожила и ощутила: когда бескорыстно даришь людям, они сначала по инерции ведут себя, как всегда, а со временем в них тоже что-то происходит.

В каждом!

И у тебя, если отдаешь бескорыстно, не становится меньше – напротив, наступает ощущение какого-то внутреннего изобилия, тепла, уюта. И жить уже не холодно, не одиноко, а хорошо и свободно.

Со временем анализировала в себе, думала: «Мы на этом «шарике» друг другу ученики и учителя. И чем раньше ты начинаешь разбираться, для чего была шишка, тем лучше, потому что если отказываешься понимать, шишки становятся с каждым разом всё увесистее».

Действительно, появляется ощущение незримых ниточек, связывающих между собой тех, кому ты отдаёшь бескорыстно, и кто оказывается рад суметь почувствовать это и принять.

>>>>>

lesjja
2011-02-27 10:25 am (UTC)

Интернет соединяет, да. А вот, как мы им воспользуемся – это уже зависит от нас.

Это касается не только интернета. Мы, вообще, все воспринимаем фрагментарно. А вот существует ли общий сценарий, это еще вопрос?

> **olalacha**
> 2011-02-27 03:58 pm (UTC)
>
> Да, интернет соединяет, и это вроде бы хорошо...
>
> Но, в то же время, он позволяет дружить без особых душевных

затрат. Ведь проще высказаться, не глядя в глаза собеседнику, как в плане критики, так и в поддержку друга.

На мой взгляд, заработать, даже заслужить дружбу с кем то – не имея ввиду материальный «подкуп» (я, вообще, не говорю о материальном в данном случае) – это гораздо приятней и дороже сердцу.

Но любая идея объединения людей в любой плоскости должна быть поддержана.

blog_vinokur
2011-02-28 02:25 pm (UTC)

Верно. Верно, что мы это определяем, и, вдруг, окажется, что самые «не нужные» вещи в интернете существуют только для соединения, и все только этому подчинено. Просто мы не видим весь сценарий – видим только фрагмент.

Мы решили, что всё, что направлено к объединению, – всё принимается. Идеалистические, фантастические, нереальные, реальные, детские, логичные и нелогичные идеи – всё принимаем. И расширяем нашу песочницу до бесконечности. Даже свои ведрышки и совочки отдадим, только бы приходили и садились рядом.

>>>>>

appalachich
2011-02-27 04:48 pm (UTC)

Трогательно. Но, знаете, Семен, что-то в вашем тексте мне не понравилось. Не могу понять, что.

Мне тоже уже за 50 (57). И про Майн Рида с кулачными противостояниями мне понятно. Тянулся, стремился соответствовать.

Всегда рядом был очень близкий друг. Вот только они постоянно менялись. А сейчас уже и меняться некому: кто ушел в мир иной, кого предал я, кто предал меня, кто погряз в рутине. Да и мне уже никого не надо. Наверное, выработалась душа, износилась.

Да, я ценю виртуальное общение. Но ищу и нахожу я в нем не дружбу, а отклик, причем, не важно, какой – положительный или отрицательный.

Человеку нужно зеркало, нужно эхо, чтобы выплеснутая мысль отразилась от «френда» и вернулась. Этот отклик, возврат, реакция нужны лишь для того, чтобы убедиться в том, что ты все еще жив.

На переваривание, пропускание через себя огромных потоков чужой – а, значит, и чуждой – информации, как это приходится делать в дружбе, способны немногие. Именно это объясняет налеты сахарной пудры на ЖЖ- общении. Пустые попытки. Этого здесь не найти, потому что этого здесь нет. Виртуальное общение этого не предполагает. И слава Богу.

blog_vinokur
2011-02-28 02:36 pm (UTC)

Я вас понимаю, потому что помню себя, когда все замыкал на себе. Мысль была: «Как меня это наполняет». Меня!..

Здесь и ответ и мое сегодняшнее с вами несогласие, уж извините. Помню слова Довлатова (мой любимый писатель): «Что отдал, то твоё».

Попытаться… Хотя бы попытаться поработать «от себя».

Спасибо за откровенный ответ.

>>>>>

angelkino
2011-02-28 10:45 pm (UTC)

Браво!!!

Но что-то в ЖЖ возникает, право…

Пойду стучаться к вам в друзья (ненавижу слово «френды»).

А налет сахарной пудры может спасть в любой момент, когда мы сами этот налет с себя уберем.

netizai25
2011-02-27 09:29 pm (UTC)

Я думаю, что дружба и любовь являются основой счастья (особенно дружба), а счастье сегодня дефицитный товар…

zluka_ja
2011-02-28 10:27 am (UTC)

Счастье – дефицитный товар только для тех, кто так думает.

blog_vinokur
2011-02-28 02:38 pm (UTC)

Несомненно...

Только дальше и начинаются самые непростые вопросы: что такое дружба? и что такое любовь? и как к этим великим вещам прийти?

>>>>>

miledi_om
2011-11-02 09:51 pm (UTC)

Есть много интересных, талантливых, неординарных людей, с которыми бы хотелось дружить, но из-за их сознательного дистанционирования невозможно предложить им дружбу. Я их не осуждаю, конечно. Просто отчего-то сердце щемит...

Спасибо, что вы – родственная душа!

Знаете, ваш блог, как хорошая книга, которую хочется читать запоем! Но при этом понимаешь, что книги такого рода нужно изучать не спеша, так как есть над чем задуматься на каждой странице.

Спасибо за то, что вы есть! Так хорошо на душе!

kablan
2011-11-03 02:54 pm (UTC)

Блог очень интересный, настоящие чувства, живое общение. И на каждый комментарий найдётся ответ. И тоже хочется дружить.

Но меня беспокоит вопрос: «Вы меня записали другом, чтобы я заглянул в ваш блог или вы действительно успеваете ещё и читать других?»

blog_vinokur
2011-07-16 05:38 pm (UTC)

Еще как! И с огромным желанием и удовольствием!

Буду счастлив встречаться с вами все время!

39 comments

пост_
по ту сторону

То, что вы сейчас прочтете, это не последовательное воспоминание о фильме, а так, вспышки воспоминаний. Так мне проще писать...

Задумка фильма «Сэнит Зон», или «Бля», родилась не у меня, а у Фимы, режиссера и друга. С этой идеей он отыскал меня на Высших курсах, и мы в пельменной (какие были времена! как я любил эти пельменные!) стояли и ржали над историей, которая тут же и складывалась.

Сценарий рождался быстро и легко. Потом Фима прочитал его Семену Лунгину, очень хорошему сценаристу, который в это время лежал в больнице. Семен Лунгин сгибался пополам, сползал с кровати и плакал от смеха, периодически прося Фиму приостановиться, чтобы перевести дыхание.

Это был хороший признак, нас благословили на дело.

Играли замечательные артисты.

Владимир Самойлов – он ходил все время с авоськой, покупал гречку в студийном буфете.
Люба Полещук рассказывала анекдоты, любила семечки и просила делать ей начес «до небес» – она играла партийную даму.
Борислав Брондуков уже был после инсульта и всё никак не мог проговорить слово «тринитроглецирин».
Сергей Газаров – он так страстно читал монолог диссидента, что мы были уверены, что вот-вот нас всех возьмут «под белы рученьки».
Максим Беляков – артист прекрасный и открытый, хороший парнишка, о котором мало кто знает, потому что года через два его убили в электричке какие-то подонки.

Был у нас в группе и еще один замечательный человек – Сергей Беринский – великолепный, состоявшийся композитор. Нежную музыку написал для фильма.

Он был уже известен. Я плохо в этом соображаю, но его кантаты, симфонии, концерты и прочее уже вовсю исполнялись по миру. Потом, по прошествии еще нескольких лет, он стал еще большей звездой. Жил на Кутузовском, по-моему, дочки учились музыке за границей, денег много, свои музыкальные классы, полный успех и счастье на лице...

И вот, при всем этом счастье, он вдруг попадает в автокатастрофу и такую, что неделю лежит в реанимации, и никто не знает, выживет он или нет.
Неделю над ним колдуют врачи... Всё меньше и меньше надежды... И вдруг, ровно через семь дней, он открывает глаза. Все заливаются слезами от счастья – жена, дети, друзья, врачи. Все!
А он обводит всех взглядом и неожиданно говорит: «Как, снова сюда?!..»

Что он увидел там, за порогом?
Почему так хотел не возвращаться сюда?

Тогда я только задался этим вопросом, а сейчас знаю, что он увидел, вернее, что почувствовал.
Он почувствовал свободу.
Он почувствовал, что он окутан Любовью, и сам излучает Любовь.
Он только на мгновение ощутил, что это такое – закон Отдачи и Любви. Только ничтожно малую часть ощутил...И как завелся!

...Но для этого совсем не надо умирать.
Потому что можно осуществить это здесь и сейчас.
В этом мире.
Можно. И нужно. И не на мгновение, а на постоянно.
Я всем нам этого желаю.

Вот так, вроде бы начал с «Бля»...

Спасибо вам.

maria_iv
2011-03-27 05:20 am (UTC)

Как сделать так при жизни?

Тюрьмы, я скажем, не ощущаю, но ответственность чувствую, – а это некоторая несвобода..

> **blog_vinokur**
> 2011-03-28 03:59 pm (UTC)
>
> Искусственно это не сделаешь, да и не надо. Всему есть свое точное время – и вопросам, и ощущениям.
>
> Обычно, вдруг первым всплывает вопросы: «Что эта жизнь? Для чего живу?» Эти вопросы тянут за собой всю цепочку. Так, во всяком случае, у меня было. Так и начал думать: «Свободен ли?.. Что движет всеми моими действиями?»
>
> И пошло-поехало…
>
> Спасибо!

>>>>>

veprmouse
2011-03-27 06:41 am (UTC)

«И для этого совсем не надо умирать. Потому что можно подняться над своей природой здесь и сейчас. В этом мире. Можно. И нужно. И ощутить этот Закон. Отдачи и Любви. И не на мгновение. А на постоянно».

Иногда это чувствую и в этом живу. Но, всё-таки, иногда...

> **blog_vinokur**
> 2011-03-28 04:03 pm (UTC)
>
> Уверен, выше этих мгновений ничего нет. Потому что это – правда. А все остальное - подходы к ней.
>
> И вам, и себе, и всем хочется пожелать, чтобы мгновения эти перестали быть мгновениями – стали бы жизнью.
>
> Какая бы жизнь тогда была?!..

>>>>>

pointinheart
2011-03-27 09:13 am (UTC)

Если человеку дали почувствовать – пусть даже только на мгновение – свободу, что он окутан Любовью, что сам излучает Любовь, значит, он должен был пожелать вновь такое ощущение, и его желание должно было быть толчком к поиску...

Нашла в инете, что Сергея Беринского не стало 12 марта 1998 (51 год),

и среди его произведений ««Псалмы Давида – Царя Иудейского» для четырех виолончелей»...

blog_vinokur
2011-03-28 04:09 pm (UTC)

Да, он умер через восемь лет после своей клинической смерти. Но умер от сердца, а не от того, что хотел повторить все эти ощущения.

Повторить их можно только здесь. При жизни.

>>>>>

lariska_kryska
2011-05-31 07:38 am (UTC)

Состояния клинической смерти у меня не было, но откуда-то я понимаю и чувствую, ЧТО узнал ваш друг. И это чувство наполняет меня каким-то необъяснимым восторгом.

Хотя, я очень надеюсь, что поживу здесь подольше. Хочется жить, не оглядываясь ни на свой и чужой эгоизм, ни на зарплаты, пенсии, медали и звания. Жить с Любовью.

Спасибо!

И за то, что подружились, тоже!

Лариса.

blog_vinokur
2011-10-02 12:52 pm (UTC)

Рад вам, Лариса!

Весь путь наш здесь – это действительно постигнуть истинный смысл жизни с Любовью.

Это, знаете. не просто. Но никуда нам от Любви не деться.

>>>>>

merlinwebdesign
2011-09-30 04:38 am (UTC)

Мы все, наверно, ищем плечо, уголок, дом, комнату, книгу, учителя, с которым было бы покойно. И не столь важно, что за окном творится, хуже, когда за всю жизнь это так и не найдено.

И вот вопрос: «Плохо искал или сам поиск закаляет»?..

Вероятно – и то, и другое… Но нам хочется здесь и сейчас.

blog_vinokur
2011-10-02 12:54 pm (UTC)

Наше дело – вложиться по полной программе в этом поиске.

А будет то, что должно быть.

Самое важное в этом пути – построить окружение. Тех, кто рядом с тобой, кто за тебя, а ты за них, книги светлые читать и так прийти к Учителю.

Спасибо!

Всегда рад вам!

merlinwebdesign
2011-10-02 01:38 pm (UTC)

Печально, что эти искания не всем оказываются под силу… Некоторым так и не удается найти свой путь. Хотя, возможно в этом и был их путь…

Всего вам доброго.

Успехов на вашем пути!

blog_vinokur
2011-10-10 08:17 am (UTC)

Всегда рад с вами переписываться.

И скажу вам – это не мы ищем покой, это нас ведут к покою.

Вся задача, ощутить то, что нас ведут к лучшему. Ведет Закон, нас окружающий, или Природа, – как назовете... И тогда все страдания по дороге станут не страданиями, мы поймем, для чего они нам посылаются и куда они нас направляют.

Мы начнем изменяться – это самое важное. Мы перестанем изменять мир вокруг и начнем изменять мир в себе. И тогда все изменится.

Спасибо вам!

merlinwebdesign
2011-10-13 05:10 pm (UTC)

Жаль, что сил и терпения не всегда хватает...

blog_vinokur
2011-10-18 02:19 pm (UTC)

Надо поддерживать друг друга – в этом секрет долготерпения.

merlinwebdesign
2011-10-18 11:45 pm (UTC)

Проблема не в поиске или понимании алгоритма добросердечного общения и сосуществования – нет. Проблема состоит, наверное, в страхе... Да, именно в страхе подпустить к себе, «впустить в себя», открыться. Боязнь предательства, нежелание «наступать на грабли»...

Понятно, что утихнет беспокойство, станет несколько проще, но...

Ставит в тупик то, что люди, прекрасно понимают, о чем идет речь, но кивнуть в ответ или продекларировать – стало нормой, а доходит до дела – вселенский стон и плач о том, что «мир катится в тартарары».

Вот и получается, что не страх мешает более открытому общению, а парадоксальность поведения некоторых представителей рода человеческого. Как о той собаке: «Все понимает, но сказать не может».

Всего вам доброго.

blog_vinokur
2011-11-02 10:36 am (UTC)

Спасибо за теплые слова и за то, все это тоже живет в вас.

38 comments

пост_
тюрьма

Середина 80-х. Я учусь на Высших режиссерских курсах. Должен быть урок Митты, и вдруг вижу: все забегали, какое-то необычайное возбуждение на лицах.
– Что такое? – спрашиваю.
– Калик приехал!..
– Да ты что, не может быть…
– Вернулся!
И тут в зал заходит Калик. Мы встаем и долго ему рукоплещем. А он почти плачет, так растроган.

Вот так впервые я встретился с Михаилом Каликом, известнейшим режиссером, на фильмах которого выросли поколения. Его называли «отцом поэтического кино», звали преподавать в Европы и Америки, а он уехал в Израиль. Вот тогда-то на долгие годы стерли его имя со всех его фильмов, положили их на полку, и только мы, на курсах, подпольно, могли их смотреть…

В Израиле его сломали.
Дали сделать первый фильм… А потом уже критика навалилась, прошлась по нему «катком», в общем, оттянулись по полной программе.

Так и закопали – и фильм, и Калика.

Он – человек характера не простого – закрылся, плюнул на большое кино и стал снимать для заработка маленькие документалки. Но остался, не уехал никуда, хотя мог.

Он уже вышел на пенсию, как вдруг, однажды, уже из горбачевской России пришло приглашение, смысл которого был такой: «Мы очень извиняемся, Михал Наумович, не держите на нас зла, приезжайте и делайте кино, какое хотите. Председатель Госкино, Климов».

Так он и вернулся. Так я его и увидел там, в Москве. Познакомился, помог ему с оператором…

И уехал сам, чтобы через 15 лет уже делать о нем фильм здесь, в Израиле. Меня знали, я был с призами и фильмами и поэтому мог пробить любую тему.

Я предложил ему сниматься. За его плечами уже были и неудача с фильмом в Израиле, и осколок, который он получил в живот, от мины, взорвавшейся в метре от него…и смерть сына, которого я хорошо знал.

Сын умер от рака крови. Такой замечательный, чистый парень, он боролся с болезнью 12 лет…

Всё это есть в моем фильме.

Но есть там еще одна тема, очень для меня важная…

2005 год.
Бутырская тюрьма.
Мы прилетели из Израиля, чтобы снимать там.
Заплатили 1000 долларов и снимаем.

Сразу скажу – гнетущее ощущение. За нами все время следует «хвост» из двух охранников, темные коридоры, какие-то жирные стены, непонятно почему, и прищуренные взгляды, которыми нас провожают все.
Калику уже далеко за 70.
Мы восстанавливаем события его жизни. Идем по коридору, снимаем.

Вдруг Калик останавливается, ноги его подгибаются, он прижимается к стене… «Не могу идти»…
Он вдруг снова возвращается в свои двадцать с небольшим, когда его брали, ломали – сначала в подвалах МГБ, потом здесь, в Бутырке…

Мы стоим, ждем, пока пройдет у него этот шок… Он не может отдышаться…
Присмотритесь (если будете смотреть фильм) и вы увидите, как

спина его вдруг сгибается. Это именно то мгновение, после которого он не смог идти дальше.

Навстречу нам ведут бледных заключенных.
Проходит охранник со шрамом во все лицо, командует моему оператору: «Не снимать!»
Потом какой-то молодой заключенный пытается всунуть мне в руку записку на волю... Я не беру, и он говорит мне: «Смотри, встретимся!..» Вдруг кто-то кричит из камеры напротив безумную фразу: «Я простой советский свекловод, отпустите меня!»

Вот такая атмосфера. Такой «Кафка»...

И тогда оператор начинает стонать...
Красивый, успешный парень, сильный, под два метра ростом, он вдруг отводит меня в сторону и говорит: «Пошли отсюда!»
Я говорю: «Ты что?!.. Мы для этого из Израиля прилетели?»
Он мне: «Я не могу!.. Я готов свою камеру отдать, только бы меня отсюда выпустили...» (камера «Бетакам», 70 тысяч долларов, его личная камера).

...В общем, уговорил я его кое-как, и Калик отшел, мы продолжили съемку: и в одиночках «сидели», и в прогулочных двориках «гуляли», и в карцере запирались...

Калик вспоминал, и было это ему не просто.

Фильм получился.
Это я определил по тому, как его принимали, как замирал зал и час не дышал, как вставали, приветствуя Калика...
Ну, и призы взял.

Получился...

Он получился о свободе. Так я его прочитываю.
Калик так стремился к ней – и в творчестве, и в жизни – к свободе. А меня постоянно мучил вопрос, уже тогда: «Что же это такое?»

Но в фильме я об этом не спрашивал Михаила Наумовича.

Я спрашивал себя: «Свобода ли это – свободно творить, свободно перемещаться по миру? Что такое – «чувствовать себя свободным»? От чего свободным? – вот вопрос».

Мы живем в своей одиночной камере всю жизнь. Я никого в нее не пускаю – в это своё «я», оберегаю его от посторонних.

Я не открываю сердце другим и считаю, что свободен, – какой блеф!

* * *

Может чуть и «загрузил» историю, но сидит это во мне, ничего не поделаешь.

beloshitskaya
2011-03-20 07:30 pm (UTC)

Спасибо!

Калику стало плохо от того, что он обернулся назад. Так всегда бывает, даже если прошлое и не столь трагично.

В любом возрасте нужно смотреть только вперед.

Но фильм ваш – замечательный. Правда.

> **blog_vinokur**
> 2011-03-21 09:27 am (UTC)
>
> Нельзя жить прошлым, верно!..
>
> И, вообще, у вас, все время точные замечания.
>
> Так радостно с вами общаться!
>
> А за фильм спасибо!

\>\>\>\>\>

elshanec
2011-03-20 10:48 am (UTC)

На зоне даже воздух другой. Плотный. Работать, да, тяжело там.

А степень свободы – каждый по-своему ее определяет. Но по-настоящему свободных людей, думаю, в природе просто не существует. Мы всегда от чего-то несвободны.

> **blog_vinokur**
> 2011-03-21 09:14 am (UTC)
>
> Мы не свободны. Это точно. Но не можем это признать.
>
> Признать это – значит, признать, что мы не живем.
>
> Ищем свободу, ищем… Она нам представляется свободой слова, печати, работы, жизни… И много всего…
>
> Пока не приходим в тупик, – те, кому посчастливится. В этом тупике понимаем, что нами все время играют, что свободы нет, что все наше движение задано заранее и заранее известно, как мы отреагируем

на тот или иной раздражитель – в соответствии с характером нашим, природными данными, которые мы не выбирали, эмоциями и вообще...

Где же наша свобода?.. – Прежде всего, понять, что не свободен, и принять. И с этого момента начать свой диалог с Кукловодом.

Спасибо.

О свободе можно говорить бесконечно.

>>>>>

Юрий Колесников
2011-07-20 11:57 am (UTC)

Свобода без границ – есть смерть. Значит, чтобы быть свободным, надо знать во всём границы, знать во всём меру. И, насколько мы эти границы сознаем, – настолько мы свободны.

>>>>>

gerol2000
2011-03-23 08:30 pm (UTC)

Свобода – это, по-моему, когда кто-то может не делать то, что делает огромная и АГРЕССИВНАЯ, а не тупая и молчащая толпа. И плата за нее – за свободу – всегда одна...

lou7lou
2011-03-23 08:43 pm (UTC)

Разве ж это свобода?..

Все зависит от того, к какой из этих двух толп вы себя (свое «я») относите – к огромной и АГРЕССИВНОЙ, или к тупой и молчащей...

Я даже не уверена, что выбор толпы – он свободный. Что-то же заставляет нас сделать именно этот выбор а не другой...

gerol2000
2011-04-02 12:14 pm (UTC)

Я себя (и свое «я») не отношу – или хотел бы так – ни к одной.

А заставляет, по-моему, всегда одно и то же – страх смерти и страх за своих родных. Выбор толпы, конечно же, несвободный.

И все же, я думаю именно так: свобода – это непринадлежность к любой толпе.

>>>>>

ybonda
2011-03-26 07:00 pm (UTC)

Даа.. Посмотрел фильм. Вот как бросало человека. Такой судьбы и на несколько жизней было бы много, не то, что на одну.

prosvet_s
2011-03-27 10:34 am (UTC)

Удивительно сильный человек. Мы тоже должны всегда помнить, что всё, что нам даётся, – это для обучения, для того, чтобы мы все стали режиссерами своего фильма

blog_vinokur
2011-04-21 08:33 am (UTC)

У которого счастливый конец. Да?

prosvet_s
2011-04-21 09:08 am (UTC)

Да! Счастливый! Для всех! Обязательно!

>>>>>

zeroreply
2011-04-12 11:11 am (UTC)

Позвольте высказать то, к чему пришел я. Своими путями пришел и своими словами скажу.

Свобода – это не безнаказанная беспредельность, как это большинство воспринимает. Выбор у нас есть всегда. Свобода – это когда независимо от судьбы и поворотов жизни ты делаешь то, что ты любишь. И неважно, что именно ты любишь – свобода быть самими собой при том, что внешний мир ты не изменишь.

Именно это делал Калик, когда сидел в камере – жизнь ломала его, а он режиссировал!

И еще. Свобода – это ОСОЗНАНИЕ (а не понимание, поэтому выделил) и ПРИЯТИЕ своего места в этом мире. Это тесно перекликается с предыдущим, так как «твое место» – индивидуальное, Богом данное, единственное. Это как раз то, что ты любишь делать, и все, что окружает это делание.

>>>>>

buroba
2011-05-13 11:58 pm (UTC)

Дорогой Семен!

Благодаря моим друзьям я прочитала ваш пост, последний, о любви и посмотрела ваш журнал, и увидела, что все мне в нем нравится!

А этот пост просто для меня написан. Я очень люблю Михаила Калика. Его «До свидания, мальчики» и «Возвращается ветер» часть моего существа.

И Александр Митта прекрасен…

Спасибо!

>>>>>

fcitizen
2011-07-20 12:27 am (UTC)

Я помню, какое влияние на нас, вгиковцев, оказал фильм Калика «Человек идет за солнцем». Тогда я (да и другие) не знал, что Калик был репрессирован. А теперь я не знаю, как художник, прошедший через ЭТО, мог снимать такое светлое поэтическое кино.

Неужели они все простили своим палачам?..

>>>>>

miledi_om
2011-11-05 04:57 pm (UTC)

Здравствуйте, Семён!

Я ещё пару месяцев назад и не слышала о Михаиле Калике. Но стоило увидеть лишь фрагмент его фильма «Любить», как это одноименное чувство проникло в меня, захватило и понесло. Оторваться от картины не было сил.

Какое счастье, что я нашла вас, потому что я ещё не видела остальные фильмы этого великого режиссёра и ваши тоже. Представляете, какое меня ещё ждёт счастье?!

Иду регистрироваться и качать ваш фильм!

С уважением, Ольга.

>>>>>

blog_vinokur
2011-03-21 09:20 am (UTC)

Спасибо вам!

Качайте. Калик большой режиссер.

Жизнь – честно – если знаешь для чего, то это просто полет!

46 comments

пост_
жизнь и смерть

Мой друг, Моня (он – Эммануил; ну, не буду же я писать – «Эммануил»), рассказал мне историю.

Я не перебивал его, дослушал до конца. Потом говорю:
– Моня, эту историю ты услышал от меня, а сейчас выдаешь за свою.
– Нет, – возражает он, – это моя история.
– Это было в Калининской области, – объясняю я.
– Нет, у нас в Молдавии, под Кишиневом, – утверждает он.
Вот как получается. Я Моне верю.

А история такая.

Я писал сценарий в прекрасной глуши, в Калининской области. Оставалось в этой деревне три дома, три старушки и два старика. Я просыпался утром от «гаганья» гусей, которые сами вразвалочку трусили к пруду. Было тихо, спокойно…
И век бы так жить!

Потом я бежал через сосновый лес к озеру, где на кувшинках сидели «квакушки», нырял в воду и плыл, захлебываясь от счастья и холода.
Обратно я шел не торопясь. Лес был забит ягодами. Я не собирал их, а запихивал в рот и не жевал… Они таяли во рту. Так было хорошо!..

Приходил полный сил и надежд, что будет писаться. На столе уже стоял большой глиняный кувшин с парным молоком, огромный кусок белого хлеба и плошка меда.
Ничего вкуснее я в свой жизни не ел, ни тогда, ни сейчас (кроме армейских сухарей).
Я съедал и начинал писать…
Писалось!

И вот однажды я поднял голову от стола, потому что…
Да не знаю – почему. Поднял и всё.

По пыльной дороге шла пожилая женщина. Я загляделся на нее. Какая-то она была красивая. Прямая, с затянутыми на затылке седыми волосами. Я бы дал ей лет 60. И вела за руку двух чистеньких малышей. Девочку с красным бантом в желтый горошек, и мальчика в белой рубашечке.

– Это Дарья, – моя молчаливая хозяйка стояла в дверях.
Сорок лет она проработала на ферме дояркой, и руки ее были в венах, как веревках. Вырастила пятерых детей, похоронила мужа и никуда отсюда уезжать не собиралась.

– Вот о ней напиши, – сказала она и села на табурет у входа.
– А что у нее за история? – спросил я.
– Мы уже похоронили её три года назад. Она вся высохла и не вставала. Врачи привезли её с больницы, сказали: «пусть дома умирает». Да это и правильно. Я тоже никуда не пойду, здесь умру…

Тем временем Дарья с внуками прошла мимо, в сторону леса.

– Это они в город едут, – сказала моя хозяйка. – В цирк пойдут. Потому они такие все красивые.
– Так как же она жива осталась? – мне не терпелось узнать.
– Ехали к ней прощаться ее сын непутевый и невестка – такая же непутевая. Он пил. Она пила. Было у них двое детей. Ну вот, ехали они… И наехал на них самосвал, или я не знаю что… Но ничего от них не осталось… Это прямо здесь было, недалеко от деревни.

Замолчала, задумалась…

– Во-от, а Дарья лежит… И, как чувствует. Спрашивает моего Никифора – он помер два года назад – «А где мой сын? – она спрашивает. – Почему он не приезжает? Я ведь скоро помру». Тут Никифор, наверное, как-то не так ответил, он у меня и врать-то толком не мог, и она тогда еще громче его спрашивает: «Я спрашиваю тебя, где мой Алексей?!» Ну, тут Никифор и сказал ей!.. Я и не успела его одернуть.

Снова хозяйка замолчала. Сморит так за окно вслед Дарье и молчит.
А меня прямо раздирает, и я, не удержавшись, говорю: «Ну-у-у...»

– Она тогда встала, – говорит моя хозяйка, – встала и пошла к рукомойнику, помыла лицо...
– Как встала, – спрашиваю, – так она могла ходить?
– Нет. Она лежала все время.
– А как же она тогда встала?
– Вот так, встала и все... Встала! – говорит хозяйка, даже раздраженно. – Чего тут непонятного, встала! Пошла, помыла лицо и стала одеваться в дорогу...

Я сидел молча, боялся спугнуть.

– Похоронила она сына и жену его, потом поехала в город забрала детишек, и вот три года она их выхаживает... Дарья...

Я молчал. Но не было у меня сомнений, что всё это чистая правда.

– Напиши о ней, – сказала мне хозяйка, встала и пошла к двери, – а то неизвестно, о чем пишешь (тут она была права).
И вышла.

Мне потом подтвердили, что действительно у Дарьи был рак, что действительно врачи от нее отказались, что это не фантазия моей хозяйки и не придумка...
Еще раз я увидел Дарью через неделю, когда приехала передвижка в эту деревню. Это была фантастическая картина – настоящая передвижка! Показывали «Мимино» на белой простыне. Трещал аппарат, и смотрели кино три старушки, два старика и Дарья – с внучкой с красным бантом и внуком в белой рубашечке.
Кино – это тоже праздник в деревне, поэтому они так и оделись.

И Дарья снова казалась мне красивой и молодой женщиной. А было ей на самом деле за 70.

Через много лет, уже живя в Израиле, я узнал, что прожила она еще 14 лет. Подняла внука и внучку. Они поступили в Калининский университет.
И только потом умерла. Счастливая.

Они похоронили ее там же, на деревенском кладбище, так она просила. Хотя в деревне уже никто не жил из прежних.

* * *

Почему я назвал этот рассказ «Жизнь и смерть»?
Вот так, как эта женщина, встать бы и просто – без мыслей о себе – просто раствориться в ближнем. И все. Постараться не просчитывать, что я получу взамен, не взвешивать – выгодно мне это или нет, просто научиться отдавать.
И быть счастливым от этого. Как она.
Начать жить наконец-то. Ну сколько можно умирать, думая только о себе.

* * *

Перечитал. Уж больно поэтически получилось.
Но очень хочется, чтобы так все и было.

sovishsha
2011-06-07 03:28 pm (UTC)

Ох, как же вы правы...

И я мечтаю о том же, и стараюсь, несмотря на то, что пока получается не очень.

Спасибо вам огромное за ваш пост!

> **blog_vinokur**
> 2011-06-09 01:36 am (UTC)
>
> Обязательно получится. За нами – только стремиться, и поддерживать в этом друг друга!
>
> Спасибо вам!

>>>>>

svetlanka_1982
2011-06-07 03:30 pm (UTC)

Мурашки по ногам и в глазах слезы.

Как бы ни было сейчас тяжело моей маме преодолевать свою боль, которая пришла с возрастом, но я слышу ее смех, когда она играет с внуком, и я знаю, что он продлевает ей жизнь.

Спасибо вам!

Тронуло, как всегда, и заставило задуматься.

> **blog_vinokur**
> 2011-06-09 01:37 am (UTC)
>
> Это самая большая похвала, что заставляет задуматься.
>
> Большое спасибо вам!
>
> Вы меня очень поддерживаете.

>>>>>

river_ems
2011-06-07 03:31 pm (UTC)

Какая пронзительная история, – как и все у вас, впрочем.

«Постараться не просчитывать, что я получу взамен, не взвешивать, выгодно мне это или нет, просто научиться отдавать» – абсолютно верно. Причем Господь – в ответ – одаривает щедро.

Но только когда ты это делаешь, потому что не сделать просто не можешь. И не то, что без расчета – «а что мне за это будет», а даже без тени мысли – «какой я хороший, как я правильно делаю».

> **blog_vinokur**
> 2011-06-09 01:41 am (UTC)
>
> Если получается у человека – «без тени мысли о себе», – это все, что надо.
>
> Но это не просто. Мы ведь – по природе своей – «мысли о себе» и только.
>
> Спасибо!

>>>>>

evgenyg
2011-06-07 03:39 pm (UTC)

Хорошо пишете.

> **blog_vinokur**
> 2011-06-09 01:46 am (UTC)
>
> Рассказываю, просто рассказываю. Ну, а там, как идет. Вдруг пишется. А бывает, что и нет.
>
> Спасибо вам!

>>>>>

nadya_rosenberg
2011-06-07 03:54 pm (UTC)

Это еще раз о том, что нет ничего невозможного для человека.

То есть мы только думаем, что вот, как тяжело все, порой даже смертельно. Но всегда оказывается, что у нас еще полно сил: стоит только сделать новый рывок, – откроется второе (третье, десятое) дыхание. Главное – чтобы цель была правильная.

А за сам рассказ спасибо. Тронуло.

> **blog_vinokur**
> 2011-06-09 01:51 am (UTC)
>
> ---
>
> Это точно, что нет ничего невозможного! Только Цель должна быть высокая, и рядом те, кто с вами к ней идет. Тогда все достижимо!
>
> Спасибо вам!

>>>>>

ivonakostyna
2011-06-07 04:23 pm (UTC)

Отдавать – высшее мастерство, то, что людям дано от рождения. Но спрятано так глубоко внутри – за стереотипами, принципами, нравами, – что люди начинают потихоньку забывать об этом тонком и чистом умении.

Надеюсь, что и сама когда-то смогу научится отдавать и самой отдаваться всей душой ближнему.

В который раз СПАСИБО вам за рассказ.

> **blog_vinokur**
> 2011-06-09 01:55 am (UTC)
>
> ---
>
> Точно! Это живет в нас.
>
> Только надо именно на это обратить внимание, на искру Любви в нас. Это – то, что вечно, а все остальное… Сами понимаете…
>
> Спасибо!

>>>>>

proshloe
2011-06-07 05:13 pm (UTC)

Хорошая история.

И послесловие какое-то... Правильное что ли. И неправильное... Потому что бывает иначе.

Долго-долго жить ради других, отдавая себя, не высчитывая и не ожидая за это «кайфов» и «ништяков»… А потом понять, что себя больше нет, ты кончился, был и весь вышел, внутри осталась гулкая пустота и больше нет сил ради других жить, и незачем ради себя – ведь себя больше нет.

> **blog_vinokur**
> 2011-06-09 02:03 am (UTC)
>
> Если действительно получается жить ради других, то не опустошаешь себя, а, наоборот, – бесконечно наполняешь.
>
> А если есть мысли, что я опустошаюсь, отдавая, то это не жизнь для других, нет. Здесь правит «я».

>>>>>

russlanda
2011-06-07 06:16 pm (UTC)

История чуда! Спасибо вам за нее и за правильные выводы!

Почему, только пройдя большую часть пути, человек начинает задумываться об этом – о том, о чем вы пишите в последних абзацах?!

Да и то, не каждый…

> **blog_vinokur**
> 2011-06-09 02:08 am (UTC)
>
> Я уверен, что мы все – так, или иначе – придем к этому! К этому чуду!
>
> Когда научимся жить отдавая!
>
> Спасибо вам!

>>>>>

tarantino
2011-06-07 07:20 pm (UTC)

Красиво.

> **blog_vinokur**
> 2011-06-09 02:12 am (UTC)
>
> Знаете, вы написали «красиво», а я про себя продолжил: «Научиться бы так красиво жить, – отдавая, не думая о себе».
>
> Не обижайтесь, это мое продолжение. Может быть, вы имели в виду что-то другое.
>
> Спасибо вам.

>>>>>

crocco
2011-06-07 07:42 pm (UTC)

Спасибо.

Пару мыслей, если вы не против...

«Вот так, как эта женщина встать бы и просто без мыслей о себе, просто раствориться в ближнем.»

Всё просто. Просто у неё появился СМЫСЛ жить.

А о себе она и до этого не думала. Помирала ведь – какие тут мысли о себе? Сын непутевый, и невестка такая же непутевая... Было недостаточно воли к жизни.

А тут – появился. Да ещё такой стресс! Тем более, у женщин это на уровне инстинкта – заботиться о потомстве...

Да, бывают такие случаи.

«Одному невозможно. Без помощи ближнего, который хочет того же самого, ничего не выйдет...»

Но Дарья-то смогла. Одна.

ookami_noctua
2011-06-07 11:27 pm (UTC)

А может не в любви дело?..

В истории медицины, на самом деле, часто такие случаи бывали, когда люди выздоравливали.

Я думаю – это цель. Должна быть цель в жизни, и если она выше смерти, тогда человеку есть ради чего бороться.

blog_vinokur
2011-06-09 02:22 am (UTC)

Вот о цели, которая выше жизни, – это точные слова!

Этой целью мы как бы поднимаемся над плоскостью нашей жизни и открываем что-то совсем неожиданное!

>>>>>

lidia46
2011-06-08 05:23 am (UTC)

Спасибо!

А мне запомнилось то, что автор считает её красивой, хотя Дарье уже за 70... Вот ведь правда, что красота души с годами становится красотой внешности.

blog_vinokur
2011-06-09 02:27 am (UTC)

Просто сразу было у меня такое ощущение от нее.

>>>>>

Людмила Веринская
2011-06-08 06:06 am (UTC)

История жизненная. Сколько таких случается, и как они трогают за живое. Хочется верить в чудо и счастливый результат.

Спасибо!

blog_vinokur
2011-06-09 02:31 am (UTC)

Настоящее чудо – это когда человеку удается встать с колен, с жизни для себя, и начать жить с новой мыслью: «Как научиться жить для других!»

Спасибо вам!

>>>>>

katerinafoto
2011-06-08 06:22 am (UTC)

Если ты знаешь, что кому-то нужен, то можно и смерть победить. А если не нужен – и жить не хочется.

blog_vinokur
2011-06-09 02:34 am (UTC)

Я думаю, что нет такого, – что «не нужен». Нет!

>>>>>

merk_
2011-06-08 06:36 am (UTC)

Наверное, когда-то я скажу, что я счастлив от того, что пришел к этому – отдавать ничего не ожидая взамен, в еще, более-менее, непреклонном возрасте. Пусть и насильственно…

Но уже сейчас я чувствую, что в ситуации, когда, казалось бы, потерян последний шанс, иметь то, к чему я шел всю жизнь, – этот путь единственно верный.

И с каждым днём он наполняет мою душу гармонией всё больше и больше…

blog_vinokur
2011-06-09 02:35 am (UTC)

Какие красивые слова! За ними стремление так жить, поэтому они и красивые, и высокие, и абсолютно правильные.

Спасибо вам!

>>>>>

mama_a
2011-06-08 08:14 am (UTC)

Очень у вас все это как-то пафосно.

По заказу ничего не бывает, а если и бывает, то не то.

Расслабьтесь. Все будет, – если надо.

> **blog_vinokur**
> 2011-06-09 02:42 am (UTC)
>
> Знаете, как пишется, – вот, как идет, так и пишу, не включая в этот момент разум, который, может, и скажет мне: «Пишешь пафосно, расслабься…»
>
> Как чувствую, как сам переживаю, – бежит рука и пишет. А уж как выходит, – так выходит. Не обессудьте.
>
> Спасибо!

>>>>>

neoage
2011-06-08 11:37 am (UTC)

Это выше обычных человеческих сил.

> **blog_vinokur**
> 2011-06-09 07:03 am (UTC)
>
> Настоящая Цель всегда выше человеческих сил. И всегда выполнима. По дороге собираешь единомышленников, таких же «сумасшедших», и штурмуешь высоты вместе, в связке.
>
> Спасибо!

>>>>>

maryanda_kras
2011-06-08 02:58 pm (UTC)

Это мифология – поэтому и одинаковые истории с разными персонажами происходят то здесь, то там.

Людям хочется верить, что человек с четвертой стадией рака, лежащий на смертном одре, – может встать, умыться и пойти выхаживать малых деточек-сиротиночек.

Впрочем, рассказ от этого не менее прекрасен.

И мне тоже хочется в это верить.

> **blog_vinokur**
> 2011-06-09 07:16 am (UTC)
>
> ---
>
> Я верю в рассказ моей хозяйки и даже в большее чудо, – что человечество придет к состоянию взаимной Отдачи и Любви, то есть ощущения Единого Целого.
>
> Спасибо вам!

>>>>>

alla pevzner
2011-07-02 12:47 pm (UTC)

Трогательная история. Думаю подобных историй немало. Моя бабушка точно также встала, наперекор смертельной болезни и прожила ещё 10 лет, ради помощи дочери.

Наверное, когда человек забывает о себе ради других, свыше ему даются дополнительные силы.

mindcaster
2011-07-05 07:40 pm (UTC)

Это звучит так, что хотелось бы, чтобы так могло быть в действительности... Только так сложно поверить в любовь и счастье.

blog_vinokur
2011-07-24 08:08 am (UTC)

Вы знаете, я понимаю вас.

Когда оглядываешься вокруг, думаешь: «Ёлки-палки, куда мы катимся».

Но все дело в том, что мы не видим весь путь, весь фильм. Мы находимся внутри его фрагмента – да, кислого такого. А весь фильм – он действительно о Любви. И весь этот «кислый» период – он необходим, чтобы прийти к этой Любви.

Это, как яблоко, – оно будет вкусное, когда поспеет, а пока оно очень кислое, так что невозможно есть.

А поэтому не отчаивайтесь, пытайтесь сейчас подняться над своим ощущением, зная, что все во благо.

Одному это сделать трудно – я знаю. Поэтому желательно найти таких же, как вы, стремящихся к хорошему концу.

208 comments

пост_
цель_

Я преподаю в киноакадемии. У меня 50 студентов – мужчины, женщины – от 24-х до 40. То есть, не дети уже.
Я их спрашиваю: «Чего вы хотите, для чего пришли?»
Они: «Стать профессионалами…», «Сделать большое кино…», «Победить на фестивалях…»

Говорю им прямо, умышленно обостряю: «Не цель артиста – стать большим артистом. Не цель режиссера – сделать большое кино и прославиться. Все это не цели. Уж больно все это для себя.
А вот, если цель – использовать свой талант, чтобы передать людям какую-то очень важную вещь…
Ну, например, – что никуда нам не деться, что человечеству придется, рано или поздно, выйти из своих одиночеств и соединиться. О соединении говорить, об объединении мира.
Дать надежду. Талантливо говорить об этом, убедительно – так, как может сказать только профессионал. Чтобы услышали…
Что, если для этого стать большим артистом, режиссером?»
Спрашиваю их…
Они пока меня не слышат.

А на моем веку столько примеров сожженных ребят! Когда амбиции и эгоизм сделали своё, и талантливые ребята «умирали» от зависти на пути к успеху – от того, что не первый в титрах, от того, что не главная роль, от того, что талантлив, но никто этого не замечает…
Они выли бессонными ночами, пили, кололись, чтобы забыться или сладостно страдать от несправедливости…
И всё потому, что цель была – не та цель!

Поясняю, конечно, им, моим ученикам, что это мое мнение, – то, к чему я пришел в свои 54.

* * *

В конце 70-х – я уже служил год, был командиром отделения, сержантом – к нам в батарею прислали молоденького парнишку, такого рыжего, с детским лицом – Яшу Степанова. Оказался одним из ведущих артистов Ленинградского ТЮЗа.

ТЮЗ в это время гремел в Ленинграде. Его режиссер, Корогодский, готовил своих артистов быть лучшими, театр – самым-самым… И временно это удавалось.

И вот театр должен был ехать в Париж, на гастроли, и Яша, конечно, с ним. Но что-то не сработало там, в верхах, в секторе идеологии… Обком вовремя не подсуетился, и военкомат быстренько загреб Яшу и отправил к нам, в снега, леса, к волкам, в Архангельскую область, в руки сержантов, которые рады были его погонять…

Так мы и встретились с ним.
Я – сержант, уже бывалый, и он – артист.

Он искал во мне защиту от приказов, холода и «стариков».
Мы часто говорили с ним об искусстве…
Он был восторженным, очень молодым, но его угнетала несвобода, наряды и бесправие.
Я пытался, как мог, помочь ему, даже на некоторое время пристроил в клуб – место элитное. Но что-то у него там не пошло…

К счастью, армия его закончилась быстро.
Как-то я пришел «мертвый» после наряда, свалился на свою койку и сквозь сон услышал, крик Яши: «Товарищ сержант, я никогда вас не забуду!..»
Выяснилось, что за ним приехали.

Обком разобрался. Яшу отозвали и отправили на завершение службы… в Париж. А потом и дальше, на гастроли по всему миру…

Я отслужил. Вернулся. Яша приглашал меня на спектакли. Он «рвал подметки!..» Он хотел сниматься, его начали брать в кино, он много играл в театре. Хотел, конечно, стать большим артистом, как и учил его Корогодский, и у него были для этого все данные.

В то время все в ТЮЗе были известные, крутые, самостные… и погруженные в себя…

Но вот Корогодского посадили.
Не стало «отца».
Театр без него начал потихоньку увядать.

Яша ходил по студии Ленфильм в поисках ролей…
Его меньше брали.
Я помню, он снялся в фильме «Зеркало для героя» на Свердловской студии, в роли танкиста с обожженным лицом. Его так загримировали, что я с трудом узнал его. А потом еще и заменили его голос, продублировали кем-то (до сих пор не понимаю, для чего это было сделано).

Это было ударом для Яши.
Как сейчас помню, он кричал, согнувшись от боли, в полупустом коридоре студии: «Суки, вы, суки! Вы сначала забрали у меня лицо, а потом лишили голоса!» От крика вена у него на шее вздувалась так, что я боялся, что она вот-вот лопнет…

Потом я встречался с ним каждый месяц возле ленфильмовской кассы.

Он брал в долг у всех, кто давал ему (я уже тогда получал свои первые гонорары за «Крик о помощи» – первый мой фильм).
Я знал, что не отдаст, но было его жалко…

Где-то, через год-два, не помню, его не стало.

Он спрыгнул с 11-го этажа.

Оставил письмо, но я его не читал…

Только рассказывали мне, что там он писал о том, что не может так жить, измучен и одинок…

Так пришла к концу эта непутевая жизнь талантливого человека. Цель была – стать большим артистом и покорить мир.

Вот в этом-то и вся трагедия.

beloshitskaya
2011-04-05 07:14 am (UTC)

Да, стать первым – очень большое испытание, но, в то же время и огромная возможность повернуть с дороги «для себя» на дорогу «от себя».

Всего-то пару шажков сделать... Но не видят. А ведь так просто, вроде бы.

> **turja**
> 2011-04-05 07:22 am (UTC)
>
> Эту историю надо выдавать вместе с зачеткой на первом курсе, и повторять на каждом следующем

blog_vinokur
2011-04-05 10:00 am (UTC)

К сожалению, никакие нравоучительные истории не учат молодых. Они все равно считают, что «со мной будет по-другому».

Я думаю, что если только проговаривать с ними: «Для чего вам это», разбирать именно этот вопрос, и больше внимания уделять ему, чем даже отработке техники, – только тогда, мне кажется, лед тронется.

>>>>>

hanuma
2011-04-05 08:04 am (UTC)

Когда остаешься один на один со своими амбициями, то тогда сильнее чувствуешь, насколько ты перед ними беспомощен в одиночку.

Я его очень хорошо понимаю.

> **blog_vinokur**
> 2011-04-05 10:03 am (UTC)
>
> Согласен.
>
> Вся штука, чтобы они были – эти амбиции. Они никуда не денутся, но направить их «в мирных целях»...
>
> Тогда все и засияет, и талант проявится еще сильнее.

>>>>>

azamandius
2011-04-05 08:53 am (UTC)

К сожалению, эта история далеко не оригинальна. В том смысле, что происходят подобные вокруг каждый день.

Однако, если не давать студенту установку на успех в профессии, то и учить его незачем.

Другой разговор, – что они на выходе из ВУЗа должны понимать, что они не «гении», не «ниспровергатели основ», а «полуфабрикаты», из которых может что-то получится, а может и нет.

В творческих же ВУЗах такой жесткий подход к студенту зачастую не принят. Его готовят к славе. Отсюда и крушения иллюзий, и самой жизни, если что-то, вдруг, идет не так.

blog_vinokur
2011-04-05 09:45 am (UTC)

Согласен о крушении иллюзий. Только потому, что их, ребят этих, готовят быть большими, крутыми артистами, режиссерами…

Но если просто продолжат, что «да, вам надо быть большими, крутыми артистами, режиссерами, чтобы вы смогли донести миру важные вещи, высокие идеи», и если они поймут это, эти ребята, тогда они избегут многих страданий, тогда-то и захотят соединиться вместе, в одну группу, театр, чтобы донести это.

И, не будет той разрушающей зависти, а, наоборот, будет помощь друг другу, и желание быть более и более профессиональными, потому что цель не личная – стать большим! Цель – вместе донести миру мысль о соединении, о любви.

Понятен ли я?

Спасибо.

>>>>>

olafcik
2011-04-05 09:09 am (UTC)

Казалось бы, все просто: не дали играть, не дали сниматься и человек прыгает в окно. Не дали должность, не дали работу, не дали огород в шесть соток – для кого-то это такие же ценности, как сцена для актера.

И что? Всем в окно... Бегом на 11-й этаж... Кто быстрее по лестнице...

Увы. За этим рядовым, в суицидальном движении, поступке скрыта огромная бездна духовной ненаполненности, духовного вакуума. Именно в прыжке в окно, именно у Яши Степанова.

Лишь внешне это выглядит банальным самоубийством, лишь внешне это пишется, как отсутствие актерской реализации. Иначе я бы рекомендовал поставить решетки на окна высоток в провинциях, где есть театр. Абы не повадно было дарованиям (и не очень) расстраиваться, что они не Брюсы Уиллисы и не Марлоны Брандо.

Кто-нибудь это понял?

i_plombir
2011-04-05 09:29 am (UTC)

Да, трагедия...

Мне кажется, что трагедия таких людей – переоценка таланта и его места в жизни, как таковой... Некоторая зацикленность и зашоренность...

Отсюда и невозможность перестраиваться, ловя потоки, которые жизнь вводит в путь.

tarannatalia
2011-04-05 09:37 am (UTC)

Сложно отдать себя людям, когда они брать не хотят.

blog_vinokur
2011-04-05 10:07 am (UTC)

Но все это вы делаете для себя – природу ведь не обманешь. Вы получаете наслаждение, – отдавая. Вы меняетесь.

Это ваш путь очищения: радоваться тому, что можете наполнить желания других...

И снова, и снова, и снова...

Я хочу спросить: «В чем ребята талантливы»?

В профессии? – Зачем им этот профессионализм? Что они хотят

сказать? На что себя исстрачивают?

На «стать большим профессионалом?» – Тогда это ничего не стоит.

Уж извините, это мое мнение...

Я не за воспитание профессионала, а за воспитание Человека...

Спасибо!

>>>>>

prosvet_s
2011-04-05 10:11 am (UTC)

С удовольствием читаю ваш блог.

Как замечательно вы вплетаете в нить повествования мысли о единстве! Очень тепло становится после этого, как будто слышишь: «Мы вместе!»

> **rogozina_marta**
> 2011-04-05 01:33 pm (UTC)
>
> Подписываюсь под каждым вашим словом!!!

>>>>>

gril
2011-04-05 04:56 pm (UTC)

К сожалению, ответа на сакраментальный вопрос: «О чем вы хотите поведать миру?» не ждут уже ни во ВГИКе, ни на ВКСР...

Вопрос еще задают, по инерции, а ответа уже не ждут... Потому что институты должны зарабатывать деньги, платить преподавателям более-менее достойную зарплату.

А что на выходе? – Сценаристы, которые не знают, о чем пишут.

Печально это...

blog_vinokur
2011-04-07 02:42 pm (UTC)

Кто-то должен пройти и такой путь:

– писать, не зная, о чем пишет, просто получая удовольствие от самого процесса, от выстраивания истории;

– потом приходит другая ступень – некое недовольство приходит, уходит легкость, возникают вопросы: «А что это я пишу такое?..»

– потом разборка начинается: «А что же я хочу сам написать…»

– потом некий тупик.

То есть это такой естественный путь развития человека, понимания его, что он, все-таки, хочет сказать.

И когда находит это, начинается самый счастливый, осмысленный, взрослый период писания. Он знает точно, что он хочет передать всем. Да-да, миру, человечеству. На меньшее он не согласен.

>>>>>

romson
2011-04-09 06:51 pm (UTC)

Мне кажется, Семён, что вы несколько перегибаете палку.

Не верно, попробую сформулировать точнее… Не перегибаете, но смотрите на ситуацию с одной стороны, – с вашей.

Герои ваших историй все сплошь зациклены на славе, на богатстве, а ведь не все же такие.

Талантливый человек или профессионал, отдающий себе отчет в том, что он талантлив, профессионален, нуждается в признании своего таланта, профессионализма. Это естественно, и это не тщеславие – это вопрос справедливости, что ли.

Хороший актёр не обязательно ищет славы, чтобы в ней купаться, – но хорошему актёру никогда не помешает знать, что его ценят. Как не помешает то же самое знание профессионалу своего дела – знание, что не работает он в пустоту, что есть смысл, есть отклик в сердцах.

Конечно же, есть исключения. История с Дуду Топазом меня зацепила, уж не знаю чем. Но ведь не все такие, не все жаждут славы. Кому-то достаточно элементарного признания, достаточно, чтобы ценили по заслугам – соразмерно.

Ну, а если человека не ценят, – и не кажется ему это, а его действительно, на самом деле не ценят, не замечают, игнорируют, - творческому человеку так и сгореть недолго.

Да и работнику нетворческой профессии тоже.

Как-то сумбурно у меня вышло…

Не знаю, не уверен, что смог передать свои соображения.

blog_vinokur
2011-04-11 07:43 am (UTC)

Спасибо большое за ответ и вопрос.

Конечно же, я не сбрасываю со счетов, что артисту нужны признание, самореализация, – на то он и артист...

Но я все время пытаюсь говорить о цели.

Чего хочет человек творческий? – Он хочет самореализации, хочет быть признанным, или он хочет видеть, что своим талантом он радует людей, дает им миг наслаждения, надежды, вытаскивает из одиночеств и соединяет...

То есть разговор: «что я получу с этого», или «что могу отдать».

Спасибо, пишите обязательно.

51 comments

пост_
аврал

Цех, уже за несколько дней до конца месяца, живет в предощущении атаки. Копят силы рабочие. Отсыпаются мастера. Я проверяю документы, чертежи, достаточно ли спирта в сейфе…

Я начальник ПРБ (планово-расчетного бюро) самого большого цеха Ижорского завода. Мы делаем корпуса ядерных реакторов (Чернобыльский – не наш).
Конец года. 31 декабря…
Мы ждём аврала.
Но даже не догадываемся, что свалится на нас в этом году.

А происходит следующее.

Мы готовим к сдаче корпус реактора Калининской станции. Еще месяц его надо будет зачищать и потом сдавать военной приемке, что тоже морока.
И вдруг звонок:
– Винокур?
– Да.
– Шутков.

«Информация к размышлению» о Шуткове.
Когда директор Ижорского завода, Шутков, болел, местное радио по три раза на день сообщало: «Состояние здоровье товарища Шуткова улучшается…» Когда Шутков шел по цеху, начальники старались не попадаться ему на глаза, работяги – не встречаться с ним взглядом…
Сталин шел по цеху.

И вот он мне звонит.
– Подписывай накладные, – говорит (речь идет о корпусе).
Падаю, встаю, белею, лопочу:
– Но, Геннадий Алексеевич, тут еще месяц работы.
– Подписывай, сказал! И кладет трубку.

«Информация к размышлению» – для тех, кто не знает.
Подписать накладную о готовности корпуса – это, значит, сде-

лать приписку в три миллиона рублей… со всеми вытекающими отсюда уголовными последствиями (если попадешься, конечно).

Сразу, после его звонка, прибегает ко мне начальник цеха с накладной в руках, в прединфарктном состоянии (потом он имел два инфаркта, и все от Шуткова).
– Решили сдавать корпус в этом месяце, – поясняет он, – чтобы завод получил премию.
– А я – срок, – пытаюсь шутить.

Конечно же, я боюсь. У меня все дрожит внутри. Я делал приписки, но не такие!..
И тут на меня садятся все. Еще бы, все хотят получить премию!..
И я подписываю.

При этом, ощущение нехорошее, и оно меня не подводит.

Буквально через полчаса снова раздается звонок. Снова начальник цеха, но уже в полной панике. Сообщает, что через два часа должна приехать съемочная группа программы «Время», чтобы снимать торжественную отправку ржавой болванки (по другому этот корпус сейчас не назовешь) на Калининскую станцию…

Делать нечего, мы начинаем готовиться к спектаклю.
Накрываем корпус брезентом. Кладем его на железнодорожную платформу.
И ждем…

Приезжает съемочная группа, мы подтягиваем наш цеховой оркестр, и под звуки марша, корпус торжественно выезжает из цеха…
Операторы снимают… Мы рукоплещем…

В 20-00 программа «Время» показывает кадры о том, что «еще один корпус реактора изготовлен и отправлен точно в срок нашим орденоносным Ижорским заводом – гордостью тяжелой индустрии и так далее…»

Смотрим, переглядываемся, и сразу же после этого заводим «болванку» обратно, снимаем брезент, и начинается аврал…

Рабочие облепляют корпус и сутками не слезают с него. Глаза у всех горят.
Новый год мы празднуем здесь же, в цехе.

Спирт и закуска стоят на столе и обновляются круглосуточно.
Кто освобождается на мгновение, подбегает к столу, снимает грязные перчатки, маски, и с криками: «Матвеич, мы это сделаем! (Матвеич – это я), выпивает, закусывает и снова бросается в пекло.
Нужно видеть ребят в это время.
Они живут именно сейчас.
Вся их тоскливая, пропойная жизнь отступает на время! И нет у них мыслей о деньгах, о сверхурочных – а есть этот великий аврал, это высокое состояние, когда делается невозможное.
Этот счастливейший момент жизни, когда мы здесь, все вместе, и нет ни начальников, ни подчинённых!
Все равны.
Вот в этом всё счастье!

Никто не уходит домой сутками. Каждый поддерживает каждого. Воздух просто напоен единством, потрясающим ощущением друг друга…
Это и есть жизнь!
Так, вместе, соединившись, идти к настоящей цели!
Но только к настоящей!
Только к настоящей – в этом все дело!..

Именно лживые цели все и перевернули. Перечеркнули всю эту романтику любви.

Когда, в конце концов, мы увидели, что цели надуманы, тогда и остановились.
Вся страна остановилась.
Всё человечество.

И на место открытой улыбки пришла усмешка. Романтики стали циниками. Идейные захотели денег. И все покатилось в тар-тарары…

Цели оказались ложными.
Все. От маленьких до «великих».

Сразу скажу, чтобы драматургически закрыть историю нашего аврала.
Мы, все-таки, героически отгрузили этот корпус реактора…
И он, принятый военной приемкой, два года провалялся на Калининской станции, залитый дождями, засиженный птицами и никому не нужный.

Через два года его списали…

Что касается меня, то через три дня после подписания накладной, меня пригласили в прокуратуру и обвинили в приписках. Мне грозил срок, и не малый. Спас меня все тот же директор завода Шутков – наш Сталин.

Для чего мы объединялись в этих наших авралах, для чего!?
Я отвечу.
Не для того, чтобы отгрузить эту железку, нет! Не для того, чтобы выполнить план и получить больше денег, – нет, не для этого! А только для того, чтобы вдохнуть этот воздух единства и равенства, чтобы ощутить это настоящее счастье объединения!
Только для этого!..

И пускай, после этих боёв, приходило утро, похмелье, и первые дни месяца… Мы отлеживались, зализывали раны, но вот это чувство оставалось – мы познали, что такое счастье! Внутри нас произошла эта запись. Счастье – почувствовать себя едиными.

Она есть и во всем человечестве, эта запись.
Патент счастья известен. Он – в объединении мира.

Но объединении вокруг действительных, благородных целей.

Нас, все Мироздание, все человечество, окружает Закон Любви. Называйте Его Законом Природы, Законом Равновесия, Богом, – как хотите. Но Он есть. И мы так, или иначе постигнем этот Закон. Мы никуда не денемся – это цель нашего существования. И если мы действительно поставим перед собой эту цель, тогда – какое это будет счастье – соединиться нам всем в достижении ее.
И раскрыть этот Закон.
Для себя и для всего мира…
Чтобы уже перестал разрушаться, мир этот.
Чтобы очнулся от самоуничтожения и ненависти.
Чтобы начал жить, как положено, как заказано ему – по Любви…

Я за такой аврал!

koasia
2011-04-21 07:13 am (UTC)

Я тоже знаю это состояние. Только это были журналистские авралы, и было это в начале девяностых.

Подъем, жизнь, энергия через край...

blog_vinokur
2011-04-21 08:11 am (UTC)

И ощущение, что вместе, – да?

Когда писал этот пост, думал, как бы это ярче провести мысль о цели. Но если даже сумел разбудить такие воспоминания – как хорошо быть вместе и чувствовать себя одним целым, – уже стоило писать.

Спасибо вам!

Буду очень рад с вами переговариваться.

koasia
2011-04-21 09:19 am (UTC)

И да, ощущение единства духа, команды…

У меня уже лет десять не случалось такого ощущения, и я сильно боюсь, что уже и не случится.

>>>>>

veryeasy
2011-04-21 06:17 pm (UTC)

А у меня тоже авралы!

Подумал, что и у нас в ресторане, на кухне, такие авралы случаются часто. Все – словно одно целое. Очень похоже.

Спасибо, задумался…

blog_vinokur
2011-04-24 07:22 am (UTC)

Что есть ощущение одного целого – это уже очень здорово.

Но у меня есть еще вопрос о цели.

Если пришло к нам, в ресторан, много голодных людей, и мы хотим, чтобы они вкусно у нас покушали и не потому, что это реклама для ресторана, или выручка, а потому, что хотим увидеть, как они наслаждаются, как радуются, как им хорошо и вкусно, – от этого и мы будем счастливы.

И для этого мы соединяемся и «входим в аврал», и готовим, и каждую картошечку проверяем, чтобы без глазка была, и антрекот, чтобы сочный был, и салат... Да что там говорить! И только о них все время думаем – о посетителях наших.

Вот это аврал!

Тут они кушают, радуются, мы, смотрим на них и еще больше рады, – и получается, что все мы объединяемся в этой радости.

Как вам это?

Вот, написал, перечитал, подумал: «не слишком ли закрутил?»... И оставил.

Спасибо вам, пишите обязательно!

veryeasy
2011-05-04 09:29 am (UTC)

Это да – мы и картошечку проверяем и мясо пробуем...

Только держит, скорее, не желание увидеть радость посетителей, а то, что нас оштрафуют, всех...

А то, после работы в ресторанах, зная что там происходит, – кушать лучше дома. А еще, говорят, мысли тоже влияют на еду...

Ну, а что мы можем сделать, если нет в нас такого желания, – что очень горько, конечно.

>>>>>

klizardin
2011-04-21 08:27 am (UTC)

«А только для того, чтобы вдохнуть этот воздух единства и равенства, чтобы ощутить это настоящее счастье объединения. Только для этого!..»

Да, счастья, объединения – то, чего совершенно нет. Борьба, «шпильки», подсиживание, но не смысл, ради которого каждый мог бы объединиться.

Есть тексты, с которыми душа более чем согласна, но вот ничего не можешь сказать, совершенно ничего. И вот сейчас, выдавил пару слов и все.

Задумался… Понял, почти сразу же: тема единения – пожалуй тема, которая очень желаема, но, в то же время, знание, опыт, и ситуация, и текущие события, вот почему-то говорят, этак твердо и уверенно… И все, связанное с темой единения, звучит просто где-то в подсознании, не требуя раздумий и сознательности.

Ведь, просто железно – единения не может быть, этого нельзя достичь. И поэтому экономный мозг отдает эту тему почти на откуп рефлексам.

Вот так и живем…

> **prosvet_s**
> 2011-04-21 09:05 am (UTC)
>
> Задумалась о том, как страшна система, которая работает неправильно.
>
> Шестеренки поворачиваются, и поворачиваешься ты, помимо своего желания.
>
> Это счастье – чувствовать, что ты в команде. Ощущение того, что мы вместе, даёт силы действовать ради этой же команды!
>
> И я надеюсь, что у нас получится выстроить правильную связь как можно скорее!

blog_vinokur
2011-04-21 08:32 am (UTC)

Потому что нет этой общей цели. А есть моя, личная, эгоистическая – продвинуться, показать себя, получить…

Этот уровень не называется уровнем жизни.

Только если цель верна, ради которой стоит и надо соединиться. Тогда и разочарование не наступит. Тогда и соединение называется правильной связью.

Спасибо вам, пишите!

>>>>>

gril
2011-04-21 05:36 pm (UTC)

Пугает то, что вырастают дети, и... я не знаю, как объяснить им это чувство единства, единой цели.

Может, само придет? Но вряд ли...

sstar2000
2011-04-22 12:03 pm (UTC)

Извините за вмешательство.

Вы правы, не придет само. Верней придет, приведут, но – как говорится – в своё время.

А объяснить не получится. Здесь работает только одно: насколько это является истинно вашим – чувство единства. Это работает без слов. Хотите, чтобы дети это почувствовали, поставьте это своей – целью видеть во всем, всегда и везде только движение к тому, чтобы ощутить истинное единство и соединение. Если вы буквально «живете» этим, они почувствуют.

Это работает только так.

Слова – они здесь не работают, вообще, по крайней мере, не с ними. А если понадобятся по их запросу, – они у вас найдутся. Именно в таком объеме, как надо, и именно те, нужные.

blog_vinokur
2011-04-22 12:24 pm (UTC)

Я добавлю, а, может быть, чуть уточню.

Самое важное для ребенка – это пример.

И еще одно – окружение: кто окружает его, какие мысли у его родителей и его товарищей, с кем он дружит, с кого берет пример. Постройте правильное окружение для своего ребенка – увидите, какое великое чудо произойдет.

gril
2011-04-22 03:09 pm (UTC)

Надеюсь, что так.

Но нам было проще – в советское время это чувство приходило само собой…

>>>>>

luchiel
2011-04-21 07:45 pm (UTC)

Спасибо! Все точно очень.

Меня с детства удивляет многое в этом мире и, как пример:

– столько ученых в разных странах; почему не объединить лучших и не помочь им решить проблему, которая всем даст благо?

– почему такое тесное мировое сообщество не накормит людей в Африке, всем миром? все знают, что там голод, пишут и снимают, и получают премии, – но не накормят.

Многое «почему не…?» – нет единения, все раздельно.

Кто там сказал (по-моему, кто-то из американских президентов), – что мир объединит только угроза инопланетного вторжения.

Я – за! За вторжение, за аврал, да за что угодно – лишь бы дошло до мира: в единении, взаимовыручке, пути к общей БЛАГОЙ цели есть такое вдохновение и удача, озарения и счастливые случайности, как ни в какой иной ситуации.

На себе испытала в свое время. Это правда!

blog_vinokur
2011-04-22 12:19 pm (UTC)

Не могут. Вы очень точно всё пишите. Не могут соединиться и остановить голод, разбой, безумие, потому что каждый живет в своей эгоистической скорлупе, и не может из нее выйти.

Соединиться – это значит отменить себя, услышать другого, начать жить, вообще, для другого, почувствовать его желания, хотеть ему счастья…

И так далее.

Это не просто. Для этого человек, прежде всего, должен осознать свое эго, как зло, жизнь только для себя – как зло!.. И захотеть исправиться.

Тогда и появится тот, кто научит его этому, появятся книги, и такие же, как он, его товарищи, желающие того же, что и он. И вместе они пройдут весь этот путь к соединению. И, я не боюсь этих слов, к спасению мира. Именно тогда отступит и голод, и страдания, всё. Спасибо Вам за такое желание и высокое намерение. Пишите обязательно.

>>>>>

darys
2011-04-22 05:20 am (UTC)

Хорошо написано, спасибо!

Да, цель оказалась сомнительной, зато чувства были настоящими.

Ох, и забавная штука – жизнь! Только недавно до меня дошло, что «многомудрие рождает скорбь». Когда нет цели, ради которой искренне хочется напрячься, цвет жизни блекнет.

А насчет единения... В прошлом году над нашим районом прошел ураган. Когда ветер стих, я впервые за много лет увидела на улице почти всех соседей. Люди осматривали разрушения и взволнованно переговаривались. Каждому надо было, чтобы рядом с ним были другие люди. Стихия – это ужасно. Но люди забыли все свои дрязги и внезапно вспомнили, что в единстве – сила.

Так и то, о чем вы рассказывали. Ни директор и никто другой не сделал бы эту штуку в одиночку.

blog_vinokur
2011-04-24 07:27 am (UTC)

Это называется в кино «драматическая ситуация», когда перед большой бедой, или во время ее люди находят один выход, – соединиться. То есть, они понимают: чтобы уберечься каждому, – им надо быть вместе. И чувство, которое они испытывают при этом, – чувство этого единения и счастья – они потом вспоминают всю жизнь.

Вся штука в том, чтобы не ожидать беды, а сделать это сейчас.

Спасибо вам!

\>\>\>\>\>

k_l_u_s_h_a
2011-04-23 01:14 am (UTC)

Героизм одних – это компенсация разгильдяйства других.

blog_vinokur
2011-04-24 07:46 am (UTC)

Если цели надуманные, всегда будет разгильдяйство. Ведь цели-то надуманные.

А вот – если нет – тогда у всех есть важность Цели, и у всех есть желание прийти к Ней, и все понимают, что от каждого зависит придем или нет. Вот тогда нет места разгильдяйству.

k_l_u_s_h_a
2011-04-24 04:49 pm (UTC)

Это в теории. А практика вносит свои коррективы…

\>\>\>\>\>

barma_glott
2011-04-26 01:04 pm (UTC)

Авралы и сейчас есть… И примерно по таким же причинам.

Что, на самом деле, не есть хорошо, и никому не нужно.

ivanzakij
2011-05-17 07:59 am (UTC)

Как всё точно!!!

Может быть, сейчас встречаешь поиск нормальных целей, более менее, настоящих и приближенных, но того аврала не встречаю, и скучаю. Может зря.

Как-то оскудела и прикрыто озлобилась внешняя благополучная жизнь социума.

blog_vinokur
2011-10-02 12:36 pm (UTC)

Скучаете по тому состоянию «вместе», которое чувствовали в этих авралах. И это понятно. Там мы не разделялись даже на мысли, что я за этот аврал получу, – заработком было это потрясающее состояние единства, которое отсутствует в обыденной жизни нашей.

Ну, так давайте его вернем!

Только цели чтобы были не обманчивые.

Спасибо вам!

>>>>>

svetilyina
2011-05-22 07:25 pm (UTC)

Да, прочла, очень понравилось.

Думала целый день и все не решалась написать…

Конечно, я против аврала, но за единение. Родилась в третьем поколении после войны. Сейчас пожалела, что мало детям о войне рассказывала. То великое чувство единения…

Я ведь не очевидец, но я знаю, что это такое уже по рассказам и фильмам, по песням. Не дай Бог такое горе, но общие устремления и чувства… Даже не прожив их, все равно мы их свидетели.

blog_vinokur
2011-10-02 12:41 pm (UTC)

Вся штука, чтобы начать ощущать это чувство единства, не тогда, когда нас беда сводит вместе, а самим, сейчас, понимая, что это единственный наш шанс зажить по-настоящему. И понимая, кроме того, что Природа, которая нас окружает, – она ведь равновесие, любовь. А мы?..

Поэтому нам и не просто жить, поэтому и страдаем.

48 comments

пост_
затерянный рай

Мы с женой Ниной, сыном Илюшкой и тремя чемоданами приехали в Израиль в 1990 году.

В 1990 году это был «затерянный рай». Первым почувствовал это Илюша.
Он так беззаботно скакал на одной ножке по аэропорту в тот момент, когда мы с Ниной кусали ногти – что же мы наделали.

Потом была война в Персидском заливе. Жена шла по улице, вдруг сирена. Она испугалась, побежала… И тут высунулась чья-то волосатая рука, затащила ее в подъезд и втолкнула в тесную комнату, забитую марокканской семьей.
Так она и пересидела воздушную тревогу в тепле, заботе и полной безопасности. Среди многочисленных марокканских детей и родственников.
Домой опоздала, я изволновался, а она сказала, что они потом ели и пели, и ей даже объяснили, как делается «танжин» (баранина с грецкими орехами в глиняных горшочках). На каком языке они говорили?!.. На языке сердца.

Затерянный рай! Когда все были сердечными и равными!

Потом со мной произошло чудо.
Кино снимать, конечно, не собирался. Без языка, без знания местности, – куда мне?!.. Я приехал сюда с тренерской книжкой (я еще и тренер по баскетболу). И тут появляется Лина Чаплина, прекрасный кинорежиссер, я ее называю «моей израильской кино-мамой», ведет меня на первый телеканал, и меня там берут делать маленький фильм-сюжет, который я и делаю – о девочке Тане (о нем в моем посте «Таня»).

Затерянный рай! Где тебе просто доверяют, и все. Ни диплома, ни фильмов прежних не требуют. Верят на слово. Говорят – иди, снимай.

Снимаю с израильской съемочной группой, с трудом выговариваю три слова. Бегаю перед оператором, показываю, как сни-

мать… Как рыбак – то так руки раздвину, то так сожму. Как танцор – то присяду, то привстану…
Не нервничают, успокаивают, выслушивают, снимают.

Так я мучился, пока не появился мой великий друг и спаситель, 17-летний Шурик. Он стал моим языком. Он был со мной все время. Променял на меня: и футбол, и подругу, и море, и все удовольствия на свете. Чтобы не отступать ни на шаг и переводить, и переводить!..

Как я благодарен тебе, Шурик!
Впрочем, говорю в вечность…
Шурика нет.
В 26 лет он возглавил компанию. Был он такой компьютерный гений… Устроили они банкет. Встал он сказать тост… Улыбался он очень красиво, и вообще был парень, что надо – 185 см, красавец, атлет. Только пригубил вино и тут же упал. Какой-то там сосудик в мозге порвался. Умер он мгновенно. Не мучился.
Трагедия была для всех нас. А для родителей – просто «обвал».

Но все-таки, не смотря ни на что, – затерянный рай, где просты и понятны отношения, где помогают от души, без денег.

Я снял этот фильм, приезжаю монтировать его в Иерусалим, на телевидение. Сидит в монтажной длинноволосый монтажер, Дани Кац, в круглых очках, похожий на Леннона. Курит «Нельсон», самый крутой табак, две пачки в день. Ни слова не понимает, а я без Шурика. Ноги лежат на монтажном столе.
Молодец!..
Такой сухой кивок в мою сторону. Я передаю ему пленку – лениво начинает просматривать, зевает через каждую минуту.
Ненавижу его!..

В этот день ничего не получается.
Ночью, я просто от отчаяния, зарисовываю фильм на листе ватмана – никогда такого не делал – и утром кладу этот лист перед Дани.

Такой «бой при Ватерлоо» со стрелочками, минутами и моими слезами.
И он по этому рисунку, так лениво, начинает фильм собирать...
Но в какой-то момент – вижу – настораживается, прижимается к монтажному столу, начинает врубаться, даже сопереживать. То там, то тут подкладывает музыку, и уже заводится! Растворяется в моей героине. Она уже и его героиня: она улыбается, и он улыбается, она плачет, и он глаз мне не показывает, отворачивается.

Дани-Дани!..

После фильма мы становимся очень близкими друзьями.
И я узнаю, что он был наркоманом, и еще каким... Он опробовал все наркотики на свете.
На телевидении его находили без сознания, но не увольняли из-за великого профессионализма и редкой душевности.

Когда я с ним познакомился, он уже три года был «в завязке», и активно помогал другим выскочить. «Утрату» он компенсировал тем, что выкуривал по две пачки «Нельсона» и съедал «тонну» острейших перцев. У меня уже от одного перехватывало дыхание.

У Дани я буду жить все время, приезжая в Иерусалим. Он будет мне показывать ночной город, играть на белом рояле, который стоит у него посреди квартиры. И неожиданно (также неожиданно!) он умрет в возрасте неполных сорока.
Сердце разорвется.

Вот такие дела... Ничего не придумываю. И как-то так получается, что уходят друзья.

И, все-таки, затерянный рай, в котором столько душевности, в котором друг – он друг, который не требует от тебя ничего взамен.

Фильм этот, о девочке Тане, которая научилась улыбаться, выходит на телевидении. Десятиминутный фильмик, какой-то маленький штрих, сюжет… Это тебе не «Титаник». И тут я действительно понимаю, что попал в затерянный край.

Мне звонят люди, не переставая, до 2-х, 3-х ночи!.. Клянусь, не вру!

Мой Шурик не отходит от телефона, переводит беспрестанно.

Люди растроганно, очень искренне говорят: «Какое счастье, что вы все приехали! Как тебе здесь?!» Спрашивают: «Как Танечке?!.. Не нужна ли помощь?! Если нужна, то вот мой телефон! Улыбается она или нет?!.. Пусть всегда улыбается, у нее такая улыбка!»

Такое было в России, наверное, в 60-е поэтические, но в 90-е все смыло волной «свободы». Я не знал и не думал, что такое еще возможно!..

Затерянный рай!.. Где все возможно!

Но… Прошло всего лишь три года, и вот уже я, работник телевидения, еду снимать очередной сюжет.
Договорился с героем, что приеду утром. Едем. Я готовлюсь.
А оператор мне говорит: «Прежде всего, мы завтракаем. И не торопясь».
Я ему: «Нас ждут, Илан, ты же дома поел». Прошу ребят: «Позавтракаем после съемки».
А Илан мне говорит: нет, типа того, что плевал я на твоего героя, деньги нам на завтрак выделены, профсоюз за нами. И, что самое главное, все с ним соглашаются, вся съемочная группа…

Следующая съемка. Снимаем на центральной улице Тель-Авива. Прошу оператора Ниньё (даже помню, как его зовут!) поснимать так, как я хочу. А он говорит: «Я сам знаю, как снимать». Я настаиваю, говорю, что я все-таки, режиссер, а он так смотрит на меня и подбрасывает камеру стоимостью 60 тысяч долларов в воздух, и она летит на асфальт… Слава богу, во вратарском броске ассистент оператора ее ловит.

Еле уговариваю оператора снимать… Знаю, его никто не уволит – он здесь на постоянной работе, а я – приходящий режиссер, мне надо зарабатывать на жизнь. Опять же, за него профсоюз, за меня никто.

Еще несколько таких случаев, и я ухожу с телевидения. Всё бросаю. Ухожу мыть посуду в кафе «Апропо», которое стоит на бойком месте, между двумя театрами. Деньги никакие, в маленькой комнатке раскаленная моечная машина, бывает до 60-70-ти градусов. Грязная посуда, все торопят.

Но в редкие минуты тишины здесь рай. Здесь стоит мой магнитофончик. Я слушаю Высоцкого, классику, битлов. Здесь лежат мои книжки… Перечитываю Булгакова, обожаю Довлатова.
Честное слово, вспоминаю это время, как райское.

Но так долго продолжаться не может. Это, как передышка в пути…
Растет эго вокруг. Не дают покоя вопросы – «Как жить?! Для чего?!..»
Меня гонит дальше. И сопротивление тут бесполезно.
Мои растущие желания вытаскивают меня из уютной моечной и бросают в новую жизнь.

В которой я пройду и автокатастрофу, чудом выживу, благодаря моему Учителю, получу израильский «Оскар», наснимаю всяких фильмов… Много всего наделаю в этом абсолютно другом, безжалостном, конкурентном, эгоистическом мире.

Который с каждым днем будет меняться…пока не приведет в тупик.
В котором мы и живем сегодня.

…В замечательном тупике.
Замечательном, потому что вопросы-то у нас возникают только в тупике.

Раньше не возникали.
А тут:
Как жить?
И куда это мы все прибежали?
И почему это все получилось?

А потом другие вопросы – самые важные:
Как же нам научиться жить вместе?
Уважать научиться, заботиться, сопереживать…
Как нам соединиться, таким несоединимым?!..

Поймем – прорвемся в настоящий рай, не затерянный.

andreynikiforov
2011-07-25 05:36 pm (UTC)

Все верно, для любого места. Чтобы это понять, нет необходимости уезжать.

Удачи вам во всем!

> **blog_vinokur**
> 2011-07-29 08:11 am (UTC)
>
> И вам!
>
> И нам всем в том, чтобы снова ощутить это состояние нашей связи, этот «затерянный край», но на новой высоте. Мир должен соединиться на новой высоте, иначе не выживет.

>>>>>

belarussachka
2011-07-25 06:56 pm (UTC)

Мне кажется, что я тоже перед такой ступенькой. Спасибо.

Потому что вы мне показали, что где-то есть еще «затерянные рай», куда, быть может, впустят меня... Я уже готова поменяться. Я знаю, что то, во что я верила раньше, – тупик.

Спасибо.

> **blog_vinokur**
> 2011-07-29 08:14 am (UTC)
>
> Тупик – это самая замечательная вещь. Только в тупике мы задаемся вопросами. И из тупика движение только вверх, к смыслу жизни. Там и проходит дорога к счастью.
>
> Спасибо вам!

\>\>\>\>\>

rosa_drosa_de_lux
2011-07-25 07:40 pm (UTC)

«В котором друг – он друг, который не требует от тебя ничего взамен».

Вы, наверно, имеете в виду, что не требует чего-то овеществленного, потому что так – чтобы вообще ничего – так не бывает. Мы все делимся с близкими (и не очень) людьми своей личностью, своим временем, своей энергией – с кем-то больше, с кем-то меньше. И сами ждем этого.

> **blog_vinokur**
> 2011-07-29 08:21 am (UTC)
>
> Вся штука – знать желание ближнего и все сделать, чтобы наполнить его. Жить им, а не собой. Так, без оглядки.
>
> Понимаю, что не просто, но, в конце концов, к этому придем.
>
> Спасибо вам!

\>\>\>\>\>

aniskin1968
2011-07-25 07:45 pm (UTC)

Скорей всего, в среднем, люди практически одинаковы – и географически, и во все времена, – если исключить национальный колорит типа каннибализма или любви к спиртным напиткам.

> **blog_vinokur**
> 2011-07-29 08:25 am (UTC)
>
> Я тоже считаю, что нет ментальности. Это такая наносная вещь – под которой душа, которая ищет связи с другими.
>
> Это происходит с большей или меньшей эмоциональностью в зависимости от места и характера, но это – основа.
>
> Спасибо вам!

>>>>>

alentia11
2011-07-26 12:50 am (UTC)

«...Мы должны научиться жить в глобальном мире. Прежде осознать, что мир глобален. А потом...»

А потом осознать себя, как частицу этого мира, признавая то, что глобальное состоит из мириады маленьких частичек, таких, как: ты, он, она, я...

И осознавая себя, принимая других, наполняя мир звучанием доброты и любовью, – меняешься сам. А рядом с измененной частичкой невольно меняются и другие, – потому что стоит в общей картине изменить один маленький кусочек, как восприятие общего меняется в целом.

Язык сердца понятен каждому, у кого оно есть, где бы ни жили, на каких бы языках ни разговаривали. Спасибо вам за него.

blog_vinokur
2011-07-29 08:42 am (UTC)

Очень точно! Очень!!!

Огромное спасибо за понимание этой глобальности, за точное внутреннее ощущение, тепло, сердечность.

Спасибо!

>>>>>

iren_nb
2011-07-26 05:50 am (UTC)

Затерянный край затерян в нас самих, прежде всего.

Но вы же знаете, что его можно найти и постепенно, понемногу, по принципу зеркала менять реальность. Хотя бы близкую к нам – нашу личную Вселенную.

А дальше и не заметим, как это изменение произойдет на глобальном уровне.

Спасибо вам за посты, за ваше глубокое миропонимание, за то, что вы умеете вести диалог и слышать собеседника.

blog_vinokur

2011-07-29 08:50 am (UTC)

Это вам спасибо за точное понимание, умение читать, слышать, размышлять, делать выводы.

Этот «затерянный» край в нас. Только мы его раскрываем не в ностальгическом оглядывании назад, а на этом – новом – уровне нашего соединения, сейчас.

Спасибо вам!

>>>>>

buroba

2011-07-26 01:23 pm (UTC)

Вы удивительно точно касаетесь болевых точек, и в них прорастает надежда.

blog_vinokur

2011-07-29 09:00 am (UTC)

Надежда не оставляет никогда, потому что есть она – есть! – цель нашей жизни: прийти к полной гармонии, связи, любви и соединению с Законом, который над нами и в нас. Мы, так или иначе, к этому придем.

Эта цель светит нам в самых последних наших состояниях и снова, и снова пробуждает надежду и ведет к себе.

Спасибо Вам!

>>>>>

rusbe

2011-07-26 07:35 pm (UTC)

«Эта непростая, кропотливая учеба по изменению себя. Когда выясняется, что не надо менять мир вокруг, надо измениться самому».

Да, согласен. Главное, чтобы тот самый затерянный край был внутри каждого из нас.

blog_vinokur
2011-07-29 09:03 am (UTC)

Отлично. Точно. Просто. Ясно.

Только за это держаться, за эту точку в нас, ведущую к нашему соединению. Назовем ее «затерянный край».

>>>>>

lenutsaa
2011-07-29 11:01 am (UTC)

Снова прочитала вас, очень волнуясь и «растрогиваясь» (нет такого слова, ну и что).

Господи, как же мне знакома эта тоска по «затерянному краю»!

Мое детство пришлось не на 60-е, конечно, все было позже. Но я еще помню, что у нас в квартиру дверь закрывалась только на ночь. И как бабушка силком кормила пришедших со мной из школы подружек. И все мы верили, что так вот и надо жить, – как вы рассказываете. И что мы постепенно движемся к этой вот самой жизни.

Увы. То, что сейчас происходит с этой глобализацией, – ужас. В России, вообще, кошмар – какой уж там «народ-богоносец», все прахом пошло.

Конечно, по мере сил стараешься быть человеком, создавать такой мирок хотя бы вокруг себя. Но так трудно поверить, что это приведет, в конце концов, к изменениям. Слишком уж все бесчеловечно вокруг.

А вам спасибо. Когда читаешь такие записи, понимаешь, что есть все-таки в жизни и другое.

blog_vinokur
2011-07-29 11:46 am (UTC)

Поверьте мне, у меня нет никакой тоски по прежнему «затерянному краю». Оборачиваться назад бессмысленно. Это были ступени в сегодня.

Нам специально дали это ощущение единства, – чтобы мы поняли, что это хорошо, пронесли бы его в сегодня, и захотели бы на новой высоте к нему прийти, к этому чувству.

И тут уж, извините, я повторюсь.

Прежде всего, этот «затерянный край», это доброе и единое ощущение, – оно в нас. Да-да, в нас! Просто наросло на него много всего. Мы стали эгоистичнее, мы заглушили эту точку в нас новыми желаниями. Но это хорошо. Мы на новой эгоистической высоте. Идет развитие, которое должно привести к ясному понимания, что мы должны взять эту высоту, то есть исправить наше эго, или, хотя бы, приступить к его исправлению, понимая, что это необходимо. И тогда снова откроется нам наш «затерянный край», и мы почувствуем это прежнее счастье в гораздо большей степени, чем раньше.

Спасибо вам за тепло, понимание всего и желание жить в «затерянном крае».

>>>>>

hiubert
2011-08-02 09:44 pm (UTC)

Не совсем понял. Три года все было замечательно, а потом вдруг – ни с того, ни сего – вся съемочная группа взяла да ополчилась?

Ничего не происходит просто так, должны же были быть какие-то предпосылки.

blog_vinokur
2011-08-03 07:53 am (UTC)

Конечно! Изменился я, появились новые желания, эгоистические, разумеется. Соответственно изменился мир.

Меня удивляет ваш вопрос. Не только за три года все изменяется, каждое мгновение человек новый. Да-да, каждое наше новое желание –новый человек, какой-то момент понимания чего¬-то – новый человек. Это нам кажется, что ничего не изменяется, – все летит к Цели. Нет остановки.

А если вы удивляетесь, что за три года, что-то может так разительно измениться, то вспомните (правда, не знаю, сколько вам лет), – но я помню: 1983 год – смерть Брежнева и 1986 год – год перестройки и Горбачев. Земля и небо. И люди, как бы другие.

А 1987 год и 1990 (я уезжал в этот год) – годы перехода «от перестройки к перестрелке»… Было разительное отличие.

Спасибо вам за вопрос.

>>>>>

towndwarf
2011-08-15 05:08 pm (UTC)

Я приехал в Израиль в 93-м, и где-то до 2000-го, начала 2001-го, у меня всё было действительно замечательно. Было очень тяжело, но было ощущение, что хорошего НАМНОГО больше, чем плохого, что люди душевны и помогут. И да, помогали.

А потом что-то «сломалось».

В результате, по некоему стечению обстоятельств, я уехал на Украину (по визе и контракту) и так, и остался. Контракт закончился давно, но возвращаться мне, вроде, как и некуда. Причина – возвращаться в Израиль, на постоянный «ментальный пресс», уже не хотелось.

Вот и живу, изменяя себя и переезжая с места на место.

blog_vinokur
2011-08-17 07:19 am (UTC)

Что сказать вам... Тут, что сердце подскажет. Никакие «надо», «обязан» – не помогут. И не нужны они вам.

Человека ведут. Разговор о свободе – это особая статья. Человека ведут. Рано или поздно приведут, куда надо. А пока у вас такие виражи, чтобы созрело другое желание.

Просто, наверное, попробуйте разобраться, чего на самом деле хотите. Так, посидите сами с собой: если покоя – то покоя, если смысла вашей жизни – то можно поискать. Пока не щелкнет внутри.

На самом деле: человек – это желание, а жизнь наполнение этого желания.

Спасибо вам за откровенность, спасибо.

>>>>>

tamara108
2011-09-25 07:53 am (UTC)

Спасибо вам за то, что вы своими душевными повествованиями способствуете объединению всех нас. И так дойдет до всего человечества.

blog_vinokur
2011-09-25 11:21 am (UTC)

Вы правы, об объединении хочется говорить все время. И всем, и себе тоже.

Спасибо вам!

72 comments

**пост_
боль_**

Я помню, летом 76-го папа вернулся с завода рано и был какой-то не такой.
Там – посидит, помолчит, здесь – засмотрится на что-то.
Потом он отвел меня в сторону, оглянулся (времена такие были) и говорит: «Израильтяне, сынок, освободили заложников в Уганде, и один парнишка погиб. – Смотрю, плачет мой папа. – Самый лучший. Командир... Все его ребята живы остались, а он погиб».

Вот так, в моего папу-коммуниста, заместителя директора огромного завода, вошел неизвестный парнишка, откуда-то из далекого Израиля, и пробил его сердце.

Прошло 30 лет с того времени. Я уже был здесь, снимал кино, преподавал, меня знали...
Звонят: «Придите, мы хотим заказать вам фильм».
Прихожу. Сидят два лихих продюсера – оказались очень хорошими ребятами – Волтер и Моше. И говорят: «Сними фильм о Йони Нетаниягу».
Я даже вздрогнул. Это было имя того командира, который погиб в Уганде.
И сразу же встал передо мной любимый мой папа, покойный к тому времени, и я почувствовал, что бумеранг, который он запустил 30 лет назад, вернулся, и так же поразил мое сердце.

И надо было бы сказать – да!..
Но я сказал – нет.

Они удивились. А я объяснил: «Йони – он символ Израиля. Зачем вам «русский» режиссер?!» Они говорят: «Видели твои фильмы, хотим тебя. Подумай».
Я подумал. Было лестно услышать, что меня хотят... Подумал и сказал – нет.

Дальше события развивались стремительно.
Дело было в Иерусалиме. Я решил выпить. Взбередили они душу. Папа вспомнился. Покупаю бутылку, заезжаю к товарищу. Сразу

у входа у него книжные полки, как положено. На них такой наш джентльменский набор – чтобы все знали, куда они попадают, – Достоевский, Толстой, Пастернак и так далее.
И в углу – почему-то сразу бросилась мне в глаза – такая маленькая зачуханная книжка. Я ее взял. Что вы думаете?.. «Йонатан (Йони) Нетаниягу. Письма»
Я чуть не упал.
Слишком много совпадений за один день.

Через два часа, когда я сел в автобус чтобы ехать домой, книга была со мной. Начал я ее читать и не заметил, как прошло время, как опустел автобус и водитель навис надо мной…
Я смотрел на него, а думал о Йони… Другом Йони… Из писем.

Вышел я. Тут же позвонил продюсерам и сказал, что берусь.

Пока делал фильм, сроднился с Йони. Вдруг ловил себя на мысли, что это я, потом, что это мой брат… Странные вещи происходили. Изучил всю его жизнь – этого крутого парнишки, который уехал из сытой Америки, чтобы воевать в Израиле. И все прошел.

Марш-броски на 50-100 километров. Романтично пишет о них родителям, а в письмах к братьям добавляет: «Ты бежишь, а в ботинках хлюпала кровь от кровавых мозолей, но не остановиться…»
Прошел ранения, смерть товарищей, когда они умирали у него на руках.
Всегда лез на рожон, под пули. Потом я понял – почему…
Но все время хотел учиться.
Едет в Гарвард. Тут же у нас война – он обратно. После войны снова едет в Гарвард, а у нас новая война. Он снова возвращается.
В 76-м году он командир спецназа. Это и вершина его военной карьеры. И конец жизни. А жизни-то той было 27 лет…
Операция в Уганде – лихая, «наглая», практически, им разработанная. Её изучают во всех военных академиях мира и «ахают», как это круто было сделано.

Самолеты приземлились в Уганде, из них выехали две машины с «перекрашенными» в «угандцев» израильтянами. За пятнадцать секунд от первого выстрела до последнего они освободили всех заложников.

Описал в нескольких строчках, как это было, но сколько за всем этим пота и крови.

Йони знал, что не вернется с операции, как бы лихо она ни была закручена.
Он получает очередь из «калашникова» в грудь и плечо. Умирает в самолете.
Так становится героем Израиля.

Но только для такого Йони я бы фильм не делал.
Что же я вычитал о нем в письмах?
Что герой Израиля, символ доблести, смелости, командир спецназа, подполковник в свои 27 лет и так далее, и так далее. – что он, Йони, – глубокий и очень одинокий человек. Очень ранимый. Он очень хотел понять, в чем смысл жизни и всех этих страданий и жертв, которые приносятся. Очень хотел любить… И чтобы его любили…Такая незащищенная душа предстала передо мной.

Я делал фильм не о воине, а о человеке ищущем. Подкупил он меня своей болью.

Письма его грустные, без бравады, очень правдивые, а последнее письмо перед смертью так совсем…
Пишет он Брурии – своей последней любви. Пишет в самолете, когда они уже летят в Уганду. Цитирую отрывочно.
«Я нахожусь в критической стадии своей жизни, в глубоком внутреннем кризисе… Вспоминаю безумный и жалкий вопль из пьесы: "Остановите мир, я хочу сойти!" Но невозможно остановить сумасшедший шар… и поэтому хочешь-не хочешь, живой или мертвый… ты здесь.

Хорошо, что у меня есть ты, моя Брур, и хорошо, что есть место, где преклонить усталую голову…
Всё будет в порядке…»

Он пишет «все будет в порядке», но летит на операцию, зная, что погибнет.

Он говорит своему другу: «Не вернусь».
Премьера фильма была в Иерусалиме. На премьере были все друзья Йони из спецназа, родственники, правительство, партия…
Я, честно, волновался, что они найдут массу неточностей, особенно спецназовцы. Придерутся, что не так они целились, не так стреляли, не так показана операция… И поэтому я вышел из зала в начале просмотра и пришел к концу, когда уже шли титры.

Захожу. Темнота. Титры проходят. Зажигают свет. Тишина. Ну, то есть гробовая тишина. Первая мысль – тихо отвалить.

Минута – тишина… Две, три…

Вдруг смотрю, стоит парень такой крутой рядом, под два метра, явно оттуда, из спецназа, и глаза его мокрые. Обращаю внимание, что все тихо подстанывают.
И тут первый кто-то начинает хлопать, ну, и все обрушиваются. Не стесняются чувств, жесткие, никогда не плачущие…
Плачут.

Потом ко мне подвели отца Йони – Бен-Циона. Уже тогда ему было под 90. Он сказал фразу, которая лишний раз подтверждает, что чувства побеждают любую ментальность.
Он сказал: «Должен был прийти русский режиссер, чтобы сделать самый израильский фильм о Йони».
И мне лестно, конечно, было. Тут на нас все смотрят, прислушиваются, что он скажет. Он в Израиле – человек-легенда, и тут вдруг он такое говорит. Мы с ним полчаса разговаривали.

Потом подходили и подходили…

Сегодня, пересматривая фильм, многое бы изменил.

Я помню, что очень хотел есть. Не ел с утра. И я видел, как цель для себя – там, впереди, стоит стол с едой, и там были и кофе, и пиво, и всякие вкусные бутерброды. Но к столу я так и не подошел. Все время меня кто-то перехватывал и говорил о своих чувствах, о друге Йони. Всех он задел.

Что же произошло, по моему ощущению?
Все просто почувствовали, что место Йони пусто. Уже нет таких романтиков – таких подполковников, генералов, политиков. Такой боли нет. Нет этого вопроса «для чего живу?», который пылал в нем.
На смену пришло холодное, расчетливое время. Новое. Безжалостное. Эгоистичное.
Сменились эпохи.
Он, Йони, искал, на самом деле, эту связь, которая называется Любовью. Он искал ее в любви к стране, к женщине, родителям, друзьям, братьям – к людям, вообще. А жизнь заставляла воевать, ненавидеть…
И он, измученный этим противоречием, стонал: «До каких пор будут эти жертвы, им нет конца?!..»

Он мечтал о мире. Эта тема почти в каждом его письме!..

И тут я должен вставить свои «пять копеек».
Мир может прийти только в одном случае.
И не думайте, что я идеалист. Посмотрите, ведь видно – сила ничего не дает. Против силы всегда находится новая сила.
Только когда мы направим мысли наши на объединение – просто направим, просто решим, что мы не отвлекаемся на чушь всякую, мишуру, а начинаем помогать друг другу мыслить в этом направлении. Создаем такое магнитное поле Любви. Создаем сеть, в которую – мы мечтаем – попадет все человечество.

Строим лабораторию, в которой проводим опыты над собой и стремимся подняться над эго, над себялюбием.
Стремимся соединиться, чтобы мир не обрушился.

И тогда произойдет чудо. И мы почувствуем себя одним целым. И мир попадет в эту нашу сеть. И не обрушится. Потому что мысли – материальны.

* * *

Год назад умер монтажер этого фильма, Яша Свирский. Мы с ним очень дружно работали. Было ему всего 56 лет. Будем считать, что этот пост я посвящаю ему. И моему папе.

* * *

У меня в постах, я вдруг обратил внимание, все время плачут мужики, но, поверьте, я ничего не придумываю.
Да и я такой же, сентиментальный.

kowka_kowka
2011-05-30 02:45 pm (UTC)

А нас все сериалами кормят, придумывая фигню...

Спасибо за настоящую жизнь и за истории о ней.

> **blog_vinokur**
> 2011-05-31 10:08 am (UTC)
>
> «Кормят», как вы правильно говорите, сериалами, в большинстве случаев, чтобы человек не думал, или не задумывался ни о чем. И человек впадает в этот «сон наяву» и так сплавляется по течению.
>
> Я всегда любил истории, где надо подзадуматься, так с собой сопоставить: «А что я?.. А какой я?..»
>
> Ну, в общем, пишу о том, что сам люблю, да и посчастливилось поставить несколько фильмов, в которых сумел раствориться.
>
> Спасибо вам!

>>>>>

sapozhnikov75
2011-05-30 04:22 pm (UTC)

Написано «на нерве», душой и сердцем. Собственно, как и все ваши истории. Спасибо вам, Семён...

Подскажите, письма Йони переведены на русский? Очень заинтересовало.

> **shtabss**
> 2011-05-30 04:51 pm (UTC)
>
> Пробило. Я знал о нём, читал об этой операции и не раз.
>
> Конечно, фильм ваш не видел, к сожалению. Вряд ли он был у нас...
>
> Это предчувствие гибели поразило. Знал...

blog_vinokur
2011-05-31 10:30 am (UTC)

Знал… Знал!

Я думаю, было у него ощущение, что он уже прожил эту жизнь.

Поэтому и чувствовал себя таким усталым. Ушло желание. А желание – основа всего.

Я обязательно выставлю фильм.

Сейчас бы я его по-другому сделал – только на письмах, без интервью. Но тогда неудобно было перед ребятами, которые говорили о Йони.

Ну, да ладно… Посмотрите, скажите.

А разучиться плакать невозможно, как и разучиться чувствовать.

Так что спасибо вам за скупую слезу. Дорогого стоит.

>>>>>

simfeya
2011-05-30 03:23 pm (UTC)

Семён, спасибо, что не стесняетесь своей уязвимости.

> **blog_vinokur**
> 2011-05-31 10:20 am (UTC)
>
> Знаете, стесняюсь. Но если чувствую, что без этого не смогу донести то, что хочу, оставляю стеснение.
>
> Кроме всего прочего, какая-то атмосфера сложилась в блоге – своя. Перестаю стесняться.

>>>>>

sandy_cat
2011-05-30 04:52 pm (UTC)

Вы потрясающе пишете, спасибо.

<254>

Вадим Ермольчик
2011-05-30 05:30 pm (UTC)

Спасибо огромное. Жду каждого твоего поста!!!

blog_vinokur
2011-05-31 10:35 am (UTC)

Знаете, я просто рассказываю. Представляю себе вас, думаю, как бы увлекательней подать, но так, чтобы и услышали, для чего я все это рассказываю. Мне именно это очень важно.

И вот, рассказываю. И параллельно записываю.

То есть, получается, никакой я не писатель. Просто рассказчик.

>>>>>

veryeasy
2011-05-30 08:26 pm (UTC)

У меня сегодня была мысль насчет того, что людям предписывается по гражданскому, уголовному, административному и так далее кодексам – как общаться между собой. И часто эти кодексы не учитывают какие то обстоятельства.

Так вот, люди могли бы идти навстречу друг другу и, нарушая законодательство, создавать другие взаимоотношения внутри государства – помогая друг другу, а не подавая друг на друга в суд, или убивая, или используя в качестве подчиненных…

Ваш пост очень познавательный. Как всегда, не зря потрачено время, в отличие от многих других информационных источников.

blog_vinokur
2011-05-31 01:46 pm (UTC)

Если бы люди могли так жить, идя навстречу друг другу, то есть, отменяя себя перед другим, – мы бы имели сейчас другой мир, к которому мы, так или иначе, придем. Единый мир.

>>>>>

bustanai
2011-05-31 08:21 am (UTC)

Покрывшая большинство из нас корка слишком толста, так что «магнитное поле Любви» – это вряд ли. Людей трудно любить – это не зверюшки какие-нибудь пушистые. Но, наверно, можно сделать шажок в нужную сторону.

Мне когда-то снился город, где все жители «плетут сеть» – идут на случайное знакомство и стараются получше узнать нового знакомого, понять, испытать к нему симпатию, заинтересоваться им. В результате, там очень многие знали друг друга, хотя бы в лицо, и атмосфера взаимной симпатии буквально висела в воздухе. В этом городе было очень хорошо – даже на этом небольшом, по сравнению с Всеобщей Любовью, уровне.

blog_vinokur
2011-05-31 06:33 pm (UTC)

Я об этом шажке и говорю. А за ним еще шажок будет, еще... И все, чтобы попасть в это магнитное поле.

И эти шажки, на самом деле, будут внутрь себя – так, чтобы сначала ощутить эту «корку», как вы пишите, которая мешает нам почувствовать друг друга, сделать шаг навстречу.

А уж когда почувствуем «корку», начнем с ней работать, потихоньку от нее очищаться, так и раскроем этот Всеобщий Закон Природы, или Любви, что одно и то же. И окажется, что Он неизменяем, и был все время, – это мы изменились и, изменившись, Его почувствовали.

А о городе у вас очень красивый сон. И реальный.

Спасибо вам!

>>>>>

domilucka
2011-05-31 12:26 pm (UTC)

«Хорошо, что у меня есть ты, моя Брур, и хорошо, что есть место, где преклонить усталую голову... Всё будет в порядке...»

Вот эти слова для меня оказались самыми главными... Может не так выразилась, но...

«Он, Йони, искал на самом деле, эту связь, которая называется Любовью. Он искал ее в любви к стране, к женщине, родителям, друзьям, братьям... людям вообще...»

Это то, что пытаюсь и делаю, как умею, в жизни я. Ничего ведь нет выше, глубже, шире, полнее истинной Любви...

svetilyina
2011-05-31 06:30 pm (UTC)

Такая непостижимая связь времен. Как замечательно, что вы не отказались и не прошли мимо. Как-то все в жизни связанно, и так, иногда, трудно это разглядеть, эти нити.

Спасибо, что вы написали об этом! И о любви, конечно.

blog_vinokur
2011-05-31 06:40 pm (UTC)

Мы говорим об истинной Любви, да. Это требует большого разговора,

точного понимания, что такое Любовь без требования себе в ответ, бескорыстная, неэгоистическая Любовь.

>>>>>

shantimora
2011-06-06 04:13 am (UTC)

Я знала такого человека. Он просил на новый год не дарить ему ничего, а присылать его солдатам конфеты, чай, носки...

Он погиб в прошлом году, в возрасте 27 лет – не на войне – в водном походе. Он не стал героем в общепринятом смысле... Хотя то, что он писал о современной армии в районе горячих действий, – это надо читать.

Но дела это не меняет, да. Сотни людей до сих пор чувствуют теперь дыру в своей жизни.

Такие люди – они светят и греют так, что это не передать словами, но побыв рядом хотя бы один раз, невозможно забыть это ощущение. А без них потом дырка навылет, навсегда.

blog_vinokur
2011-05-31 06:40 pm (UTC)

Ничего не поделаешь. Всё равно мы будем постоянно вращаться вокруг этого, «ненавистного» нам, объединения. К нему стремиться, проводить анализ любых наших действий и вдруг понимать, что все они, каким-то парадоксальным образом, направлены тоже на объединение.

Оно – как закон тяготения – Закон Единства. Его не отменить.

>>>>>

zaryanica
2011-06-07 11:10 am (UTC)

Читаю вас «по глотку», как доброе вино... Не могу всё и сразу, хоть и интересно... Очень интересно и глубоко... Потом долго осмысливаю, проживаю... Спасибо.

blog_vinokur
2011-06-07 02:05 pm (UTC)

Спасибо вам! Спасибо за поддержку, это всегда мне важно, – что это не уходит в песок.

Для вас пишу. Спасибо!

>>>>>

alla pevzner
2011-07-16 08:16 am (UTC)

Семен, ваша история очень трогательная и заставляющая задуматься.

Я несколько лет назад смотрела фильм. Он действительно переворачивает что-то, находящееся где-то в самой глубине души.

Ваша мысль изобразить, прежде всего, не вояку, а человека, видимо не одинока и находит поддержку у других режиссеров, так как последние фильмы о войне и военных, больше рассказывают о людях и их переживаниях, а стрельба и само действие лишь фон фильмов. Видимо, чем жестче становятся люди и их жизнь снаружи, тем тоньше, чувствительнее они становятся внутри, часто просто не замечая этого.

Видимо не зря жизнь производит с нами подобные изменения, переводит нас на новую ступень ощущений и осознания происходящего, что-ли.

Спасибо вам за ваш труд. Удачи вам и вдохновения.

С уважением, Алла.

> **blog_vinokur**
> 2011-08-24 09:27 am (UTC)
>
> Если честно, я сделал фильм об одиноком человеке, который искал, в чем он – смысл жизни, а уже потом о герое, о военной операции и так далее.
>
> И ещё – он очень хотел научиться любить.
>
> Спасибо вам!

>>>>>

tarnegolet
2011-11-20 09:46 am (UTC)

Спасибо вам за фильм!

Йони – поразительно взрослый мужчина, отвечающий за близких и за товарищей, и за страну. Взрослый уже в свои, щенячьи, 20 лет. И при этом – пронзительно одинокий, переполненный горечью и безнадежностью, тоскою по нормальной мирной жизни. И при этом – отказывающийся от нее, потому что «кто же, если не я...»

Еще раз, спасибо!

Татьяна Разумовская, Иерусалим

> **blog_vinokur**
> 2011-11-21 07:54 am (UTC)
>
> Спасибо, Таня.
>
> Очень точно вы поняли этого, «пронзительно взрослого» – как вы пишите – «в свои 20 лет», Йони.
>
> И еще – был в нем поиск постоянный, больше, чем тоска по нормальной жизни...
>
> Очень я сжился с ним. Спасибо!

144 comments

пост_
януш корчак_

Это был мой дипломный сценарий – докодрама о Януше Корчаке.

Помню, период был в жизни такой. У меня начинают уже брать сценарии на студии, и можно было бы один из них отдать, как диплом, и гулять себе с ребятами… Но вдруг захотелось прикоснуться к чему-то такому чистому, поговорить о детстве, о справедливости – так, что защемило даже. Помню, завыл от частных детективов (я писал такой сериал), от романтических выдуманных историй, от рокеров (был такой фильм у меня)…

И я сел, обложился книгами и быстро, ночами, в тишине, стал писать о Корчаке.

Кто не знает – сомневаюсь, что есть такие, – но все-таки.
Был такой врач, учитель, директор дома сирот, который жил для детей, писал для детей, врачевал, любил, сражался за справедливость, чтобы дети не горевали и не плакали. Было ему плохо, когда было плохо ребенку, считал он их самыми незащищенными и защищал поэтому. Но и воспитывал…

Он был великий педагог.

Он мечтал создать у себя, в доме сирот, детскую республику.
Которой бы дети сами и управляли.
Где был бы свод справедливых законов, свой парламент, суд. Но все было бы освещено равенством. Где дети бы учились ощущать боль друг друга, учились бы любить, и поставили бы эту учебу выше всего…
А вокруг было Варшавское гетто, смрадный период страха, ненависти, слез, голода.
И это, конечно, меня заводило – что в этот период диких страданий у него дети мечтали о будущем, о счастье быть вместе… В самые страшные дни.

Я все время мучался мыслью: «как он всего этого добился?!»
При этом, сам, он, все ощущал. Он выходил на поиски еды для детей и видел все, что происходит, знал, что с ними, со всеми, бу-

дет, мучился, не спал, выпивал для храбрости, депресировал… А детям этого не показывал.

Ну вот, я написал сценарий, а фильм не сделал. И не потому, что не мог, – мог. И деньги на него находил, и студия соглашалась, и все говорили: «давай-давай!» А я тянул…
И правильно тянул – я теперь это понимаю – не было мысли, для чего это делать. Цели были мизерные. Узко мыслил.
А Корчак мыслил широко.

И вот, через 15 лет, я уже в Израиле, уже снимаю, уже меня знают. И я роюсь в своих бумагах (ищу какой-то документ) и раскапываю этот свой сценарий. Помню это мгновение, как щелчек, – елки-палки!..

Я подаю сценарий в кинофонд в полной уверенности, что сразу получу на него деньги, – но не получаю, он не проходит.
Подаю снова – снова не проходит,
Тут начинается «хождение по мукам» – по фондам, по частным лицам… И только случайно, через 2-3 года, мне дают на него небольшую сумму, и я снимаю, очень изменив сценарий.
Но я знаю, что я снимаю!
Я снимаю фильм о вселенском человеке, который пишет в своем дневнике, что он хочет быть, как ребенок, наравне с ним.

Ребенок для него – как зеркало, в котором он, Корчак, видит себя не совершенным, испорченным, эгоистичным… И он, благодаря детям, работает над собой: учится любить, учится думать не о себе – о них, обо всем мире.

Да-да! Обо всем мире!..

Строя эту детскую республику справедливости, он думает обо всем мире. Соединенном справедливом мире!

И он сам при этом меняется.
Приближается этот известный поход смерти в Варшавском гетто,

когда всех вывозят на уничтожение.
И Корчак умудряется объяснить детям, что нет смерти, что смерть тела – это не смерть, что есть что-то вечное в человеке, и если он соединяется с этим вечным, он и живет вечно.

В принципе, он говорит о душе.
Так и выходит детский дом сирот в последний свой поход.
Они выходят строем, с барабанным боем, жить они идут...
А все вокруг ползут от слабости и страха.
А дети так и входят в вагоны – строем...

Я, наверное, приложу фильм, посмотрите, если захотите (не забывайте, что это ¬– книга-блог).

Можно было много еще сделать, но не хватило денег…
Вместо Польши, я нашел у нас, в Израиле, дом, который шел на ремонт, и я начал крутиться вокруг этого дома, словно я в Варшавском гетто. Комнату Корчака я снимал в нашей фотостудии...
Да чего там!... Я не ропщу...
Главное – мысль, мне кажется, проходит...

iokasta25
2011-04-11 07:22 am (UTC)

Да, редко кто из современных педагогов пойдёт с учениками в газовую камеру.

blog_vinokur
2011-04-12 07:06 am (UTC)

Всё зависит всегда от уровня связи учителя с детьми, или между людьми, вообще. Если эта связь настоящая, крепкая, взаимопроникающая, то есть ощущение единого тела такого, – то, как может быть такое, чтобы часть от меня отделили. Это невозможно.

Такова была связь Корчака с детьми. Поэтому он не мог их оставить. Он просто и сам не мог бы выдержать этого разрыва.

На самом деле нам сегодня показывают, что всё человечество находится в такой же связи. Только мы это пока не видим. Нам пока не больно от того, что так больно, например, Японии.

Но вот-вот мы обнаружим эту связь… Что будет тогда?

Спасибо вам!

iokasta25
2011-04-12 07:15 am (UTC)

Вот обнаружим эту связь, и никаким террористам и прочим нелюдям не сломать нас.

>>>>>

beloshitskaya
2011-04-11 08:17 am (UTC)

Мне было лет 7-8, когда мама дала мне детские книжки Корчака, а потом и книгу о нем. Она мне сказала, что этот великий человек избавил детей от страха смерти и не бросил их даже на пороге газовой камеры.

Я прочитала и помню, что откуда-то возникла абсолютная уверенность в том, что Корчак не сказку «успокоительную» придумал – детей нельзя обмануть, в принципе, – я была абсолютно уверена, что он им сказал ПРАВДУ. Это было потрясение.

P.S. Музыка Ганелина – то, что надо.

blog_vinokur
2011-04-11 08:38 am (UTC)

Слава Ганелин великий композитор и большой мой друг.

Я видел, как он писал музыку. Об этом, одном, можно было написать музыку и снять фильм: как вживается, как проживает, как идет вместе с детьми, как руки касаются клавиш, как он плачет...

В общем, что говорить, человек он очень эмоциональный, чувственный и настоящий.

Что касается ПРАВДЫ, то точно вы написали. О ПРАВДЕ он говорил, Корчак. И дай Бог нам всем это почувствовать, – что есть Вечное, за что только и надо уцепиться, и держать.

Спасибо вам!

>>>>>

turja
2011-04-11 08:45 am (UTC)

Корчак – одно из моих первых знаний о войне, о гетто. Как-то так вышло. Поняла, что своим не рассказывала. При первом же поводе обязательно.

Спасибо вам.

iokasta25
2011-04-12 07:18 am (UTC)

Мне 26лет, я не намного старше своих учеников, но о Корчаке мы говорили часто. Главный их вопрос: «А неужели такие учителя бывают?»

niknirish
2011-04-11 01:52 pm (UTC)

Спасибо. Очень стоящий пост. Настоящий.

blog_vinokur
2011-04-12 07:11 am (UTC)

Спасибо Вам, что пришли и прочитали, и так почувствовали. И подбодрили.

Много выводов можно сделать, если так внедриться в этот рассказ о Корчаке. Можно говорить о нем, как о героической легенде, а можно и до глубины дойти, зная, что человек он был не простой.

Спасибо вам.

>>>>>

veryeasy
2011-04-11 07:21 pm (UTC)

Спасибо за фильм, за пост.

Я, к своему стыду, не знал про время войны ничего, про такие вот вещи, когда в людях в трудные времена не умирает человек. Похоже, может быть, на воспоминания о блокаде. Русский историк (забыл фамилию) рассказывал ужасы, как в блокаду, главное – это было просто выжить, найти пропитание любым доступным способом.

А тут совсем другая история.

Спасибо

blog_vinokur
2011-04-12 07:14 am (UTC)

Я уже ответил девушке в начале этого поста, но с удовольствием повторю: все зависит от связи между людьми, сколько я вложил в эту связь, стал ли одним целым с другим человеком, с детьми, как Корчак.

Почитайте мой первый ответ. Согласны ли вы?

Спасибо!

>>>>>

pointinheart
2011-04-13 05:52 pm (UTC)

«И Корчак умудряется объяснить детям, что нет смерти. Что смерть тела – это не смерть, что есть что-то вечное в человеке, и если он соединяется с этим вечным, он и живет вечно. В принципе, он говорит о душе».

Почему он вел себя именно так? Что определяло его отношение к жизни и смерти?

> **blog_vinokur**
> 2011-10-03 02:30 pm (UTC)
>
> Во-первых, ему нужно было успокоить детей, чтобы они вышли на смерть с ощущением, что смерти нет. В нем жила великая ответственность за них. Они были частью его.
>
> Во-вторых, уверен, он и сам хотел войти в это состояние: когда есть вечная душа, а тело – рубашка, которую мы «отдаем в стирку».
>
> Спасибо вам!

>>>>>

sororoka
2011-04-17 09:41 pm (UTC)

Корчак – один из тех людей, которые помогают мне сохранить веру в бескорыстную доброту и человечность. А ещё в любовь, как бы банально это ни звучало.

С трудом верится в то, что делал этот польский доктор, что такое, вообще, возможно.

Спасибо за фильм.

> **blog_vinokur**
> 2011-04-21 08:27 am (UTC)
>
> Спасибо вам!
>
> Надо бы написать пост о Любви. Такой настоящей, бескорыстной.

Спасибо, что натолкнули на мысль.

А о Корчаке?.. Он по-другому жить не мог. Это для него не было подвигом – было жизнью.

40 comments

пост_
друг_

Архангельская область. Зима. Армия.

Вспоминаются только драматические ситуации. И понятно почему. Потому что по теории и практике кино (и из лекций Александра Митты – моего учителя) только в них и проявляется герой. Это я не о себе, сейчас поймете.

Так вот. Иду я по коридору, а навстречу мне сержант, уже не помню, кто это был. Я только три дня в части. Зеленый еще. Отдаю честь (у нас сержантам честь отдавали). Он командует: «Ко мне, воин!» Подхожу. Он берет меня за ремень (роста в нем «метр с кепкой»), сморит снизу вверх и начинает накручивать ремень, который у меня не по уставу отпущен. При этом, зловеще так говорит: «Борзеешь, воин?»
Накручивает он ремень шесть раз. Потом приносит зубную щетку и говорит: «шесть очков». Это означает, что я, слава Богу, в теплом туалете, (а были еще и на улице) должен этой щеткой прочистить начисто шесть очков. Без тряпки, без мыла, – зубной щеткой.

Чищу…
12 ночи, я всё чищу.
Туалеты грязные.
Я три дня, как из дома. То есть это для меня дело новое, мама меня этому не учила. Чищу и думаю, что до утра не успею. И всякие мысли еще приходят разные…

Вдруг слышу, в другом конце туалета шорох, и кто-то громко дышит. Иду туда и вижу Колю Топсахалова. Я знаю его всего три дня. Грек из Есентуков. Он усердно чистит туалет такой же зубной щеткой.

Оказывается, он подошел к сержанту и попросил разрешения помочь мне. А тот ему сказал, что только при условии, что такой же щеткой.
Коля согласился.

Так тепло мне стало. Мы не были знакомы, от силы двумя словами перебросились до этого. И ему от меня ничего не надо было, он мог бы спокойно спать. Что же его заставило?! Я тогда подумал: «Я бы так не сделал». Простой парень, без всякой «начитанности», «интеллегентности» поставил меня в тупик этим простым, без всякого расчета, действием. Просто почувствовал меня и пришел.

Прошло больше тридцати лет...
Я всё помню, каждую деталь, все свои мысли, и это тепло.

i_plombir
2011-03-01 10:04 am (UTC)

Да, поступок удивительный для армии. Уж знаю не со стороны.

Но 6!!! оборотов ремня – это…

> **rinatzakirov**
> 2011-03-01 09:32 am (UTC)
>
> Да, кстати, я тоже подумал…

blog_vinokur
2011-03-01 02:21 pm (UTC)

Несмотря на то, что хотелось бы поговорить о дружбе, отвечаю о ремне.

Можно ремень накрутить абсолютно спокойно 6 раз и даже больше, и для этого он не должен висеть возле колен, а должна быть сильная рука сержанта (а она таковой была), и безжалостное накручивание, несмотря на то, что воину, то есть мне, больно. Было безжалостное накручивание.

То есть, было бы желание, а накрутить можно и 8 раз.

Говорю вам с полным знанием дела, как говорится: «отвечаю за базар».

>>>>>

beloshitskaya
2011-03-01 10:04 am (UTC)

А ведь самый главный вопрос – почему этот Коля так поступил? Что-то ведь не позволило ему спать, когда Сеня щеткой орудовал?

> **blog_vinokur**
> 2011-03-01 02:22 pm (UTC)
>
> Согласен, что это и есть самый главный вопрос. Ради этого я и писал этот пост.
>
> Спасибо.

>>>>>

rinatzakirov
2011-03-01 10:11 am (UTC)

А вы потом, после армии, общались?

blog_vinokur
2011-03-01 02:15 pm (UTC)

Мы после армии общались.

Он работал где-то под Ессентуками ветеринаром. И даже, когда я уезжал в Израиль, за несколько месяцев до этого я с семьей был у него. А ведь с армейских времен прошло 10 лет.

Он оставался таким же широким, родным, простым и понимающим всё, даже мой отъезд, который ему был не в радость.

Мы очень сблизились за эти годы. Внутренне больше, мысленно. Встреч ведь было мало. Оказалось, что можно так, даже без интернета, существовать в близости и связи. И все время меня поражала в нем вот эта НЕ забота о том, что он при этом имеет от этой нашей дружбы, вот это полное бескорыстие, которое я никогда и нигде не видел.

>>>>>

happy_point
2011-03-01 05:46 pm (UTC)

Да, случай действительно неожиданный.

Хотя, с другой стороны, почему? – Да потому, что мы всегда ждем действий – за что- то, а действия – просто так, или так надо – у нас вызывают гору вопросов и, сразу же, подозрений.

>>>>>

olafcik
2011-03-01 05:51 pm (UTC)

Вот выскажу свое мнение с точки зрения психологии.

Мы воспринимаем мир через свои заданные качества. Они бывают заданные, но не реализованные, а бывают реализованные. Любой человек ощущает окружающий мир через себя, через свои заданные свойства.

Есть психотип людей на бессознательном уровне ощущающих себя – как МЫ... Да, да.

МЫ все встали из окопа и пошли в атаку, МЫ все погибли, или МЫ выжили...

Это не важно для таких людей. Важно одно – вот это самое слово «МЫ». Если часть твоего «МЫ» начало чистить туалет, то ты не можешь спокойно это видеть, ты обязан достичь ощущения «МЫ». И человек идет и помогает.

Спроси его: «Почему ты пошел?», – он вряд ли тебе разумно объяснит свой поступок. Просто так вот ощутил... И все!

Наша задача в данный момент: достигнуть осознанно, разумно это понятие, «МЫ», ощутить как веревку, как канат, которым мы соединены.

Такой вот взгляд.

> **blog_vinokur**
> 2011-03-02 09:40 am (UTC)
>
> Мне нравится это «мы». То есть вся штука – это переход от «я», к «мы».

>>>>>

greendoca
2011-03-06 09:48 am (UTC)

Хотел бы вернуться к проблеме перехода от «я» к «мы». Почему проблеме? Потому что суть этого перехода – смена состояния «независимости» на состояние «взаимозависимости», которое пугает современного человека. Страх потери своего «я», своей индивидуальности, свободы, необходимость подавления части своих желаний – плата за слияние с себе подобным.

Но для чего мне все эти лишения? Что я получу взамен? Будет ли мой «доход» выше «затрат»? И как долго ждать результат?..

blog_vinokur
2011-03-08 04:48 pm (UTC)

Прежде всего, это происходит не потому, что так надо, а потому, что человек чувствует, что ему плохо в этом его «я», одиноко. Уже не наполняет его это независимое состояние.

И тогда он ищет это «мы». И он уже понимает, для чего он это делает, для чего ему эти, как вы пишете, лишения.

>>>>>

herbert_otl_nak
2011-03-06 07:24 pm (UTC)

У меня тоже был армейский друг, Коля Дыкин. И говорил он так: «Дык, чаво?» Может и фамилия его образовалась, что у его предков была такая манера речи. Он постоянно «дыкал» и без «чаво» тоже не обходился. Из глухой липецкой деревни.

И я, когда, попал в часть, думал: «Как же мне тут служить?.. Куда же это я попал?.. С кем дружить?..»

Но он стал моим лучшим армейским другом.

>>>>>

miledi_om
2011-11-03 09:03 pm (UTC)

Мне кажется, это произошло благодаря тому, что за те три дня Толя, достаточно простой парень, сумел разобраться в том, с кем бы он хотел дружить, кому бы мог доверять. Не обязательно говорить с человеком, чтобы понять его, — можно просто наблюдать и, обладая интуицией, прочувствовать родственную душу.

Может быть, именно так и произошло?! Может, он уже в тот момент хотел своим поступком настоящего друга заслужить ваше доверие?! И, конечно, как человек, который воспитан достойно, друга в беде оставить не смог. Он помог вам, Семён, потому что вы этого заслуживали.

Простите, если я ошибаюсь.

Бывает и так, что человек по доброте своей готов прийти на помощь каждому. В обычной жизни это встречается, а в армии таких историй уж не знаю, много ли найдётся?! Сама дочь военного…

Спасибо за то, что обогащаете наш мир прекрасными примерами из жизни, теплом и верой в то лучшее, что есть в каждом. Осталось научиться больше думать о других и отдавать.

Спасибо Коле Топсахалову – настоящему человеку, настоящему другу!!!

>>>>>

veryeasy
2011-03-01 08:44 pm (UTC)

Если я вижу такое бескорыстное проявление (не знаю даже, как назвать: забота о ближнем? сострадание?), то, конечно, эта красота внутренняя так поражает, что иногда слезы на глаза наворачиваются.

Спасибо за пост!

>>>>>

pavel_greek
2011-11-07 10:24 pm (UTC)

Здравствуйте дядя Семен. Меня зовут Павел, я сын Николая Топсахалова.

Мне было очень приятно увидеть целую статью про моего отца. Он вас часто вспоминает.

> **blog_vinokur**
> 2011-11-09 07:40 am (UTC)
>
> ---
>
> Как хорошо, что вы отозвались!
>
> Ваш отец потрясающий человек!.. Моя благодарность ему безмерна!..
>
> Когда я говорю о дружбе, которая закладывалась в армии, я первым делом вспоминаю его. Он соединял людей. Он мог не думать о себе, а думать о друге. Растворяться в нем. Первым приходил на помощь.
>
> Я помню его с самого первого момента моего появления в армии.

Когда напротив нас стояли и устрашали нас сержанты, а он подошел ко мне и подбодрил и как бы сказал: «Не бойся, будем держаться вместе».

Огромный привет вашему замечательному отцу и моему большому другу, Коле. И вашей маме, Ларисе. Мы ведь с женой были у вас, по-моему, году в 1989, и так нам хорошо было, так по-теплому.

Передайте, пожалуйста, вашим родителям, что когда только они захотят, мы с радостью их примем!.. Пусть приезжают!..

Обнимаю вас, ваших родителей, тепла нам всем и мира.

54 comments

пост_
мир_

Когда наступит мир, наконец-то?!
Перестанем ненавидеть и воевать. Когда?!..
Только в одном случае – когда поднимемся над ненавистью и станем близкими людьми.
Зачем воевать близким.

Какой простой вывод.
Кого-то разочаровывает. Говорят: «А мы-то думали – ты предложишь что-то серьезное…»
Простой вывод. Но нет глубже его.
За ним тысячелетия мудрости.

…Как подняться над ненавистью? Как?!

* * *

Я тогда преподавал в двух киношколах.
Одна была в Иерусалиме, учились в ней ребята религиозные. Называлась она «Маале».
А другая находилась в Сдероте, училась в ней светская, свободная молодежь. Называлась «Колледж «Сапир»».

Был у меня в «Маале» такой золотой ученик, очень близкий мне по духу. Вот вам, пожалуйста, – худенький еврей из Йемена, а мне, как сын. Я называл его «Тарковский». Ну, просто, как перевоплощение Тарковского передо мной – такой он был – и по мысли, и по философии жизни, и по тому, как смотрел лучшее русское кино. Ну, и по тому, как снял свою курсовую.

Показывал он мне ее на большом экране. Важен был ему мой «русский глаз».
Сидел я, смотрел и думал: «Надо же, – думал я, – это же Канны или, на худой конец, Венеция. Какое кино?!..»
С одной стороны, гордость поднималась за то, что у меня такой ученик…
А с другой, была мысль: «Как он смог?! Как проник в это чувство?! Как сумел достать меня?! Как я (за свои, тогда 45 лет) не докуме-

кал до такого ощущения, а он – раз! и почти без труда…
И такая легкость, и такая «тарковская» высота.
«Нет, мне такой фильм не сделать», – думал я.

Он мне показывал рабочий вариант фильма.
Что там было? Описать это не просто.
Там не было выпуклой истории. Были там мысли арабского мальчика и еврейского, и жизнь того и другого. Каждый хотел стать художником. Каждый рисовал, что видел. Ходили они по тем же иерусалимским улицам, замирали и рисовали в воображении, но каждый свое – своими красками, в своей манере…

У каждого из героев были непримеримые семьи: «Израиль без арабов» – у одного; «Палестина без евреев» – у другого. Вот на таком фоне и рисовались портреты этих детей. Они как бы «летали над землей нашей грешной», смешивали краски, творили и очень любили свое дело.

Но в фильме не был конца. «Тарковский» искал, чем бы закончить этот фильм. Советовался со мной, слушал, и, в то же время, не слушал меня.
Я помню, говорю с ним, а он в окно смотрит. А за окном ничего нет – стена дома, что напротив, и все. Но это «ничего» для меня, а для него всякие картины, которые он в себе прокручивал. Мечтательный был мальчик…

Однажды он удивил меня. Сказал, что хочет закончить этот, в принципе, лирический фильм, не лирически. Хочет, чтобы отец арабского мальчика подорвал себя на центральном иерусалимском рынке, и, конечно, чтобы отец еврейского мальчика оказался бы рядом с ним.
Я сказал ему, что это как-то не вяжется у меня со стилем фильма.
Он задумался. Промолчал…

До экзаменов оставался где-то месяц... Он должен был финишировать. Искал как... Были еще несколько концовок, которые он предлагал, уже и не помню каких. Да и эту запомнил только потому, что было ее продолжение.

Как я уже сказал, в то же самое время я преподаю в колледже «Сапир». И есть у меня там студент по имени Мухаммед. Наш израильский араб, такой веселый парнишка, высокий, его все любят, рассказывает байки, и над арабами посмеивается, и над евреями.

И вот садится он напротив меня и начинает читать свой сценарий. Он о судьбе подростка из Газы, который не находит себя, мечется и в, конце концов, решает мстить за то, что в тюрьме его отец, что брат его погиб, ну, и за всю жизнь порушенную. И вот этот подросток находит террористов, которые надевают на него пояс со взрывчаткой, и он пробирается к центру Тель-Авива, чтобы там взорваться... Но тут видит своих знакомых арабов, которые, радостные, приближаются к нему по улице, окликают его...
Он медлит со взрывом... медлит... но уже не может его предотвратить, вбегает в подъезд какого-то дома и взрывается там один.

– Ну, как? – спрашивает.
– Осмысливаю.
– У меня сомнения, – говорит Мухаммед.
– Какие? – радостно спрашиваю. Думаю, сомнения делать фильм или не делать.
– Вбегает он в подъезд или взрывается на улице. Но тогда и друзья его погибают.
– А все остальные? – спрашиваю.
– Ну, все остальные – естественно. Он же мстить пришел. Они все для него захватчики.
– Давай прежде поймем, в какой драматической ситуации находится герой, – говорю ему (так обычно Митта разбирал с нами сценарии).

— В очень драматической, — отвечает. — Он пытался жить по-другому, на работу не устроился, дома ему плохо, все друзья уже давно его подбивают это сделать — отомстить за отца своего...
— А мать? — спрашиваю.
— Мать не против. Вы не знаете той реальности, — говорит он мне.
— Мать даже «за».
— Ты его понимаешь? — спрашиваю.
— Как героя, — понимаю.
— Сопереживаешь?
— Иначе бы не писал. Ему очень плохо.

Беру паузу. Думаю, что бы ему посоветовать.

— Знаешь, в чем дело, — говорю. — Проблема для меня в том, что в основе сценария этого — ненависть. Не попытка разобраться, не какие-то сомнения, которые разрывают героя, нет. Есть враг, есть виноватые в этой моей поломанной жизни, и есть способ отомстить...
А если бы попытаться — ну, хотя бы попытаться — усложнить героя, чтобы он мучался перед тем, как принять это решение, чтобы были у него какие-то внутренние разборки с собой, чтобы вот так порассуждал бы он о жизни и смерти, о любви...
То есть, к чему я клоню — к тому, что я лично за фильм-размышление. В таком фильме есть глубина... А в этом — ненависть. Может быть, ты попробовал бы с высоты любви написать сценарий?
— Любви к чему? — спрашивает.
— К человеку, — говорю.

В этот день мы расстались каждый при своем.

Потом была неделя, когда на меня свалились тонны работы, было не до учеников...

Прошло несколько месяцев.
Это был январь или февраль. Я уже сутки сидел в монтажной с

фильмом о Корчаке. Грыз ногти. Не получалось.
И вдруг, мой монтажер Яша, в полумертвом состоянии переключая телеканалы, выпрямляется и говорит: «Теракт в Иерусалиме».

Смотрим.
Камера гуляет вокруг автобуса, полиция мечется, кто-то кричит в камеру, плачет женщина… До сих пор помню ее лицо.
Объявляют, что террорист-смертник подорвал себя в автобусе в Иерусалиме, десятки погибших и раненных.

Мы выругались. Смотрим, молчим…

Но наша действительность – она такая безжалостная. Проходит совсем немного времени, и вот уже боль притупляется, и надо продолжать монтировать… Послезавтра сдача фильма. И этот теракт отходит куда-то в подсознание.

Мы работали всю ночь.
К утру в последний раз включили новости. Теперь уже было все более-менее ясно. Даже объявляли имена погибших.
Объявляют…
Слушаем полуживые, до ужаса хочется спать.

Вдруг, сквозь туман, слышу знакомое имя…
Открываю глаза.
Послышалось?!..
Смотрю на Яшу.
Он кемарит…
Расталкиваю его, спрашиваю: «Слышал такую-то фамилию?!..»
Понимаю, что бесполезно спрашивать.
Начинаю переключать на другие каналы.
Там те же новости.
И вот, попадаю, наконец, на перечисление фамилий. Показывают даже фотографии некоторых…

И тогда я слышу его фамилию, и понимаю – сомнений быть не может.

Встаю.
Боже мой!..
Сморит на меня, не улыбаясь, мой «Тарковский».
Молоденький, худенький, мой любимый ученик. Он.

Что испытал?..
Ну, как это опишешь?!..
Шок. Страх. Боль. Тоску. Обиду…
Все вместе собралось в какой-то гул…

Яша на меня смотрит. Спрашивает: «что?!..» Вскакивает: «Что с тобой?!..»
Я говорю: «Тарковский».
– Тарковский?!.. Какой Тарковский?!.. Ты что?!
– Мой ученик, – говорю.
И думаю почему-то о том, что он не успел закончить свой замечательный фильм… Все. Нет парня.

Потом Яша сам переключает каналы. И там снова перечисляют имена погибших, снова слышу его имя. Объявляют, где он будет сегодня похоронен. У нас это быстро.

Думаю: надо идти. А имена продолжают перечислять…
И тут объявляют, что уже известно, что это был террорист-одиночка и даже его имя известно. И говорят его имя – Мухаммед…

Я не знаю, как я устоял на месте. Меня так «вставило», как никогда в жизни!.. Мухаммед?! Мой Мухаммед?!.. Моя сценарная голова тут же открутила весь этот фильм обратно.

Это было, как в худших сценариях!

Почему я подумал, что это мой студент, Мухаммед?!
Да потому, что все сходилось!.. И его сценарий, и я, стоящий между этим двумя учениками…

И тут же пришла мысль о том, что это я виноват во всем.

Да-да, помню, как сейчас. Помню, как все опустилось во мне.
И снова из тумана послышался испуганный голос Яши:
– Что?!.. Что случилось?!.. Теперь уже он тряс меня…
– И это мой ученик, – сказал я.
– Кто?!
– Мухаммед!..
– Ты что, с ума сошел?! – спросил Яша.
– Мой ученик, – повторил я.

Яша смотрел на экран, стал снова переключать, пока на Первом государственном канале не нашел самые подробные данные.
А я стоял и не знал, что делать…

И тут из пустоты выплывает голос Яши:
– Фу-у, напугал, – говорит он, – какой это твой ученик. Вот послушай: Мухаммед, 54-х лет, житель какой-то там деревни…
Я выхожу из шока, вздыхаю как-то… Наконец, понимаю, что это не мой Мухаммед.
Но, от этого лучше не становится.

В этот день я был на похоронах «Тарковского». Там меня никто не знал. Люди много плакали. Семья многодетная, семеро братьев и сестер.
Но было странное ощущение, что для многих смерть этого мальчика не была неожиданностью.
Или это мне так показалось.
Но я вдруг почувствовал, что и для меня тоже.
Что-то было в нем «не от мира сего».

На следующий день я уже торопился в «Сапир».
Встретил Мухаммеда. Отвел его в сторону, рассказал, что погиб мой лучший ученик. Рассказал про него – какой он был, какой фильм он делал замечательный.

Теперь Мухаммед молчал.
Я сказал ему честно: «Я чуть не умер от страха, когда услышал

твое имя, подумал сначала, что это ты».

Он сам испугался этих моих слов.

Я сказал ему, что я обвинял себя, что не смог объяснить ему тогда, почему я против такого фильма. Объяснить внятно.

Он сказал: «Не вините себя, я бы тогда не послушал. Весь ужас в том, что нет одной правды».

– Для меня есть, – сказал я ему. – Если ты мой ученик – я снова повторяю тебе, – надо делать фильмы с высоты любви. Я уверен в этом. Все остальные фильмы исчезнут, а эти останутся…

На том и расстались.

Еще впереди было три месяца учебы. Мухаммед не пропустил ни одного занятия. Все свои лекции, беседы я внутренне направлял к нему… Проверял, услышал он меня или нет?..

Он мне стал близок…

Или я изменился, или он стал другим, но мы сблизились. Мне нравился этот высокий, улыбающийся парень. Я видел – он старается понять, разобраться. И ребята крутились вокруг него, и он вокруг них… И фильмы они снимали, помогая друг другу во всем.

Да еще нас бомбили часто…

Колледж «Сапир» находится в городе Сдерот. Все эти годы я вместе с моими студентами – евреями, арабами, бедуинами, черкесами – прыгал в бомбоубежище. Город бомбят почти каждый год. В классах табличка, почти блокадно-ленинградская, что класс этот опасен при бомбежке и при сирене надо успеть спуститься вниз…

И вот, мы регулярно спускаемся. И мы здесь все равны – и я, и Мухаммед, и все ребята.

Через три месяца закончилась учеба, и мы попрощались…

Потом мы долго не виделись.
Я снимал что-то, Мухаммед подрабатывал где-то...

Через пять месяцев начался новый учебный год в «Сапире».

Я вернулся преподавать, и тут же, в первый день, он пришел, и принес свой новый сценарий.
Я остался после занятий. Попросил его прочитать мне. Видел, что он сам очень хочет этого, и я хотел.
Он начал читать.
А я начал плакать.
Не мог сдержаться.

Это был Мухаммед-Тарковский... С историей о бедуинской девочке, которая очень хотела учиться. С такой нежностью все было написано, с такой любовью... И такое там было высокое искусство!.. Не описать!

Он дочитал сценарий до конца.
Я обнял его. Он меня. Так и стояли.
И я подумал: «Почему бы нам так не жить...»

* * *

Этой истории уже несколько лет. За это время много всякого произошло. И трагичного тоже немало.

И если вы считаете, что я наивен, полагая, что так можно жить, так я отвечу вам: «Нет. Я не так наивен».

Сегодня мы так жить не можем.

Нельзя сразу исправить человека. Придет новая беда, и снова вспыхнет ненависть...

Чувство, которое я испытал, когда стоял вот так, обнявшись с Мухаммедом, – это не состояние настоящего, но это состояние

будущего, к которому мы придем рано или поздно.
Непримиримые, ненавидящие друг друга, диаметрально противоположные, – мы будем стоять вот так, обнявшись.
И не только мы, все человечество.
Как бы фантастично это не казалось сейчас, – нас ждет мир без границ.

Но если мы захотим раскрыть границы уже сегодня, – нас ждет резня.

Как много тех «добрых людей», которые толкают нас: «Сделайте это сейчас!»
Они не понимают природы человека. Все это их «добро» обернется во зло – в еще большую ненависть, непонимание, в полный разрыв.

Пока в опасности жизнь человека, законы должны быть жесткие.

Никто прямо сейчас не готов к объединению. Даже Объединенная Европа – фикция.

Между непростым сегодня и светлым завтра пролегает самый главный этап.
Самый главный – хочу это выделить! – этап учебы.

Его нельзя перескочить, а мы все время пытаемся это сделать.

Учебы?!
Вы разочарованы?!
Но никуда от этого не деться!
А как иначе раскрыть человеку, что живем мы в глобальном взаимосвязанном мире, а не каждый – в своем мирке.

Вот это надо передать всем: мир – он как один организм, как шестереночки, крутящиеся вместе! И об этом сегодня на каждом углу кричат ученые!
И если мы, как шестереночки, крутимся вместе, синхронно, то

вот она – здоровая экономика, вот она – безопасность страны (а мы столько денег на это укладывали), вот оно – правильное воспитание, вот оно – счастливое существование вместе, когда «я» превращается в «мы».

Счастливое – потому что только так мы создадим баланс с Природой.
Она вокруг нас. Это Единое поле, равновесное и любящее…
Соединяясь, мы становимся частью этого поля, а не гнойным аппендицитом, который срочно надо вырезать.

britmila
2011-10-21 05:52 am (UTC)

С удовольствием прочитала. Сильный, красивый пост.

«Поймем это, – и тогда все произойдет».

В том-то и дело, что не поймем. Никогда. Вся история человечества тому порукой.

blog_vinokur
2011-10-21 07:58 am (UTC)

Вся история вела к этому пониманию – на самом деле – к тупику, который мы все больше и больше ощущаем сегодня.

Мы сегодня приблизились к самой важной точке – мы зажаты Природой, которая требует от нас стать другими – близкими, соединенными.

Мы уже не видим, что наше эгоистическое развитие принесет нам что-то хорошее. Нет. У нас ощущение, что не самое лучшее будущее ждет наших детей...

То есть эгоизм себя исчерпал, практически. Нас подведут к одному единственному решению – к соединению. Или мы сами к этому придем, или нас заставят, – но мы обязаны будем объединиться.

Об этом я и пишу. И пишу, как нам сдвинуть себя с мертвой точки – создать окружение. Даже понимая, что это игра, – но окружить себя всем, что будет говорить нам об объединении. Днем и ночью!

И тогда «сдвинуться мозги», и мы увидим, что все это реально, что все это живет в нас, – желание объединения.

Спасибо вам!

>>>>>

aniskin1968
2011-10-21 06:01 am (UTC)

Бог есть Любовь.

А пока так: мы живём в реальном мире, поэтому добро должно быть с кулаками, чтобы защитить себя.

И в Израиль, рано или поздно, придёт мир.

На Кавказе, ведь, пусть и плохонький, – но мир. В бывшей Югославии могут люди в мире жить. Только нельзя его вместе с бомбами с самолётов сбрасывать, как было в Ливии.

blog_vinokur
2011-10-21 08:03 am (UTC)

Абсолютно согласен с вами. Конечно, не может быть насилия – должна быть учеба.

Мы просто должны привести мир к тому, что этап учебы – учебы, в результате которой человек поймет, в каком мире он живет, каковы законы этого мира, учебы, которая будет подводить его к мысли о единстве, – он самый важный, основной.

Придет к этой мысли, вселится она в него, – потом можно будет уже говорить об отмене каких-то границ, о единой экономике и так далее.

Спасибо вам!

Всегда рад вам!

>>>>>

mir_iskusstva
2011-10-21 06:29 am (UTC)

«Тарковского» не воскресить.

Сильный текст, но это самое ужасное!

Вы спасли душу Мухаммеда, но это, все-таки, ДРУГОЙ художник.

Жестокий мир!

blog_vinokur
2011-10-21 08:36 am (UTC)

Всё, что происходит, происходит для каждого из нас, – чтобы мы начали эту учебу. С себя бы начали, с понимания, в каком мире мы живем, с понимания, что это не мир жесткий – это мы жесткие, это я жесткий.

Вокруг нас самый мягкий Закон Природы – Закон Равновесия, Любви. Почему же мы говорим, что живем в жестком мире?

Как размягчить свой мир, как начать жить по Законам Природы, как понять, что в нас все дело, как начать процесс обучения этим Законам, как распространить этот процесс учебы на весь мир, – у нас впереди великая, потрясающая, очень интересная работа!

Спасибо вам!

>>>>>

dimakarlov
2011-10-21 06:41 am (UTC)

Мощно вы высказались. Разумное, доброе, вечное. Будем надеяться, что эта утопия когда-нибудь будет реализована.

blog_vinokur
2011-10-21 09:26 am (UTC)

Это в нашем – сейчас не исправленном состоянии, эгоистичном, уставшем – нам ощущается, что это утопия. Это – самая, самая реальность, поверьте!

Утопия – это то, как мы можем продолжать жить, как жили, в нашем мире, когда уже раскрылось нам, когда все доказывает, что он Един, Взаимосвязан. А мы пробуем его на разрыв, не единые и не связанные. Сами вызываем на себя страдания. Сопротивляемся Природе, не понимая, что мы ее частичка. Нам бы поддаться и все образуется. Так нет…

Как только мы начнем процесс учебы – как жить нам в раскрывшемся нам Едином мире – так сразу же увидим, как все начнет образовываться и, поверьте, самым лучшим образом.

Спасибо вам!

>>>>>

shtabss
2011-10-21 06:44 am (UTC)

На Земле, по определению, не может быть Рая, это в Его планы не входило, – так мне думается. Здесь пыточная: кто выдержал – молодец, кто не смог – отправят в карантин, вниз; потом, может, и поднимут…

blog_vinokur
2011-10-21 09:38 am (UTC)

В Его планы входило только одно: насладить нас, передать нам все Добро, Любовь, Отдачу. Это было и остается Его желанием.

Почему мы это не чувствуем и говорим о рае, аде, пыточной?! Да потому, что мы не хотим быть такими – добрыми, любящими, отдающими!

Мы Ему не соответствуем. Живем со своим эго, наполняя себя, не желая ни с кем соединяться, не слыша ближнего, не чувствуя его, не сопереживая.

Начнем изменяться, хотя бы захотим этого, и Он придет нам на помощь! И тогда увидим, что все время вокруг нас были Добро и Любовь.

Спасибо вам!

>>>>>

crazy_fencer
2011-10-21 08:22 am (UTC)

Семен, увы…

То, что в мире, в котором мы живем, взаимосвязано все, знали давно и, наверное, даже лучше, чем сейчас. Только толку-то чуть. Вся история человечества говорит лишь об одном: человек – единственное создание на нашей планете, способное убивать себе подобных, потому что «так нужно», а то и просто из удовольствия. И с учебой, боюсь я, мы сильно припоздали…

А что, насчет вашего примечания…

Ой, Семен, ну вы же не хуже моего знаете, куда ведут благие намерения. И какая кровь стоит за каждым крупным капиталом, тоже понимаете. Ну, не бывает по-другому.

Объединение мультимиллиардеров в благих целях… А на чьи средства всаживается людям в головы вся эта ненависть и чернуха? И другого пути эти «управленцы миром» не видят, и не увидят.

Легенды индейцев сенека говорят, что Земля уже очищалась от человечества несколько (по-моему, шесть) раз, когда людской эгоизм и нежелание соблюдать законы природы превышали некую критическую массу.

Сейчас люди делают все, чтобы она от них очистилась снова, причем делают успешно и на удивление старательно. И ведь доиграются, не успев толком ничему научиться!

blog_vinokur
2011-10-21 09:13 am (UTC)

По поводу Единства я не ошибаюсь, поверьте! Да по этому поводу сегодня вся наука трубит на каждом углу.

Сначала это мы должны услышать. Мы!.. Услышим, сразу исчезнет сомнение. Возникнет другой вопрос: «Как прийти к этому? Что мешает нам соединиться?» Так и подберемся к нашему эго. Поймем, что это оно нашептывает нам всякие сомнения: что это нереально, что это бред, живи сам (или сама) для себя, человек человеку – волк, и так далее. Ну, сами знаете...

Так вот, победить его можно только и только – и я говорю это уже раз в сотый, наверное, но не устаю повторять, – так вот, победить можно только создав вокруг нас такую атмосферу, такое окружение:

– чтобы все говорило о том, что это возможно и еще как!

– чтобы приводились сотни, тысячи примеров бескорыстных людей, примеров любви и отдачи;

– чтобы нас начали потихоньку учить жить в этом Едином мире;

– чтобы рассказали нам и пропитали нас открытиями о том, что мы окружены Природой, законы которой – Единство и Любовь.

И нам не избежать выполнения этих законов.

Эгоистический путь развития человечества закончился и начинается новый Путь – светлый! – к взаимному поручительству!

Нам надо окружить себя всем тем, что ведет к Единству. Потянемся к нему и нам придет помощь. Вдруг, в одно мгновение, все перевернется. Почему?! Да потому, что Природа вокруг такая. Она поможет. Подтянет к Себе. Но только, если мы будем к Ней тянуться.

Спасибо вам! Расписался!.. Но вам – с удовольствием!

>>>>>

salenta
2011-10-21 08:42 am (UTC)

Как-то прочла в одной заметке, что за ближайшую, обозримую памятью «человеков», историю, в 2000 лет, на Земле набирается лишь около трех месяцев, когда нигде не велось хотя бы локальной войны...

А за что воюем? За мир...

blog_vinokur
2011-10-21 10:11 am (UTC)

Хотим переделать под себя. Сталкиваются групповые эгоизмы.

Но на самом деле, вы удивитесь, но и это попытка соединения. Весь путь человечества, весь! – это ступени, ведущие к соединению.

На этом пути мы сегодня понимаем, что есть в нас зло, которое мешает этому соединению, и это – наше эго.

Сумеем обмануть его – прорвемся, объединимся, начнем соответствовать Природе, которая вокруг нас. Начнется эра благоденствия.

На самом деле – мы на ее пороге.

>>>>>

aba_fisher
2011-10-21 11:49 am (UTC)

Здравствуйте, Семён.

Вы написали очень красивый, поэтичный и трогательный текст. Большое вам спасибо.

Написал и задумался: не фамильярность ли это – давать оценки тому, что написал незнакомый человек? Так извините, если это вас задело.

Да, а по существу.

Я думаю – никогда ничего не изменится. Этот наш мир – он всегда такой, в нём всегда кипит ненависть, и люди всегда пытаются – пытаются – противопоставить ей любовь. А ненависть от этого никуда не уходит. И не уйдёт. Ну, так задумано, так и надо, – понимаете?

Это не безнадёжность – то, что я говорю, – это просто так работает.

И вот бывает, что кто-то понимает, что не надо ничего никому противопоставлять, что вся война – она у каждого своя, внутри. И когда кто-то действительно это понимает и начинает так жить, – таки-да, вокруг такого, кто спасся, спасаются тысячи. И он, такой, уходит куда-то - дальше.

Я не знаю точно, куда.

А здесь, у нас, – всё по-прежнему. Всё в порядке…

blog_vinokur
2011-10-21 12:19 pm (UTC)

Все, что нам представляется, весь этот мир, – он рисуется нам таким нашим эго.

Я уже написал в предыдущих комментариях, что это оно запугивает нас, делает нас пессимистами, – так проще нами править. Мы опускаем руки, мы думаем, что все так и будет…

Но это не мы – это оно в нас говорит.

На самом деле, изменяетесь вы – изменяется мир вокруг. Только начинаете понимать, что вам мешает, сразу же чувствуете изрядное сопротивление эгоизма, и если выдерживаете и стоите на своем, то начинаете прорываться.

Как говорится «выдавливая из себя раба по капле», вы начинаете видеть другой мир и удивляться, как так может быть… Но ведь на самом деле он другой!

Спасибо вам!

>>>>>

geo_log
2011-10-21 02:02 pm (UTC)

Основная беда не в том, что существует ненависть, – беда в том, что существуют люди, которые, ради своих целей, эту ненависть выпестовывают в других.

Совершенно правильно сказано: фильмы о ненависти не вечны, потому что ненависть в человеке не вечна, если ее не подкармливать;

фильмы про любовь вечны, потому что любовь не меняется со временем.

Если мы смотрим или читаем про любовь, которая была у людей 10, 50, 100, 200 лет назад, нам все равно это интересно и близко.

Ненависть, чтобы сохраниться, вынуждена трансформироваться. Нам не интересно читать про ненависть даже 20-летней давности – нам кажется это глупостью. А вот ненависть сегодняшнего дня затуманивает нам голову. Ненависть затухает со временем, если только она не обновляется. А обновление происходит за счет внешнего воздействия.

blog_vinokur
2011-10-22 04:00 pm (UTC)

Весь принцип создания окружения – научиться подниматься над ненавистью. Окружение будет все больше и больше помогать человеку это делать. Не питать его ненависть, а, наоборот, показывать все преимущества подъема над ней – преимущества отношений, основанных на отдаче, любви, соединении людей, с примерами, фактами, с тем, чтобы у человека захватило дух, насколько это возможно и грандиозно…

Спасибо вам!

>>>>>

blagin_anton
2011-10-22 08:21 am (UTC)

Написано талантливо.

Беда только в том, что на земле, в одной и той же человеческой оболочке, живут две разных по психотипу вида сущностей: «овцы» и «волки». Причём, правильные люди – «овцы» – давно бы изжили зло из своей среды, если бы «волки» не маскировались под «овец». Ложь – их главное оружие, а человекоубийство – присущее им свойство, которое также присуще им, как волкам, как акулам и прочим хищникам.

Природу хищника не изменить никакими талантливыми произведениями. От них можно только дистанцироваться, определить им территорию обитания без людей. А там, где проживают люди, их надо держать только в клетках.

А пока мир катится в пропасть, потому что хищники делают всё, от них зависящее, чтобы организовать на планете новую мировую войну. И я о том пишу в своих статьях и книгах…

Впереди не просто новая мировая война – впереди ЖАТВА, та самая, о которой повествуют христианские Евангелия…

blog_vinokur
2011-10-22 04:08 pm (UTC)

Вы знаете, война действительно может произойти в том случае, если мы мирно не придем к решению, что деваться нам некуда, что нам надо объединяться. И если она произойдет, то, как последнее средство заставить нас объединиться.

Вот видите, я все время говорю, что цель – она одна – начать соответствовать Законам Природы, которые: Единство, Цельность, Любовь… Туда нас сегодня уже не зовут, туда нас гонит сама Природа.

Что касается хищников, то в природе они действуют соответственно инстинкту, и нельзя сказать об акуле, что она плохая…

А вот в человеке есть зло, и это его эго. Им-то и надо заниматься. Об этой учебе я и говорю. И тогда, вот увидите, «человек с ножом станет хирургом, спасающим жизнь»…

Спасибо вам!

>>>>>

nadenadez27da
2011-10-23 11:07 pm (UTC)

Как же нелегко, иной раз, переломить себя даже в малом: не ответить на хамство – хамством, на грубость – грубостью. Трудно заставить себя быть терпимым! С кого-то спросить гораздо проще, советы давать легко и ждать, что кто-то, всемогущий, одним махом решит все проблемы.

Совершенно согласна с вами – надо каждому начинать с себя!

Очень рада, что вышла на ваш журнал.

Ваш рассказ тронул до глубины души.

Спасибо!

blog_vinokur
2011-10-24 08:20 am (UTC)

Согласен с вами!

И снова добавлю: это не произойдет, если мы скажем себе: «Все, с завтрашнего дня начинаю заниматься своим исправлением», нет. Человек – ведь он эгоист, и никуда от этого не деться.

Но это произойдет, если мы поместим себя в такую атмосферу, в такое окружение, которое будет постоянно промывать нам мозги, говоря о том, как хорошо человеку, если он учится отдавать, любить, сопереживать, и говоря еще о том, что и Природа, нас окружающая, – она именно такая, хорошо бы нм ей соответствовать. И о мире говорить, который уже просто изнемогает без Единства, требует его!..

И так собрать еще вокруг себя товарищей, которые поддержат, и которых надо будет поддерживать вам. Тогда и почувствуются изменения. Человек захочет быть таким же, как его окружение!

Я вспоминаю, как всегда не любил вкус кока-колы, считал ее лекарством каким-то. А сегодня пью... Так на меня справа и слева все повлияло.

Спасибо вам!

>>>>>

dorogoi_dobra
2011-10-25 07:58 pm (UTC)

А без миллионеров?..

Можно же на своем месте – как там, у Толстого, – «всем хорошим людям объединиться». Это по силам каждому. По-другому, пропадем... Мир стал слишком маленьким.

История «Тарковского – Мухаммеда» очень сильная. Спасибо за нее.

blog_vinokur
2011-10-26 07:47 am (UTC)

Конечно! Соединиться всем хорошим людям!

И тогда мир, погруженный в себя, вдруг начнет осознавать, что это ни к чему хорошему не приведет, и надо раскрываться навстречу друг другу. И мир не поймет, что эти светлые мысли пришли ему в голову именно благодаря тем объединившимся хорошим людям, которые эту мысль и запустили!

Спасибо!

dorogoi_dobra
2011-10-26 03:39 pm (UTC)

Может, и придет миру эта светлая мысль, а может, и нет...

Но если хорошие люди действительно начнут бъединяться, то ведь это будет работать, как расширяющиеся круги на воде: вот нас было десять, каждый привел еще по пять, а потом большие круги достигнут границ друг друга и начнут сливаться.

blog_vinokur
2011-10-26 03:58 pm (UTC)

Точно!

dorogoi_dobra
2011-10-26 04:20 pm (UTC)

Вы просто оптимист. У вас вера в человечество не угасла, поэтому пока мыслите категориями, что «все сразу поймут».

А я оптимизмом похвастаться, к сожалению, не могу. Выручает конструктив.

blog_vinokur
2011-10-27 08:17 am (UTC)

Я просто знаю, к чему все идет, – к светлому, счастливому, единому состоянию человечества.

Только надо не отклоняться и заниматься тем, что мешает каждому из нас соединиться с другим, то есть учиться подниматься над эгоизмом.

Спасибо вам!

dorogoi_dobra
2011-10-27 01:27 pm (UTC)

Может, вы и правы. Дай бог человечеству…

>>>>>

alik_life
2011-10-26 11:50 pm (UTC)

Нашёл давно в интернете: автобиография одной палестинки, которую её родные, за оскорбление чести семьи, сожгли заживо, но одна бельгийская благотворительная организация помогла ей выжить.

Читал всё, что происходило в её жизни (с рождения и до того момента, когда её вывезли с территорий), и не мог поверить, что это правда, настолько жуткие вещи там описываются. И речь не идёт о каких-то тёмных веках или далёких и диких джунглях Африки. Речь идёт о событиях, 20-30 летней давности, многие из которых имеют место быть и сегодня, буквально в 15-20 минутах езды от Иерусалима.

Один момент только вспомню.

Эта палестинка через многое прошла, чтобы стать современной европейской женщиной, но до сих пор она не заходит в мясную лавку, которую содержит еврей, недалеко от её дома, в Бельгии.

Она пишет, что понимает, что всё это – предрассудки, но ничего не может с собой поделать. Всё то время, пока она росла в арабском селе, её учили ненавидеть «грязных еврейских свиней». Настолько глубоко въелась в неё эта ненависть, что никакими силами она её в себе перебороть не может…

blog_vinokur
2011-10-27 09:07 am (UTC)

Я могу привести вам еще очень много таких примеров. К сожалению.

Да, живет в сознании и подсознании эта ненависть, и без процесса учебы, без построения нового окружения, невозможно это вычистить из человека.

Даже эта арабская женщина…

Живя в Бельгии, она по-прежнему общается со своими подругами, смотрит Аль-Джазира, или какое-то другое арабское телевидение. И даже, если предположим и не смотрит, и не общается, но никто пока не изменил ее окружение на другое, – на стремление к объединению, к любви. Нет.

Все заполнено той же пустой рекламой, стремлением «втюхать» нам что-нибудь, нажиться на нас, забито желтизной, слухами и так далее… Это окружение не исправляет и ни к чему хорошему не направляет.

Поэтому и не изменяется эта арабская женщина, даже приобретя европейский «лоск». Он тоже пустой.

Поэтому я и пишу, что без настоящей целенаправленной учебы, без построения настоящего положительного окружения, – когда человек приходит к пониманию, что верным является не ненависть к кому-то, вне себя и обвинение его во всех грехах, а ненависть к тому, что в нас, к тому, что не дает нам объединиться, – невозможно прийти к всеобщей Любви.

Враг не вне – враг во мне. Это цель учебы.

Вы пишите об арабской женщине, с которой ее окружение, эта постоянна промывка мозгов, сделала вот такую страшную вещь – она ненавидит.

А вспомните, как промыла мозги немецкому народу, который считался очень культурным, фашистская пропаганда.

Вот как влияет окружение. Оно из человека может сделать, что хочешь... Зверя...

Задумаемся об этом, и каждый, на своем месте, создадим очаг добра.

Таковы Законы Природы – вокруг нас и в нас. Нам от них никуда не деться. Рано или поздно – будем едины.

Спасибо.

299 comments

пост_
первый_

Мы – я, жена, сын – приехали в Израиль 8 июля 1990 года. Через полгода началась война в Персидском заливе. Нас начали бомбить. Саддам Хусейн «посылал» сюда ракеты советского производства.

Такова она – ирония судьбы. До кино я работал на Ижорском заводе и делал много всего для оборонки. Вот и наделал «на свою голову».

Помню, мы забились в комнату, с противогазами, воет сирена, мы необстрелянные еще, прижались друг к другу, так и сидели… Сыну было пять лет.

Но я ведь пишу не об этом.

Где-то, в противоположной стороне Тель-Авива, в то же самое время, так же точно, прижавшись друг к другу, в противогазах, сидели мои (тогда мы еще не были знакомы) большие друзья – Саша Демидов, его жена Света и трое их сыновей.

Бомбили…
Саша, чтобы чем-то занять себя, стал листать старые русскоязычные газеты и натолкнулся на заметку, маленькую такую статью о каббале, о Михаэле Лайтмане.
Вот так несчастье становится счастьем.
Наутро он пришел, нет, прибежал, по адресу, указанному в статье, увидел Лайтмана и сразу все понял.
Все годы его поисков во всех религиях, философиях сложились в это мгновение…

Так он и стал первым.
С него началась наша группа…
Сейчас по всему миру около двух миллионов учеников.

Вот уже 20 лет он здесь. Я с ним знаком 15.
Саша – это что-то необъяснимое. Такое чистое, яркое и очень родное всем.
Друг, каких поискать! Брат, ближе, чем брат!..

Нам с ним не надо много разговаривать. Мы можем тихо сидеть рядом. И всё ясно.

Он – артист номер ОДИН, он звезда! Знаю, что в театре на него молятся. Еще бы, так «укладывать» зрителя, как он! Он «подкупает» их абсолютной добротой, простым посылом: «Я люблю вас всех, и для вас я сейчас на сцене».
Он такой.
Идет его борьба за то, чтобы мы услышали друг друга. Да, чтобы не жили каждый в себе, а раскрыли сердца.

Может и высоко сказано, но это он, – а я его хорошо знаю!

Я вижу его каждое утро на уроке. В три утра. Он приходит убитый от усталости после спектакля... И оживает.
Я смотрю на него. Вот он только что еле дышал, но начинается урок... и он уже восторженный, любящий всех, не смыкает глаз, ловит каждое слово.

Пишу и завожусь. О Саше я могу говорить долго...

Вы не видели фильм «Ночи каббалы»? Посмотрите. Советую не потому, что я там режиссер, а потому, что это о Саше. И он там настоящий. Как всегда.

sveta_yan
2011-03-11 04:58 pm (UTC)

Насчет каббалы не знаю, а в спектакле театра «Гешер» – «Враги. История любви» – он меня потряс.

> **blog_vinokur**
> 2011-03-12 05:41 pm (UTC)
>
> Так же он и меня потрясает, каждый день.

>>>>>

mizanstsena
2011-03-12 10:23 am (UTC)

Очень восторженно и интересно, но как-то сразу о двух: об актере и о каббале.

Так все же, на чем вы ставите акцент?

> **blog_vinokur**
> 2011-03-12 05:40 pm (UTC)
>
> Это в нем уже так неразрывно связано, что вы просто не сможете отделить одно от другого.
>
> Всё-таки, он известен, как главный артист театра уже 20 лет. И те же 20 лет он занимается каббалой. Скажу вам честно, когда он проводит нас, его друзей, на свои спектакли, я вижу того же Сашу, которого видел сегодня утром, на уроке.
>
> Ну, это уже мое ощущение.

>>>>>

pointinheart
2011-03-15 11:34 am (UTC)

Семен!

Все то, чем вы восхищаетесь в Саше, – откуда? Его ли эта заслуга или это данность, с которой он пришел в эту жизнь?

blog_vinokur
2011-03-15 02:28 pm (UTC)

То есть, вы спрашиваете, в чем его свобода воли, Сашина? Такой бесконечно волнующий вопрос.

Я думаю, так: не было у него никакой свободы, когда он искал, потому что гнала его пустота, которую он чувствовал больше и больше. Потом подстроили ему заметку в газете, привели к Учителю, – тоже никуда не деться…

А вот потом, через несколько лет, когда стал он очень крутым артистом, и все газеты и журналы его только и отмечали, когда мог выбирать роли, не прекращать сниматься, когда и деньги шли, и слава – это с одной стороны; а с другой – только-только начала собираться группа (еще до меня), и сидело на уроке 10-15 человек: один – бывший моряк, второй – тихий инженер, третий – повар, четвертый – установщик кондиционеров и так далее, то есть не интеллигенты, не писатели, не артисты, ни тебе разговоров о Мольере, или Вампилове, – вот тогда-то и пришлось выбирать.

И Саша (я это знаю, много об этом с ним говорил) увидел за всеми этими простыми ребятами – великие души и огромное желание понять, все-таки, для чего вся эта жизнь дана нам.

Большой он, Саша, очень большой, поверьте мне.

Спасибо за вопрос, пишите, Сеня.

pointinheart
2011-03-15 03:16 pm (UTC)

1. А где он взял «огромное желание понять, все-таки, для чего вся эта жизнь дана нам»? Почему другим оно не дано?

2. В чем он большой? И как я вам могу поверить, если не чувствую этого сама?

blog_vinokur
2011-03-15 04:57 pm (UTC)

Ответ на первый вопрос.

Это желание действительно дается человеку. Приходит, как говорится, его время. Кому-то сейчас дается, кому-то будет дано позже, но никто этого не избежит.

Ответ на второй вопрос.

Саша большой в том, что он не заиграл его, это желание, не затушевал, а действительно сделал свой выбор. Он выбрал этих ребят, этого Учителя, это окружение, потому что точно понял, что они необходимы ему. Именно для того, чтобы все время горел в нем этот вопрос, без ответа на который ему все пресно.

Теперь по поводу веры.

Не надо никому верить. Пока вы сами это не почувствуете, не верьте. А вот, если у вас есть желание почувствовать, – это уже кое-что значит.

Спасибо.

Понимаю, что ответы короткие, наверное, не совсем исчерпывающие, но мы всё выясним, обещаю вам.

Сеня.

pointinheart
2011-03-15 05:21 pm (UTC)

Спасибо за лаконичные ответы!

19 comments

пост_
наше окружение

20 лет назад, когда я приехал в Израиль, тогда только начинал свой путь на телевидении и в кино такой молоденький артист – звали его Дуду Топаз.

Я помню, смотрел на этого улыбающегося,ясноглазого парнишку и думал: как он располагает к себе, какой талантливый, открытый парень! Прямо светится. Хотел даже, помню, взять его на главную роль, если буду снимать.

Он тогда читал монолог о Тель-Авиве – городе, который он любит, который на каждом углу встречает его улыбкой, где хорошо молодым и старым… Ну, в общем, такой был романтический монолог.

И Дуду, этот, пошел!
Он становился популярнее с каждым годом.
Он завоевывал зрителей мгновенно, он был так же улыбчив, близок всем, с ним можно было «на ты», он был свой парень.

Помню, я шел на съемки и не мог пробиться через толпы молодежи. Они дежурили перед студией ночами, чтобы попасть на его телешоу…

В общем, он добился своего, стал кумиром, звездой номер один!

И несчастным, одиноким человеком, который за каждым видел потенциального предателя, готовящего ему падение, или завистника, или соперника, которого надо срочно «погасить».
Тот, кто не восхвалял его, или осмеливался критиковать, автоматически становился его врагом.

Когда директор телеканала (самого популярного) снял его передачу с прямого эфира, начался «последний парад Дуду». Он нанял бандитов и лично давал им задание, кого избивать.
Платил за это, конечно. Деньги у него были. И они работали «на славу».

Этот руководитель канала еле выжил, измочаленный и переломанный. Потом били его заместителей – сильно, безжалостно… Потом еще кого-то.

Потом, всё-таки, Дуду нашли.
Всё доказали быстро.
Записывали его телефонные разговоры, когда он «заказывал». Свидетели сразу «раскололись»…
В общем, прижали его к стенке, арестовали.

Радио, телевидение, газеты – все говорили о монстре Дуду. А когда-то они же его «раскручивали».

… Монстр Дуду повесился в камере.

Умудрился как-то, что-то, куда-то зацепить, хотя всё проверили, и повесился.

К чему я все это?
Конечно, не ради этой печальной истории.
Я хочу продолжить наш разговор о дружбе.

Долго-долго вели к катастрофе этого «чистого» парнишку все, кто делал его звездой, кто продавал его публике, раскручивал его. Тот же телеканал, требовавший рейтинг и для этого восхвалявший его.
Всё делалось, чтобы Дуду любили.
Так его и гробили. В нем взращивали его «я». Оно уже требовало славы, власти, много денег…
И вот он уже не обращал внимания на людей на улицах Тель-Авива: какие они – счастливые или нет.
Ему нужно было, чтобы они кричали: «Это же Дуду!», и бросались к нему за автографом…

Из дарящего улыбки, он превратился в требующего их, из излучающего тепло в поглащающего.
Он превратился в черную дыру, в которой все исчезало, в такую

раковую клетку, в несчастного человека, который уже давно не наслаждался ни от чего.

Уже и наркотики ему не помогали.

Но он ведь не хотел изначально быть таким, я его помню!
Таким его сделали те, кто его окуржал.

Друзья?!.. Какие там друзья!.. Они, что, думали о нем?!.. О тех же «бабках», рейтингах, славе, как еще и еще урвать себе от этого мира всяких наслаждений, – об этом думали. Мысли их замыкались на этом. С этого круга они уже сойти не могли.

«Окружение делает человека», – сказал один великий человек.
Оно же его и горбит.
Кто окружает меня?!
К чему подталкивают меня эти люди?
К тому, чтобы стать крутым, большим, зарабатывать и так далее.
Об этом постоянно речь, мысли, стремления?..
Об этом?..

Или меня окружают те, кто другим воздухом дышит. Хочет понять, что такое дружба, как бы по-детски это не звучало, хочет подтянуться к ней, постараться хотя бы почувствовать ее – эту связь. И мысли тогда у всех: как прорваться друг к другу сквозь наши каменные, эгоистичные сердца, как соединиться…

В общем, как научиться отдавать…
Любить…
Потому что дружба – это, как не крути, – вот эти самые вещи.

* * *

Я оглянулся… Люблю свое окружение. Соответствовать бы ему!..

elshanec
2011-03-06 07:33 am (UTC)

Соглашусь с вашей репликой – выбор у человека есть всегда.

yerganat
2011-03-06 03:13 pm (UTC)

Похоже, что это единственный выбор человека в жизни, – выбор окружения.

baef
2011-03-07 03:19 am (UTC)

По всей вероятности – это единственное качество, что пока еще отличает «человека» от «грязного животного».

Впрочем, судя по происходящему на белом свете, грань эта становится все тоньше и тоньше… Я так думаю.

blog_vinokur
2011-03-07 01:16 pm (UTC)

Человек выбирает окружение. Но не только. Человек влияет на окружение, чтобы оно потом повлияло на него. То есть он строит такую зону безопасности, которая сработает, когда ему станет трудно.

Именно тогда включится ответный механизм. Его окружат тем, что он старался вложить в это окружение, – любовью, дружбой…

И спасут.

>>>>>

greendoca
2011-03-06 10:31 am (UTC)

«Люблю свое окружение…»

Я не могу любить без осознания ценности, которую содержит объект любви для МЕНЯ!

ЗА ЧТО мне любить окружающих, если по отношению к себе ощущаю желание манипулировать, подавить и подчинить своим интересам, пусть даже ради высочайших целей?

blog_vinokur
2011-03-07 01:27 pm (UTC)

Попробуйте играть. Вы играете в это лучшее окружение. Осознаете, что играете. Говорите о связи между людьми, о дружбе, о любви.

И пусть внутри вас всё кричит, что это невозможно, что это блеф, – играйте! И вовлекайте в эту игру других!

И однажды произойдет чудо, – ведь желание этого живет в каждом…

Так я думаю.

Спасибо.

>>>>>

olafcik
2011-03-06 11:05 am (UTC)

Почему люди, выходящие из мест лишения свободы, чаще всего остаются людьми?

Почему много богатейших людей, тот же Стив Джобс, остаются примером для многих и в жизни, и в бизнесе?

А есть те, которые заработав свой первый миллион – что называется – превращаются в животных у корыта…

blog_vinokur
2011-03-07 01:30 pm (UTC)

Цели и окружение, соответствующее целям. Вот весь секрет.

Если цель – любыми путями заработать «бабки», то, сам понимаешь…

>>>>>

Sergei Fairuzov
2011-03-06 12:23 pm (UTC)

Человек делает себе окружение.

Дуду Топаз наверняка считал, что сделал себе окружение. Окружение, которое помогло ему залезть в петлю.

Это удел многих, не менее великих.

Не могу любить без осознания ценности.

Окружение нельзя сделать, но его можно выбрать, и тогда появится ценность, и желание соответствовать.

risorius_muscle
2011-03-06 02:17 pm (UTC)

Безумно грустная история. Очень жаль тех, с кем подобные вещи происходят.

Но я не совсем согласна с тем, что все дело в окружении. Да, очень важно, кто вокруг, но, как ни крути, эти люди вне тебя, а внутри ты один. И навязанное извне никогда не станет твоим, если это противоестественно тому, что у тебя внутри.

И еще есть такой момент – люди, которые вокруг тебя, они ведь не случайно рядом оказались, чем-то ты их к себе притянул. Не только окружение делает человека, но и человек делает окружение.

yerganat
2011-03-06 03:28 pm (UTC)

А как я могу делать себе окружение? – Только тем, что у меня внутри.

А откуда я взял то, что у меня внутри? – Опять-таки, из окружения, начиная с возраста, когда копировал родителей, не так ли?

А как я делаю окружение? – Я смотрю, как они реагирует на мои слова, действия, одобряют или отвергают. Если отвергают, то выбираю других, которые меня принимают. А раз оказался среди тех, которые тебя приняли, я тут же становлюсь в зависимость от окружения.

«Крутых», как в Голливуде, которые меняют вокруг себя всё, – в жизни не бывает.

Вспомните «Маугли». Кем вырастет человеческий детеныш без окружения людей?

olafcik
2011-03-07 12:54 pm (UTC)

Дети разные, потому что от рождения заданны различные свойства, и они легко определяются.

Почему задаются разные свойства, – отвечать пока не буду, без обид…

tayuta
2011-03-08 11:13 am (UTC)

«А почему тогда дети, выросшие в одной семье, становятся совершенно разными людьми, если всё определяет окружение?»

Заданные свойства: если это зерно пшеницы, – то вырастет из нее только пшеница; хоть в какую среду положи – никогда не вырастет капуста.

Но среда влияет на то, вырастет ли вообще эта пшеница. В благоприятной среде, развивающей МОИ врождённые свойства – эти свойства разовьются. Если среда иная, чужеродная, противоположная – то свойства могут быть не раскрыты, травмированы.

Если в эту, благоприятную ДЛЯ МЕНЯ, среду поместить того, в ком не заложены эти свойства (капусту вместо пшеницы), – он получит внутренний конфликт, тормозящий или прекращающий развитие.

Мы – разные, изначально разные. И среда должна быть разная, сообразно нашим заданным врождённым свойствам-желаниям.

blog_vinokur
2011-03-07 01:35 pm (UTC)

Я написал уже, но повторюсь.

Это верно, что и я делаю окружение. Делаю для того, чтобы оно потом помогло мне выйти из падений и всяких передряг, которые, знаю, будут.

Я строю его таким, каким хочу видеть себя, – и оно собирается, согревает сердце, и ты оказываешься не один, потому что ты помещаешь их в себя.

Спасибо.

Пишите.

Будем создавать наше окружение, и помещать его в себя.

>>>>>

shtabss
2011-03-07 05:14 pm (UTC)

Это последствия «фаст-фуда» в культуре – люди не успевают вырасти, идет диспропорция, слава и деньги быстрее в разы, чем его уровень, рост... Это, как гормонами ребёнка накачивать, монстр вырастет – мускулы, рост, вес, но без мозгов и опыта жизни.

blog_vinokur
2011-03-09 01:03 pm (UTC)

Поверьте мне – человека делает его окружение. Какое выберешь, таким и получишься.

Сам человек – песчинка.

32 comments

ПОСТ_
СВЯЗЬ

Что такое вся наша жизнь?
Это поиск связи друг с другом.
Мы одиноки, мы не хотим никаких встреч, мы строим границы, закрываемся стенами, мы воюем... несмотря на то, что корень наш, то из чего все вышло – Единая Душа.

Получается – мы все родственники.
Есть в нас, во всех, такой духовный ген, такая запись, что мы были все Едины и к Единству вернемся.

Несмотря ни на что.
Рано или поздно.
И обязательно.

* * *

1986 год. Я учусь на Высших сценарно-режиссерских курсах, в Москве.

После Ижорского завода, где я, бывало, по 12-14 часов не выходил из цеха, жизнь здесь, мягко говоря, удивляет.
Смотрим себе кино всякое, слушаем лекции, философствуем о творчестве. Ночью «Наутилус-пампилус» выпивает у соседей-свердловчан.

Ну, конечно, в стипендию мы в ресторане Дома Кино. А там Соловьев с шарфом пробегает, Никита Сергеевич с печатками, артисты, актрисы уже не помню их имена, баранина на ребрышках, шашлык с такими вот кусками мяса, рассольник, солянка, водка, икра...
И мечты, что мы когда-нибудь заявим о себе.
Богемная жизнь...

А тем временем жена моя, Нина, и сын, Илюшка, в Ленинграде, в коммунальной квартире, и в мечтах, что я прославлюсь, сделаю кино, что состоюсь, и они вместе со мной.

Раз в месяц я приезжаю.
И вот однажды, зимой, приезжаю и вижу: Нина моя прячет от меня лицо. То есть она так, боком, на меня смотрит и левую сторону старается не показывать.
Но заглядываю. Смотрю: ссадина и довольно глубокая. Спрашиваю: «Что это?» – Задела, говорит, проволокой, тут, в подъезде.
Ну ладно. Сыграла она хорошо. Поверил.

Проходит пять лет. Решаем мы уезжать, начать новую жизнь. Оставляем и холодильник «Березку», и цветной телевизор «Рекорд», и все мои гонорары, которые, как назло, растут с каждым днем.

Но оставляем…

И вот за неделю до отъезда, захожу я домой, и вижу: стоят, обнявшись, посреди кухни моя Нина и наша соседка по коммуналке, Клавдия Петровна. Обе в слезах.

Клавдия Петровна видит меня и убегает к себе в комнату.

Мы заходим в свою, и теперь уже Нина мне рассказывает.
О том, как пять лет назад она вышла на кухню, что-то там согреть Илюшке. И Клавдия Петровна готовит там же.
На чем они завелись, неизвестно.
Но Клавдия Петровна – одинокая женщина, врач, с которой мы вроде бы были в нормальных отношениях, – вдруг повернулась к Нине и закричала: «Ты, жидовка, вы совсем жизни мне не даете!» И это, «жидовка», она кричала моей курносой жене, блондинке, Нине, кстати, по отчеству, тоже Петровне, рожденной где-то в глубине России, в каком-то забытом богом хуторе…

И тогда Нина моя, Петровна, выпрямилась и, как говорится, вступилась за честь семьи, за меня, за Илюшку и, в принципе, за все народы – еврейский и русский. И ответила, конечно, Клавдии Петровне. А та вдруг бросилась на нее и вцепилась ей в лицо…

Вот эту ссадину на лице Нины я и видел, но оказался бесчувственным. Не догадался.

Рассказывает она мне это за неделю до отъезда, а я ей говорю: «Во-первых, почему ты мне это тогда не сказала, во-вторых, чего ты тогда с ней обнимаешься, не понимаю?!» Говорю и закипаю!

А Нина мне рассказывает, что сегодня на кухне она сказала Клавдии Петровне: «Знаете, Клавдия Петровна, я хочу с вами попрощаться. Мы в Израиль уезжаем».
Дальше произошло следующее.
Клавдия Петровна вдруг повернулась к моей Нине и так удивленно спрашивает: «Насовсем?» – Нина ей говорит: «Да, навсегда».
Тогда мы действительно думали, что навсегда уезжаем, да и паспорта у нас отбирали, как у предателей родины.
И тут Клавдия Петровна как расплачется, как бросится к моей Нине, и как начнет ей говорить: «Прости ты меня, Ниночка, это все жизнь наша проклятая!.. Как же мы так живем, а?!..» И моя Петровна тоже плакать начинает.
Так и стоят они посреди коммунальной кухни – две русские женщины, обнявшись, и плачут. И одна другой говорит: «Напиши мне, как доедете, как устроитесь…» А моя ей: «Обязательно напишу, обязательно!..»
Вот так я и застал их, растроганных.
И только недавно вспомнил эту простую историю. Спросил жену: «Можно, я напишу?» Она говорит: «Напиши и передай ей наш огромный привет, Клавдии Петровне. Неважно, прочтет, или нет – передай!»

Вот я и пишу.

Где Вы сейчас, Клавдия Петровна? Прочтете ли когда-нибудь этот пост или нет, – не знаем. Шлем мы Вам с Ниной наш привет и нашу любовь. И, честное слово, помнится сейчас только хорошее, вот это наше теплое прощание, например. Потому что все остальное было только дорогой к этому теплу.

Так и все наши страдания – дорога к счастью. И все они только для того, чтобы привести нас к этому великому пониманию, что жизнь наша – это ступени соединения между нами, между всеми людьми, такими непохожими, противоположными, казалось бы, но ищущими тепло и любовь.

Все это ищут. Все!.. И поэтому мы все очень похожи.
Мы все из одного корня, ребята.
Мы все там соединены.
Надо к нему вернуться.

nmorris
2011-07-06 03:11 pm (UTC)

Да, мы иногда говорим друг другу, особенно близким, вещи, о которых потом жалеем... Не потому, что действительно так думаем или потому, что плохие, а потому, что нам бывает плохо, больно. А плохо нам, когда мы не в себе – не в контакте с душой.

Когда в себе – в контакте с Источником – тогда и ощущаем единство.

blog_vinokur
2011-07-06 03:54 pm (UTC)

Хорошо бы было быть всегда в контакте с Душой, как вы пишите, но не просто это. Пока не окружим себя теми, кто очень хочет прийти к такому контакту, будет нам не просто.

Контакт с душой – он в контакте с ближними, в попытке такого альтруистического, отдающего контакта. Там душа.

Спасибо вам!

Вы чувственно и точно пишите.

>>>>>

vladulja
2011-07-06 03:31 pm (UTC)

А есть люди, которые помнят только плохое. Вот и хорошего было много, и доброго, и не очень доброго, – а вот только это «не очень» и помнят. Жалко мне их. Лучше бы, вообще, из памяти всё сразу стирали.

И вообще, да, согласна... Мы все в эдакой паутине. Хоть как-то, да друг с другом связаны-повязаны. Кто-то на том конце «провода» дёрнул, а отзовется далеко-далеко.

Спасибо за пост.

blog_vinokur
2011-07-06 03:57 pm (UTC)

Если бы только мы ощутили, что мы в такой паутине, связаны друг с другом абсолютно и не только делами, но и мыслями, и что не только далеко все отзывается, но и на мне, – и еще как – мы бы эту гору ненависти свернули.

Спасибо вам!

>>>>>

lenutsaa
2011-07-06 09:25 pm (UTC)

Все верно. Если можно не концентрироваться на плохом, то не надо.

Мне тоже это слово обидное зачем-то кричала лет 20 назад подруга и трясла за плечи – просто так, потому что плохо ей было, не из-за меня, а вообще…

Так было больно – долго-долго.

Но я не стала придавать значения и напоминать потом. Потому что она – замечательная, на самом деле, просто всякое бывает…

Не всегда, конечно, можно эту душу и близость разглядеть, не во всех.

blog_vinokur
2011-07-07 07:20 am (UTC)

Всегда очень теплые ответы у вас. Есть в них мудрость и глубина, и надежда.

Спасибо.

>>>>>

dee_dee_creamer
2011-07-07 01:44 am (UTC)

Что бы ни писали в комментариях, а я согласна с вами. Бывает всякое, но, видимо, я счастливая, мне везёт на хороших людей.

И не в розовых очках дело. Ведь плохих я тоже встречаю, но их – меньше.

А может, всё просто в отношении к жизни:

– видеть плохое, но не зацикливаться на нём;

– видеть хорошее и делиться увиденным.

modest_genius
2011-07-07 07:22 am (UTC)

Очень здорово и тепло написано. И хорошо, когда про это единство помнится, потому что когда забывается – вот тут и начинается всё самое трудное и плохое.

blog_vinokur
2011-07-07 07:25 am (UTC)

Абсолютно согласен!

>>>>>

Рая Жирнова
62011-07-07 10:49 am (UTC)

И не зря говорят: чтобы почувствовать, насколько дорог тебе человек, нужно его потерять. Дорожить каждым, кто сейчас и уже рядом!

Спасибо, что раскрываете глаза тем, кто ослеплен глупыми предрассудками общества, которые так мешают нам, иногда, так просто быть счастливыми.

blog_vinokur
2011-07-07 03:15 pm (UTC)

Именно дорожить каждым, как вы пишите, потому что он дан вам, именно дан, чтобы вам разобраться в себе. Ну, и научиться любить.

Спасибо!

>>>>>

neoage
2011-07-07 11:03 am (UTC)

Выходит, что связь существует, но пока скрыта от нас где-то в глубине, а на поверхности мы видим и ссоры и обиды, зависть.

blog_vinokur
2011-07-07 03:19 pm (UTC)

Вы все правильно говорите. Связь существует уже сейчас. Уже сейчас мы находимся в самом лучшем своем состоянии. Соединенными. Только не ощущаем это.

Вся задача наша понять, что мешает нам все это ощутить. И очиститься.

>>>>>

kiva_lubov
2011-07-07 11:15 am (UTC)

Мне часто снится сон: «Во сне просыпаюсь, выхожу из дома во двор, а ограды нет. Во дворе очень много разных людей. Кто и когда успел снять металлический забор, не понимаю. Немного некомфортно становится, незащищенно. Хотя враждебности от прохожих не замечаю. Каждый живет своей жизнью. Люди шагают через мой двор, каждый в своем направлении».

Пробудившись ото сна, вспоминаю слова одной песни: «Зачем человеку заборы? Заборы мешают людям. Я верю, что очень скоро заборов совсем не будет».

Но разгораживаться страшновато, пока…

blog_vinokur
2011-07-07 03:25 pm (UTC)

Понятно, что страшновато. Ведь речь идет о нашей основе, о нашем «я». Оно комфортно чувствует себя за заборами, а не на виду у всех.

Но работать с ним можно, если предложить ему другой комфорт: от отдачи, от наполнения другого, от любви к ближнему.

Начать стремиться к этому. Потихоньку…

\>\>\>\>\>

Ирина Шевченко
2011-07-07 11:55 am (UTC)

На самом деле, столько по дороге насобираешь боли, слез, ощущений…

Как будто бьешься в глухую стену.

А потом, вдруг, подходишь к моменту, когда сердце раскрывается – и твое сердце, и сердце другого человека – и вдруг столько тепла, безграничного, бескрайнего тепла и радости, что перехватывает дух и начинаешь понимать, что все, что происходило с тобой, – это и была дорога к счастью, которое закрыто в другом человеке.

Как бы нам научиться открывать наши сердца... Надо учиться этому, однако.

blog_vinokur
2011-07-07 03:31 pm (UTC)

Нечего добавить. Очень точно.

Спасибо!

\>\>\>\>\>

Людмила Веринская
2011-07-07 12:46 pm (UTC)

Замечательно пишете, просто удивительно. Простой эпизод из жизни, а читается, как рассказ – увлекательно и жизненно.

Что касается связи, у меня, вообще, ощущение «дежавю»: встречаешь по жизни людей и кажется, будто знала их раньше.

Может, мы точно, все родственники?

blog_vinokur
2011-07-07 03:36 pm (UTC)

Мы все соединены, конечно же.

Только ощутить это – эту нашу «маму» – Единую Душу.

>>>>>

maxim999
2011-07-07 04:02 pm (UTC)

Интересная история!

Я тоже особой чувствительностью не страдаю и часто не замечал страданий женщин вокруг!

А вот, насчет вражды: мне кажется – это все эгоизм.

В глубине души мы все любим друг друга!

olevegra
2011-07-07 10:13 pm (UTC)

Только забываем иногда об этом...

blog_vinokur
2011-07-08 12:53 pm (UTC)

Если мы говорим о Душе, то это ее закон – Закон Любви.

Теперь остается выяснить, что такое Душа.

Об этом особый разговор.

Спасибо!

>>>>>

Алиса Николаевна
2011-07-08 06:33 am (UTC)

В вашем журнале комментарии воодушевляют не меньше, чем посты, – такой теплотой наполнено каждое слово...

Ненависть между людьми абсолютно бессмысленна. Но иногда без неё любовь не раскрылась бы в такой полноте, фонтаном.

blog_vinokur
2011-07-08 01:04 pm (UTC)

Вот это очень точное замечание, Алиса!

Если люди решают двигаться к Любви, вот тогда-то, по дороге, и возникает настоящая ненависть. Вся задача в этот момент – соединиться и подняться над ней. Потом будет снова падение, и снова...

Пока не раскроется Любовь.

Спасибо вам!

>>>>>

Светлана Коноваленко
2011-07-09 03:56 am (UTC)

Так и все наши страдания – дорога к счастью.

А счастье – это и есть путь!

blog_vinokur
2011-07-10 06:40 am (UTC)

Если Путь к Цели ощущаешь, как счастье, – больше ничего и не надо.

Согласен с вами.

>>>>>

veryeasy
2011-07-09 05:57 am (UTC)

Это и по-русски и по-итальянски, и по-израильски...

Есть во мне такое тоже чувство, что несмотря на все политические отношения между странами, их граждане, то есть мы, сообщаемся между собой по другим принципам.

Хотя, можно и наоборот, что русские, евреи, итальянцы, и так далее – между собой – как пауки в банке и поладить не могут.

blog_vinokur
2011-07-10 06:48 am (UTC)

Такая жизнь наша сегодня странная, что, с одной стороны, мы не очень-то стремимся сближаться, а с другой, уже невооруженным глазом видно, и доказано всеми, что мир связан, глобален, что он – одна деревня.

Что же будем делать? Пойдем против природы, которая подчиняется только одному закону – Закону Равновесия?

>>>>>

allavin
2011-08-24 07:00 pm (UTC)

Когда твоя коммунальная дверь под постоянным наблюдением, и сортир один на всех, а женщинам еще и готовить на одной кухне, да, как назло, в одно и то же время, – то тут и завоешь, и залаешь. А кричат все разное, но предсказуемое, главное обидное.

Мне пришлось шесть лет прожить на общей кухне. Я это время называю «красный террор».

А сейчас мы с соседями ездим друг другу в гости и пьем мирно чай. И если бы не было коммуналки, не было бы и скандалов. А подруга моя (еще по коммуналке) говорит, что мы больше, чем родня. И я так думаю.

Так что – «не было бы счастья, да несчастье помогло».

blog_vinokur
2011-09-21 02:15 pm (UTC)

Это хороший пример, спасибо.

Нельзя насильно сталкивать наши «я». Так было в коммуналках, куда загнали, практически, насильно. Просто не давали других вариантов.

Надо нам сначала научиться жить вместе, а потом уже мы будем спокойно жить рядом друг с другом, по собственной воле и даже с одним туалетом.

Спасибо вам!

96 comments

пост_
прорыв

Поиск себя занял 40 лет. С одной стороны, немало, с другой, хорошо, что не 50, 60, или вообще…

1996 год. Я бегу по улице. Лечу! Что произошло? Я нашел Учителя.

С этого момента, каждый день – новое открытие. Каждый урок – откровение.

Я помню, до дрожи ждал эти уроки, которые тогда проходили на русском.
Все-таки, что значит родной язык?! – Каждое слово прямо в сердце, без пауз.

Сначала нас было человек десять.
Через полтора года, нам предложили вести передачи на радио – «7 канал».

«7 канал» находился на арабских территориях. Ездим вчетвером: Учитель, я, Бенци (мы на его машине, «Пежо 306», о ней еще вспомним) и Юра – наш композитор. У блокпостов Бенци всегда достает пистолет – так, на всякий пожарный, кладет рядом…
Времена тревожные.
И мы с ними пока не братья.

Называем передачи просто – «Каббала – наука жизни».
Для меня – так оно и есть. А для других – это красные нитки, живая вода, таинственные знаки, в общем, всякая фигня, не имеющая никакого отношения к истине.

Как объяснить, что это все не то?..
Это не мистика, нет, – это серьезная наука о том, как соединиться человечеству. Она о нас. И она нужна нам…
С такими мыслями начинаем вещать.
Я – ведущий. Учитель – отвечающий. На каждую передачу готовлю по 30-40 вопросов… Нас только начинают слушать. Проверяют, что это за птицы, такие, появились в эфире.

В какой-то момент говорю Учителю: «Есть бестселлер всех времен – Тора Давайте начнем ее разбирать».
Он мне: «Ты что, смеешься?!.. И не думай… Ты, вообще, представляешь себе, какая это глубина?!»
Я пока не представляю, но мысль затаил.

Еще одну передачу веду по-старому, задаю вопросы, нам задают… А потом решаюсь. Думаю: «Будь, что будет. Попробую. Спровоцирую».
И где-то на передаче, шестой по счету… Сидим мы в студии, идет прямой эфир, и я тихонечко достаю из-под стола Тору и зачитываю первые строчки главы «Ноах»:
«…Вот родословие Ноаха: Ноах, муж праведный, был непорочнейшим в поколениях своих…»

Учитель на меня так смотрит. Пауза.
Я смолкаю. Неудобно себя чувствую.
Юра, наш композитор, переводит взгляд с меня на Учителя.
Бенци тихо присаживается за моей спиной.
Мы знаем, что он у нас резкий, – наш Лайтман.

И вдруг…
Вдруг я вижу, как он закрывает глаза (ребята, это я никогда не забуду!), как подтягивается к микрофону, почти касается его губами, вздыхает. Такой долгий вздох… Пауза… (так все и было! именно так!) …И начинает говорить.

Никогда я не смогу объяснить, что чувствовал тогда.
Все слова пресны… Вот когда понимаешь, как все-таки ограничен язык…
Я застываю.
И ребята тоже…
Я не чувствую тела.
Я вижу его профиль…
Он говорит с закрытыми глазами, медленно, не подбирая слов.
Они сами льются.

Говорит о том, что здесь, в этой книге, вся духовная работа человека, что все это не внешние истории, которые произошли с каким-то там народом. Все это во мне – то, что написано. Каждое слово, имя, название места… Все во мне… То есть в каждом из нас. И вся эта книга – это ступени моего проникновения в себя… большего… еще большего… еще и еще…

Какая гармония в студии?!
Боимся пошевельнуться, чтобы не нарушить её.

И вся эта история Ноаха, который входит в ковчег, заводит туда родных и близких, животных, растения и так далее («каждой твари по паре»)… И спасается в ковчеге от потопа… Вся эта знакомая нам история, вдруг переворачивается абсолютно.
Мы начинаем впускать ее в себя.

Слышим голос Лайтмана: «Спроси себя: «Где я в этой истории с Ноахом?», или еще лучше: «Где он, Ноах, внутри меня?» Требуй от себя только одного, только с одним вопросом подходи к чтению этой Книги. Всё, что я читаю здесь, всё это происходит со мной.
И Ноах – это не человек, нет, – это мое первое чистое, альтруистическое желание. Желание отдавать. Любить. Делать добро. Пока ещё маленькое, еле слышное… Но я уже различаю его. Оно живёт во мне… Вот оно и называется Ноах».

«…Ибо тебя увидел я праведным предо мной в этом поколении…» – читаю и весь дрожу.
И он поясняет: «Это о Ноахе говорится. О праведном желании «Ноах» в поколении пустых, эгоистических, никчемных желаний, которые скопились во мне…
«Извратилась земля», – ты думаешь о земле речь?.. Нет! О моих желаниях, которые извратились. Потому что живу в своем эгоизме… Только для себя живу…»
И чувствую, как это уже начинает разрушать меня… И всех вокруг…

И чувствую, что я просто обязан найти в себе «Ноаха»... Ухватиться за него и держать! Держать!...

Как держать?! Обложиться хорошими книгами, в которых речь о любви, отдаче, – а значит о Ноахе. Открыть сердце близким по духу людям – так, чтобы помогали друг другу соединиться... Вот так жить. Так, вместе, защититься от безумной рекламы, пустого телевидения, желтой прессы – не впускать их в себя.
Если смогу это выдержать, – это и будет означать, что вхожу в ковчег с Ноахом. Что я построил защиту. Возвел стены. Из книг, друзей, мыслей. И я уже могу плыть с ними, а не тонуть в потопе всякого «г»...

Не расскажешь обо всем, что произошло с нами в студии.
И с теми, кто нас слушал за этот час передачи.

Мы изменились – это точно.

Больше того скажу – было ощущение, что мы родились заново...

Учитель действительно говорил о рождении.
О духовном рождении.
О том, что потоп, – это не потоп, – это вопросы, которые заливают человека, это они топят его.
Что ты делаешь? («что» на иврите – «ма»). Кто тебя заставляет? («кто» –это «ми»). Вот вместе и получается «маим» – в переводе «вода».
Вот этого типа вопросы и другие такие же, и вся эта «рейтинговая» информация, всё это заливает меня потопом
В котором я могу умертвить всё своё духовное начало, если поддамся им. Всё, что с таким трудом собирал в себе по горсточкам... Все пропадет. Потонет. Если прислушаюсь к этим вопросам моего эгоизма.

Но я в Ковчеге... я окружаю себя добром... любовью... товарищами... и плыву... над этими вопросами... Плыву! Не тону.

Он действительно говорил о рождении.
О 40 днях в ковчеге, о 150-ти днях. Так написано. В нашем мире так растет зародыш в матери.
И в духовном так рождается человек. Он, как зародыш внутри матери – внутри этих чистых мыслей... внутри ковчега – 40 дней... 150 дней...
Конечно, не о днях речь – о состояниях.

А потом еще говорится там, в этой главе, что на первый день десятого месяца «отошли воды»... То есть действительно происходит рождение, духовное, конечно...

... Надо бы мне здесь остановиться. А то я так могу расписаться страниц на 50-60, не меньше, разобрать каждое слово, потому что за каждым словом глубочайший смысл...
И жизнь человека...

Ну, в общем, в тот день, когда шла передача, я уже рассказал вам, что в студии происходило... В принципе, сказал, что описать это невозможно.

А то, что происходило за ее пределами, я узнал позже.

В это самое время бежал по берегу моря, где-то в районе Натании, высокий красивый парень, атлет, мастер кулачного боя, который готовился вот-вот стать преподавателем полицейской академии – Миша. Бежал он свою «десятку», как всегда слушал радио на бегу... И вдруг остановился... Потому что попал на нашу волну... И с первых слов, как он говорит, споткнулся... Замер... Больше не бежал.

В то же время, где-то в компьютерной фирме, системный администратор Марик, как бы случайно включил «7 канал... и попал на нас... И все. Конец работе на час, как он рассказывал потом. Да на какой там час, на весь день... Весь день он ходил, размышлял, не мог никак отойти. Так его «прошибло».

Так же «прошибло» в то же самое время: и Леву – электрика, и Мотю – историка, и Игоря – инженера-электронщика, и Витю – музыканта (репетировал он на фаготе, слушал радио параллельно), и еще многих очень…

Что же такое произошло?
Как так получилось, что люди советского воспитания, которые Тору (да и Библию) в глаза не видели, вдруг поразились?
Вдруг пробило их…
Вдруг замерли они…

Ответ мне ясен.
Там говорилось о них. Каждый это почувствовал. Что говорится о нем лично. Что кто-то сейчас, по-русски и прямо в сердце, отвечает на вопросы, которые в них жили все время, и не важно, задавали они их или нет…

Они все потом придут.
И еще многие, кроме них.
Придут и станут основой группы…

Сегодня около двух миллионов учеников по всему миру.
Но это будет потом…
А пока происходит вот что – обвал телефонных звонков. Именно с этого момента передача начала набирать обороты. И очень стремительно…

Каждый раз мы разбирали новую главу.
И каждый раз поражались…

Нам звонили со всех концов страны. Мы не успевали отвечать на вопросы. Выстроились очереди в эфире…
Мы попали в точку.
В сердце.
Туда, где живет чувство.
Где мы скрываем любовь. И не очень хотим ее показывать…
Где тоска от одиночества.

Где масса вопросов, на которые, казалось, нет и не будет никогда ответов, так и умрешь, не добьешься их…

И вдруг приходят ответы.
Всю неделю – я не придумываю, так мне рассказывали потом – всю неделю люди ждали этой передачи. Записывали ее. Передавали записи друзьям и знакомым в Россию. И там уже их слушали в машинах – в «жигулях» и «поршах», слушали не отрываясь. Потом размножали кассеты…

В общем, дело пошло…
И нас даже пригласили в Россию. Готовились лекции в Москве, в историко-архивном институте, в Питере…
Мы взяли билеты на 20-е января. Оформили визы, это тогда было дело не быстрое… Оставалось нам до отъезда провести всего одну передачу.

Это было 18 января 1998 года, в пятницу, в 10 утра, за два дня до отъезда.
Мы ехали и обсуждали, о чем будем говорить. Как всегда с предосторожностями въехали не территории… Перед нами простиралось узкое шоссе. Машин было немного.

18 января в 11-00, как положено, все включили радио.
Сначала затянули с рекламой… Потом объявили, что Лайтман задерживается в дороге…
Люди ждали…
Снова музыка… снова реклама… А потом вдруг сообщение…
Мы не знаем, что произошло. Но что-то очень серьезное…

Знаете, я, наверное, здесь, как в сериале, прервусь.
Просто уже пять страниц написал, как-то так вышло – это раз, а два – еще многое впереди, о чем надо рассказать, еще страниц на пять. И не очень вижу, как это можно сократить. Ну, и третье – очень мало времени свободного стало. Чтобы не затягивать пост, я лучше сейчас его выпущу, и обещаю, скоро «добью» окончание.

simfeya
2011-09-06 04:38 pm (UTC)

Мне знакомо это состояние – когда Учитель говорит так, что каждое слово падает в сердце. Однажды я такое испытала там, где меньше всего могла ожидать, – в театре.

Два года назад в Екатеринбург, на театральный фестиваль, Московский ТЮЗ привёз «Нелепую поэмку». В главной роли – Игорь Ясулович.

Почти два часа монолога… Зал замер, не дыша…

И после спектакля люди выходили с прозрачно-ясными глазами, по которым было видно, что на спектакле произошло чудо – в человеке пробудилась душа.

blog_vinokur
2011-09-07 07:05 am (UTC)

Это большое дело, когда есть такой отклик. Я это сравниваю с радиоприемником – крутишь-крутишь, ищешь свою волну…

То есть, все время живешь с какими-то важными для тебя вопросами.

И вдруг – бац! – и находишь свою волну, которая была все время, только мне надо было на нее попасть.

Получается, что нужно было только не отчаиваться и все время крутить ручку.

Спасибо вам!

>>>>>

fisherlady
2011-09-06 04:48 pm (UTC)

Насчет Ноя.

Никогда не проводила параллель между духовным и физическим рождением. СИЛЬНО!

Библию читаю каждый день – удивительная книга. Сто раз читала историю про ковчег, и сейчас она снова открылась мне с новой стороны.

Спасибо вам большое.

blog_vinokur
2011-09-07 07:14 am (UTC)

А вам-то, какое спасибо!

И за поддержку, и за то, что прониклись этим объяснением, спасибо!

На самом деле уже не знаю, как по-другому можно читать Библию. Если читать, как просто истории, то чем она отличается от любой исторической книжки, или сборника законов?

Спасибо, что находите эту книгу в себе. Поверьте, вас ждет очень много великих открытий.

Если вам будет интересно, то в России выходила книжка (автор М. Лайтман, ну, и я при нем) «Тайные притчи Библии». Надеюсь, вам понравится.

>>>>>

rodiana
2011-09-06 05:17 pm (UTC)

Ведь «потоп» вроде исторический факт, как с этим быть? Я начала слушать «Тайны вечной книги». Может там будет что-нибудь по этому поводу...

blog_vinokur
2011-09-07 07:26 am (UTC)

Обязательно найдете ответ в «Тайнах». Обязательно!

Для меня каждая такая передача – как прорыв. Честное слово. Сидишь напротив Учителя и даже не подозреваешь, что сейчас будет – «американская горка» или «свободный полет», – но точно знаешь, что будет волнительно, правдиво, честно.

А по поводу исторического факта, то сначала все происходит в корнях, то есть в духовных мирах, а уж потом проявляется в нашем мире.

Но, когда вы начинаете по-настоящему заниматься, вы перестаете обращать внимание на историю, потому что понимаете, да даже чувствуете, что речь идет о вас лично, о вашем духовном пути.

Тут включается другой механизм – не любознательность, а сопереживание.

>>>>>

z_u
2011-09-06 10:56 pm (UTC)

Сам пост комментировать не буду. Пожалуй, слишком сложная и важная тема для данного электронного формата.

Спрошу лишь вот о какой малости.

Среди тех, кого «прошибло» первыми, вы называете лишь мужчин. Это избирательность воспоминаний, или так все оно и было вначале – шли только мужчины? Или, просто, так написалось?

> **blog_vinokur**
> 2011-09-07 07:34 am (UTC)
>
> Это так написалось, потому что вокруг меня сидели мужчины.
>
> Но первыми, уверен, пришли женщины. Они более чувствительные и более ищущие.
>
> Да и меня привела жена. Это же она увидела объявление в газете и сказала, что мне надо пойти. И вот уже 15 лет помогает, идет рядом. Без ее поддержки было бы непросто.

>>>>>

annanaskat
2011-09-07 11:57 am (UTC)

Прочитала вчера ночью. Ловлю себя на мысли, что целый день возвращаюсь к прочитанному. Даже, как-то на физическом уровне, думая о том, что вы написали, чувствую изменения. Как будто бы я всегда это знала раньше, но никогда об этом не думала.

Спасибо.

> **blog_vinokur**
> 2011-09-07 12:00 pm (UTC)
>
> Для меня нет лучшего ответа, честное слово. Большое вам спасибо!
>
> На самом деле только наши внутренние изменения и существуют.

Внешне ничего изменить нельзя, и переделать никого другого нельзя. Все во мне.

Спасибо!

>>>>>

domilucka
2011-09-07 12:01 pm (UTC)

Семён, давно вам не писала, но все посты читаю по нескольку раз. Иногда нет возможности сразу ответить, но в голове пост вспоминаю и прокручиваю всё время. Так было с вашим рассказом о бомже.

А сейчас прочла «Прорыв»... И не знаю, как описать моё состояние. Когда читала, чувствовала, что вам не хватает слов... Да, тут видно нереально это состояние передать словами.

История о Ное, кажется, если не всем, то многим знакома с детства. Сама недавно рассказывала о ней сыну. Но я просто пересказывала, что вот мол, был когда-то такой случай. Я и думать не думала, какой глубокий смысл этой истории. Лично я почувствовала себя в ковчеге. Теперь хоть чуточку буду знать, как говорить детям о Библии.

Семён, ваших постов жду с особым волнением. С каждым из них я не только узнаю что-то новое, но действительно расту.

Пишите и рассказывайте столько, сколько можете.

Пожалуйста.

blog_vinokur
2011-09-07 01:08 pm (UTC)

Очень рекомендую именно передачи о Ное.

Если захотите почитать об этом, то у нас вышла книга в России. Она называется «Тайные притчи Библии» (М. Лайтман. С Винокур.)

Спасибо вам!

domilucka
2011-09-07 07:09 pm (UTC)

Книгу «Тайные притчи Библии» уже пометила себе, обязательно куплю!

Смотрела первую передачу. Подходит пятилетняя дочурка, смотрит на монитор, а потом, показывая на Михаэля Лайтмана, сказала: «Мама, этот дедушка тебе говорит?»

Я хотела отмахнуться, что смотрю передачу, но тут до меня дошёл сам вопрос, который естественно, совсем неосознанно, задала дочка. Я улыбнулась и ответила: «Ты права, спасибо тебе. Этот замечательный дедушка действительно говорит мне!»

Передача очень понравилось! Было ощущение, что когда-то давно со мной это всё происходило...

А вообще, меня больше всего в самой передаче поразили глаза – ваши, Семён, и вашего Учителя, – живые и чистые. И беседа ваша была настоящей, живой и о Любви.

Пошла дальше смотреть.

Благодарю.

blog_vinokur
2011-09-07 01:05 pm (UTC)

Нет слов, просто нет слов…

Всегда рад вам. Всегда знаю, что точно поймете то, что хочу сказать, – вот, например, как сейчас, о Ное.

Очень важно мне ваше ощущение.

Огромное вам спасибо.

И не исчезайте, пожалуйста, оставляйте хоть пару строк.

>>>>>

vtitushkina
2011-09-08 02:51 am (UTC)

Да, это классно, Учитель, группа...

Хотя, вот вы знаете, я это «таинство» по поводу Торы не разделяю. Если там есть что-то «полезное», то нужно это «вынуть и положить», и ни от кого не скрывать.

blog_vinokur
2011-09-08 07:42 am (UTC)

Когда это писалось, было всем понятно, что это не сборник рассказов.

Это мы удалились от внутреннего прочтения Торы. Отдалились – лучше сказать.

Эгоистичное сердце у нас сегодняшних. А внутри него, все-таки, всегда жила и живет чистая точка. Внутренняя. Вот ее-то мы и пытаемся снова проявить.

>>>>>

lenutsaa
2011-09-08 09:56 am (UTC)

Спасибо вам, Семен. В очередной раз заставили меня – лично – из суеты немного вынырнуть и задуматься.

Очень понравилось про стены из книг и окружения. Именно так и получается. И передачу послушала очень внимательно. Многое очень близко.

Но – простите, ради Бога, – понимаю, что дурой выгляжу, а все на самом деле сложнее и глубже, но… Вот получается, что даже любая отдача все равно замешана на эгоизме. И даже когда я радуюсь звездам и закату прекрасному, и испытываю при этом благодарность к Творцу, то все равно в этом – «всасывание», и никуда от этого не деться.

А чтобы перейти на иной уровень, надо смириться с мыслью, что там не будет этого мира. Да, он во многом – ад. Но и райские моменты есть (пусть и с примесью эгоизма), и их жалко. Не хочется лишаться телесных проявлений: таких простых бесед с друзьями на кухне, поцелуев любимых, объятий детей, рассветов, морей, и прочей красоты.

Вроде бы понятно, что там, где нет места эгоизму, все гораздо более райское, но...

blog_vinokur
2011-09-08 11:50 am (UTC)

Очень рад вам, как всегда. И, как всегда, вы очень искренни и точны.

Ни от чего не надо отказываться, – что вы?! – ни от бесед с друзьями, рассветов, объятий, морей… Напротив, если вы начинаете в это вкладывать дополнительное намерение – чтобы все это вас сблизило с другими, что этим вы хотите доставить им удовольствие, – то и ваше наслаждение от этого становится в десятки раз более ярким.

В принципе, вся жизнь наша земная – это ступени соединения между нами. А когда приходит понимание, что мы эгоисты, – работаем с этим до тех пор, пока вдруг не ощущаем, что по-настоящему отдаем.

Но, ни в коем случае – категорически! – не отказываться от радости, которую дает этот мир. Ведь желание Высшего – насладить нас. Вот и наслаждайтесь на здоровье!

Спасибо вам!

>>>>>

aniskin1968
2011-09-09 02:22 pm (UTC)

«А внутри него, все-таки, всегда жила и живет чистая точка. Внутренняя. Вот ее-то мы и пытаемся снова проявить».

Говорят, что внутри каждого из нас есть такая точка – это кусочек Бога. И он (этот кусочек) позволяет нам, как лакмусовой бумажкой, проверять – «правильно», «неправильно» – какие-то основные вещи. Это называется совестью.

Правда, у некоторых она совсем безгласна, а у кого-то её голос подобен Иерихонским трубам.

> **blog_vinokur**
> 2011-09-11 06:59 am (UTC)
>
> Это вы хорошо написали. Это действительно частичка Творца в нас. Или частичка этого вечного свойства отдачи и любви, которую мы непременно раскроем.
>
> Спасибо вам!

>>>>>

Аркадий Дёмин
2011-09-25 09:57 am (UTC)

Каждый раз, читая вас, ужасно стесняюсь того, что в этот момент, кто-то зайдёт и увидит все чувства на лице. Особенно, когда сидишь на своём рабочем месте.

Насколько гениально вы можете передать чувства и образы…

С первых строк погружаешься в написанное, и уже текст переходит в визуальные картины, чувства, эмоции.

blog_vinokur
2011-09-25 11:15 am (UTC)

Спасибо вам огромное!

Это вы такой – вот за это спасибо! – что вы умеющий чувствовать, переживать, желающий всего того, о чем пишу.

Спасибо вам!

Без вас бы ничего этого не было.

90 comments

пост_
авария

Итак, мы едем на радио «7 канал». Наша передача через сорок минут.

Въехали на арабские территории. Шоссе узкое перед нами. Навстречу летят машины, а наша сторона свободна, идем свои 100.

Учитель за рулем, Бенци спит справа от него, Юра спит слева от меня. Я на заднем сиденье.
Обсуждаем будущую передачу.

Надо сказать, что у Лайтмана есть такое свойство (знаком с ним уже 15 лет) – он не хочет заранее знать вопросы. Он человек прямой трансляции. Прямого ответа. Ничего заранее не заготавливает.

Ну, едем мы, значит.
Я читаю недельную главу из Торы, которую сегодня будем обсуждать.
Называется она «Шмот» – на иврите, а на русском – «Имена». Глава потрясающая. Обилие драматических ситуаций, крутая история внешняя, но круче – внутренняя.

В ней рассказывается, что в Египте встал новый фараон, который решил разобраться с народом Израиля. И застонали они под Фараоном.

Но не о Фараоне здесь говорится и не о народе Израиля, нет. Потому что Израиль в переводе с иврита – это: «исра» – «прямо», «эль» – «к Творцу». Прямо к Творцу. А Творец – это не седобородый старец – это свойство Любви и Отдачи. Это Закон Любви и Отдачи.
То есть получается, что те, кто стремятся стать такими – любящими и отдающими – они и называются Исраэль.
И речь в Торе идет не о жителях Израиля и не о евреях по рождению, а о тех, кто в себе ищет эти свойства Любви и Отдачи. Ищет в себе народ Израиля. Потому что он есть в каждом из нас. Абсолютно в каждом.

Вот с ними-то, с этими свойствами, и решил разобраться Фараон, который тоже в нас. Фараон – это наше эго. Самая-самая сердцевина его.

То есть говорится о том, что пришел для нас момент, когда мы почувствовали, что мы рабы его. Что он правит нами. Каждым нашим действиям, всеми нашими мыслями. И нам стало нехорошо от этого.

Раньше мы неплохо жили в Египте (Египет на иврите – «Мицраим», что в переводе – «средоточение зла»). Так вот, в Египте, в этом царстве эгоизма, мы жили припеваючи, мы не чувствовали его власти. Не думали, что мы эгоисты. Думали, что эгоисты другие, а не мы.
И вдруг нам раскрылись глаза.
Мы его, вдруг, увидели – нашего Фараона (поэтому и говорится, что «встал новый фараон»). И мы поняли, что он источник всех наших бед.
И вот мы уже хотим бежать от него. Изнемогаем, работая на него. Стонем!..
И когда чаша нашего терпения переполняется…
Тогда и рождается в нас сила по имени Моше (или Моисей в Библии), которая потом и вытаскивает нас из этого рабства эгоистического (Моше – от слова «лимшох» – «вытащить»)… Эта сила – она и есть наше стремление к Любви. Она сначала маленькая, практически бессильная, как и маленький Моше. Но потом она растет и превращается уже в вождя Моше, который может увести народ от самого Фараона. То есть вывести нас из эгоистической природы…

Ох, как много можно об этом написать, но останавливаю себя. Возращаюсь на шоссе.

Так вот, едем мы по шоссе.
И вдруг, ну метрах в 15-ти от нас, неожиданно так, резко, выворачивает и несется нам в лоб, не снижая скорости, микроавтобус «Мерседес».

Справа от нас скала, слева – колонна машин, вывернуть некуда.

Не успеваю и крикнуть. Но точно помню свою последнюю мысль: «Неужели из этого можно выйти?!»

Удар… Такой безжалостный, в лоб…
Помню – «шмяк!».
И всё…

Очнулся я, не знаю, сколько времени прошло…
Машина наша дымится…
За окном мечутся лица арабов… Их много…
Слева стонет Юра…
Справа Бенци замер безжизненно, бросил голову вниз, и она вся в крови.
Учитель сидит выпрямившись… Тихо так сидит, не шевелясь.
Зову его…
Не отвечает…
Зову снова…
Медленно приподнимает руку… Значит, жив…

Оглядываю себя. Боли не чувствую. Правая моя нога закручена вокруг тела, как будто она существует без меня (множественные переломы), левая рука не движется, и из-под куртки что-то выпирает (открытый перелом).

Но шок пока.
Еще минут 20-30 я не буду чувствовать боли…
Кровь будет уходить, выльется ее много, но боли не будет почти.

Ну вот…Тут приоткрывается дверца машины и заглядывают испуганные парень и девушка. Выяснится потом, что они несколько дней как поженились и живут здесь, на территориях.
Спрашивает меня парень: «Что делать?»
Я говорю: «Тяните…»
А машина уже горит…
Они организовывают арабов. Те вытаскивают сначала Учите-

ля, потом Юру, меня, Бенци с трудом. Он без сознания. На него страшно смотреть.

Лежу метрах в десяти на дороге…
Вдруг перестаю слышать…
Мечутся передо мной лица… Заглядывают, что-то кричат…
А я не слышу…
Только вижу, как стоит перед машиной мой Учитель. Такой бледный-бледный, ни кровинки на лице. Стоит, оперевшись рукой о капот, и никого к себе не подпускает.

Вижу, побегают к нему арабы, но он останавливает их рукой. Медленно садится возле переднего колеса и так тихо сидит, и смотрит перед собой на землю.

Это потом выяснится, что у него были перебиты все внутренности. Но пока – спокойный взгляд и какое-то раздумье отрешенное. Тишина продолжается еще несколько минут.
И вдруг врывается звук. Кричат арабы: «Что вы наделали?!»
Как будто это мы наделали…

Оказывается, микроавтобус этот, «Мерседес», с 14 пассажирами-арабами и накурившимся водителем, лежит в кювете. А наш боевой «пежо 306» стоит, чуть повернутый, на дороге. И дымится.

Это потом полицейские будут разводить руками и говорить, что непонятно, как мы остались живы. Ну, непонятно им, не-по-нят-но! Ну, не было в истории у них, чтобы выходили живыми из таких аварий!.. А я лежу и думаю, что я -то знаю, почему. Но как им это объяснишь?!.. И надо ли вообще объяснять?!..

Учитель потом сказал мне, что последней мыслью его было: «Как попасть под колесо». И он под него попал. И всех нас спас. «Мерседес» въехал в нас на скорости 140 км в час точно в лоб. Потом, по рассказам очевидцев, взлетел над нами, сделал три оборота, и скрылся в кювете.

Но пока я ничего этого не знаю.
Лежу на шоссе. Кровь из раны на голове заливает глаза. Ждем «скорую». Ждем полчаса, не меньше.

Тут надо сделать небольшое отступление и рассказать о природе человека. О собственнике, который в нас проживает. Об эгоисте. О себе.
Ну, сами посудите.
Вот приезжает «скорая», начинают нами всеми заниматься. Ну, и мной, конечно. Я лежу на асфальте, нога поломана, рука поломана, голова проломлена.
Склоняются ко мне санитары и, чтобы освободить руку, решают разрезать рукав куртки. А это, надо сказать, моя любимая кожаная куртка, подарок жены Нины. И я так, из последних сил, хриплю им: «Куртку не режьте!..» Хотят все-таки резать, а я им категорично: «Не режьте!..»

Ну, кое-как они справились, уж не понимаю как, но освободили руку. И я, стонал от боли, но помогал.

Принимаются они за мою ногу. Хотят мне ботинки порезать. Нога распухла. А я им, уже почти теряя сознание: «И ботинки не режьте!..» «Тимберленды», купили месяц назад, шекелей за 400.

Так меня в «тимберлендах» и грузят на «скорую».

Летим на полной скорости. Потому что у меня рука перестает двигаться.
Привозят. Тут же отправляют в операционную, с рукой, ногой, головой. Вливают в меня литры крови – потерял много, и латают пять часов подряд двумя группами врачей.
Руку мне делает прекрасный арабский врач, на него все здесь молятся, а ногу – русский, тоже орел. Потом он приводил даже свою жену, показывал на меня, на снимок ноги, и гордо говорил: «Вот, – говорил, – 18 костей нанизал на одну железку… И будет еще бегать!»

<357>

Меня оперируют, а тем временем Учителя, Бенци и Юру перевозят в другую больницу.
Учитель тяжелый. Внутреннее кровоизлияние. Все там внутри перебито.
Бенци – никакой. Голова, как глобус, все время без сознания, глаз не открывает.
Юра – поломан тазобедренный сустав.

Пока вся эта катавасия происходит, сходят с ума наши жены. Юриной сообщают, что мы погибли. Там полная паника.
Моя успевает получить от меня сообщение, что жив, прорывается на машине через религиозные районы, а дело происходит между пятницей и субботой (это «шабат», движение там запрещено)…

Тем временем ребята наши, все до одного, уже здесь, рядом с нами.

Мы будем открывать глаза и видеть родные, любимые лица, склоненные над нами. В них и тревога, конечно, но и покой, и абсллютная гарантия, что тебе ни за что не дадут умереть.

Да, с этого момента они не отпустят нас ни на мгновение. Уцепятся в нас своим желанием, и мы будем чувствовать, что нас буквально держат на руках.

Неделю Учитель будет в реанимации. Неделю будет балансировать между жизнью и смертью. Неделю все наши ребята (а в группе уже человек 50) будут дежурить рядом с ним, не выходя, 24 часа в сутки.

Их будут выгонять из палаты, они будут входить снова. Потом уже перестанут с ними бороться, поймут – бесполезно.

Потом мой любимый товарищ Гилад (майор, командир пограничного катера) расскажет, как он летел на машине, после того, как узнал, что произошло с нами, и думал только об одном, что такого не может быть, чтобы вот так забрали у него жизнь, которую он только-только нашел после стольких лет скитаний... Просто не могут забрать у него Учителя, нас... Да он просто не отдаст нас никому!..

И так все ребята.

Все живут с этой мыслью.
Она соединяет всех.

Матрасы брошены на землю, рядом с машинами... Постоянно сменяемые караулы.
Они молчат, курят, не надо ни о чем говорить.
Молитва – она ведь в сердце.

Не описать, ну, не описать, вот этого чувства безопасности, абсолютной связи с товарищами твоими. И она даже не физическая – она мысленная. Я уже сказал: тебя просто держат на руках. Вот именно такое ощущение и есть. И ты спокоен. Не дергаешься. И сам даешь им это спокойствие. Понимаешь, что оно и им необходимо. Такое взаимное поручительство получается. Вы поручились за меня, я ручаюсь за вас...

Именно это время я называю временем рождения нашей группы.

С этого момента все пойдет по-другому.

Иногда думаю, что мы и разбились именно для этого.

Вот, действительно, если задуматься, ирония судьбы, ей Богу!.. Вроде бы тяжелая авария, и сложены мы по кусочкам... И реанимация, и боль постоянная... Но для меня это самый счастливый период моей жизни!.. Верите, самый счастливый!..

...Через полторы недели меня выписывают. Я прошу завезти меня к Учителю (мы в разных больницах).

Он сидит худой такой, в кислородной маске, с «Учебником 10 сфирот» в руке… Мы обнимаемся, я на коляске, и он тоже… И он трясет учебником и говорит мне: «Я здесь такое нашел!..» И глаза сияют. И я ясно понимаю, что ничего нас и никогда не разлучит.

В это время приходят делать ему какую-то дикую процедуру – откачивать жидкость изнутри… Прямо на глазах засовывают длиннющую иглу ему под ребро и с ужасными болями высасывают… И еще говорят, что это ему надо будет проходить раз в две недели. Даже, когда его выпишут… А дальше будет операция, еще операция и все время эти процедуры.

Смотрю на смертельно усталого Учителя и думаю: «Это безумие какое-то».

И тогда появляется Геллер.

Вдруг сообщает мне мой друг, Женя, что где-то в Раанане открылась клиника, лечат там иглами, врач работал 17 лет в Китае. Творит чудеса.

На следующий день везем Учителя к Геллеру.

Странный мужик, нервный, резкий, крикун, диктатор, нет для него авторитетов. Оглядывает Учителя. Кивает. Не надо ему ничего объяснять. Приказывает ложиться. Шутя и играя, почти не глядя, ставит иголки.

Учитель послушен, как ребенок.

Ставит и мне заодно. Я произношу, на первый взгляд, безобидную фразу: «Надеюсь, – говорю, – поможет».
Вечером мне звонит этот самый Геллер. Мы с ним знакомы от силы один час, а он – ни тебе здравствуй, ничего – сходу орет в трубку: «Кто ты такой! – орет, – кто ты такой, я тебя спрашиваю, чтобы усомниться во мне!..»

Ничего не понимаю, молчу ошарашенный. А он продолжает орать: «Как ты мог сказать «наде-е-е-юсь, что поможет… «?» Пытаюсь возмущаться… А он кричит: «Заткнись!.. Отмени свое дерьмовое эго!.. Наде-е-ется он!.. Посмотри на своего Учителя. Учись, как надо хотеть!..»
И бросает трубку.
Стою, как обос…ный, пыхчу, возмущаюсь, ерепенюсь… Хватаю трубку, чтобы позвонить ему, ответить, но не звоню.

Проходит полчаса, час…

И я думаю вдруг: «Если бы была у меня цель не просто вылечиться, не просто стать здоровым, и все, а вылечиться именно для того, чтобы потом с новыми силами преподавать, как мой Учитель, как он, рассказывать людям, о том, как нам всем соединиться, наконец-то, как научиться любить, тогда бы я не пикнул даже, поддался бы, как ребенок. А я?»

В общем, Геллер вылечил Лайтмана.

Врачи раскрыли рты. Ни операция, на которой они настаивали, больше не требовалась, ни жидкости никакой не надо было выкачивать…
Произошло «чудо».

И Геллер сразу же исчез.
Словно появился только для того, чтобы помочь и исчезнуть. Клиника в Раанане растворилась, будто ее и не было (прямо Булгаков какой-то), поиск в интернете ничего не дал, друзья и знакомые прошерстили Голландию (он оттуда приехал), Москву, Китай… Бесполезно.
Мой рассказ затянулся. Время его заканчивать.
Но прежде два впечатления.
Первое, которое никогда не забуду, – это когда ребята привезли меня на коляске на мой первый урок после аварии. Все сидели очень торжественные. Вот-вот должны были привезти Учителя.

Он ходил с помощью ребят. И вот его вводят. Худой такой, бледный, на нем плащ висит, как мешок… Видит меня, мы целуемся, и я плачу от счастья…

Это был особый урок. Лайтман говорил еле слышно. Но каждое слово оставалось в нас. На этом уроке я понял, что такое Одна душа.

Учитель был слаб. Его хватило на один час.

Через два месяца мы возобновили наши радиопередачи. Но теперь уже из дома Лайтмана. Юра придумал такой миксер, что можно было прямо из квартиры вещать.

Меня, опять же, на коляске, завезли на второй этаж. Учитель сидел еще усталый, еще без сил… Но я помню точно, когда понял, что всё, беда миновала!
Когда раздались позывные передачи, и я увидел, как мой любимый Лайтман медленно закрыл глаза, посидел так, посидел, а потом, как в замедленной съемке, приблизился к микрофону и начал говорить…

И я почувствовал – все!… Теперь все пойдет, как надо… Мы победили.
И еще одну вещь я понял – я понял, что не променяю это ни на какие радости жизни…
Это ощущение единства, которое испытал… Ощущение, перед которым меркнет все.

simfeya
2011-09-21 03:29 pm (UTC)

Семён, спасибо, что рассказали.

Пока помолчу: «от того, что сердце слишком полно...»

> **blog_vinokur**
> 2011-09-22 06:46 am (UTC)
>
> Вам спасибо!
>
> Всегда рад вас видеть у себя. И чувствовать!
>
> Вот видите, вы все сердцем воспринимаете. Как это здорово!
>
> Спасибо!

>>>>>

domilucka
2011-09-21 03:43 pm (UTC)

«А Творец – это не седобородый старец, – это свойство Любви и Отдачи».

Нет слов…

И как же я вас полюбила, Семён, и учителя вашего, и ваших ребят, – что не отдали вас смерти.

Не устаю жизнь и Творца благодарить, что знакома с вами.

А ещё… после каждого вашего рассказа приходит тихое вдохновение, творить и ещё больше ЛЮБИТЬ.

> **blog_vinokur**
> 2011-09-22 08:11 am (UTC)
>
> Спасибо вам огромное.
>
> Я тронут, смущен и рад, что вы все время ухватываете главное из всех этих моих рассказов. Я говорю о свойствах Любви и Отдачи, которые в каждом из нас.
>
> Спасибо огромное!

\>\>\>\>\>

drakosh_a
2011-09-21 03:48 pm (UTC)

Меня случай свёл ещё с одним человеком в ЖЖ, который получил физическую травму, пережил много боли и вышел из этого, победив обстоятельства. Вы с ним похожи в вашем отношении к этому, вере в то, что преодолеете всё, ещё до того, когда началось реальное выздоровление.

Ваша вера в учение и Учителя удивительна.

> **blog_vinokur**
> 2011-09-22 08:18 am (UTC)
>
> Спасибо вам большое.
>
> Только не сам я вышел из этой ситуации.
>
> Что я сам? – Ничто! – Был на руках моих товарищей – и физически, и духовно. Они и вывели.
>
> И в вере тоже: самое важное – твое окружение. Мы поддерживаем друг друга все время.
>
> Спасибо вам!

\>\>\>\>\>

akuna
2011-09-21 04:19 pm (UTC)

Если вы живы, – значит, так надо.

> **blog_vinokur**
> 2011-09-22 08:21 am (UTC)
>
> Это уж точно. Оглядываясь назад, понимаю это еще как.
>
> Что касается Учителя, знаю точно – так надо было для мира. И это не высокие слова, поверьте.

>>>>>

supra300
2011-09-21 04:58 pm (UTC)

Нет слов…

> **blog_vinokur**
> 2011-09-22 08:27 am (UTC)
>
> А слова и не нужны.
>
> Огромное вам спасибо!
>
> Писал этот пост и еще раз убеждался – мало что словами выразишь!

>>>>>

belarussachka
2011-09-21 05:23 pm (UTC)

Спасибо…

Я бы еще почитала… Еще.

> **blog_vinokur**
> 2011-09-22 08:31 am (UTC)
>
> Обычно пишу лаконично, а вот тут, в ЖЖ, все время меня заносит, все время ощущение, что того не досказал, или этого…
>
> Потому что вы читаете, и очень хочется, чтобы услышали!

>>>>>

fisherlady
2011-09-21 07:48 pm (UTC)

На одном дыхании прочитала.

Как же я люблю вас читать. Испытываю огромное наслаждение от каждого предложения – до слез и мурашек.

Спасибо вам огромное, что делитесь такими сокровенными воспоминаниями и своими мыслями!

blog_vinokur
2011-09-22 08:38 am (UTC)

Я повторюсь – но поверьте, не рисуюсь, – что это все благодаря вам.

Если бы чувствовал, что меня взвешивают логически, что просто из любопытства читают, перестал бы писать, не было бы сил. А тут речь о близких по духу. Для вас хочется писать – и не страшно – всю правду.

Спасибо вам!

>>>>>

pitergrom
2011-09-22 05:48 am (UTC)

Я ненавижу слово «спасибо»!

Ты открыл больше, чем историю материального мира, включил переживания и ощущения, которые переворачивают сердце… Несколько страниц – и столько мозаичек сложились в одну картину, которая есть часть бесконечного мира, бесконечной гармонии и любви. Словами ты смог подключить меня и всех к единой гармоничной общей душе.

И на это все я могу сказать только – «спасибо»…

И это я ненавижу – не маленькое слово русского языка. Это тоска по внутренней связи между всеми нами, тоска по единству, тоска по радости окончательной победы над эгоизмом, по безграничной любви, – когда не нужны слова, и благодарность не нужно передавать стучанием клавиш компьютера в коментах.

Я люблю тебя, Семен!

Спасибо!

blog_vinokur
2011-09-22 08:59 am (UTC)

Я не знаю, как передать ту меру благодарности – нет, слабое слово – восхищения моего вами, и вашим глубоким пониманием цели жизни, и теплом, которое передаете так открыто, так чувственно.

У меня нет слов, нет!

Огромное вам спасибо!

>>>>>

lenutsaa
2011-09-22 08:15 am (UTC)

Семен, «много написать» в данном случае невозможно. Читаешь, как во сне. Все верно: и про веру, где нет место сомнениям; и про единство, которое вам посчастливилось испытать…

Завидую белой завистью.

У меня тоже, подобное было, но потом пришло разочарование – где-то, конечно, сама виновата.

А насчет веры…

Я давно насчет такой вот веры знаю, что если она есть – все возможно, даже самое невероятное. Но не получается, увы.

А Библия…

Я когда в юности ее начинала читать, – помешало именно то, что большинство верующих и священников настаивают: «надо все понимать буквально». Мне же всегда казалось, что там скрыты именно символы, которые надо расшифровать.

В вашем учении это очень здорово расписано, понятно становится.

Счастья вам и вашим ребятам, радости, здоровья.

blog_vinokur
2011-09-22 09:10 am (UTC)

Как я всегда рад вам! Всегда жду ваших комментариев! По-моему уже писал вам это, но не боюсь повториться. Просто вы всегда очень точны, очень открыты, честны, и есть в вас вот это желание почувствовать.

Что касается веры, то сам человек не выдержит, – обязательно его должны окружать близкие по духу, по поиску люди, книги, преподаватель… Иначе эго человека уведет его в сторону, и ему даже будет казаться, что он действительно верит, – но это будет игра того же эго. Проверено.

Так что, Лена, думайте об окружении и все случится лучшим образом.

Что касается Торы (Библии), то, конечно же, это не о людях и историях, – это о вас, обо мне, это инструкция, как дойти до тех высоких свойств, которые есть в каждом – до Любви и Отдачи.

Спасибо вам огромное!

>>>>>

diogen_omski
2011-09-22 01:48 pm (UTC)

Во-первых, еще одно спасибо (лишним не может стать) за текст.

Во-вторых, еще одно спасибо за те мысли, которые меня посещают. Мысли пришли давно, но, благодаря вашему тексту, я укрепился в чувстве, что делаю шаги – пусть еще крохотные – в нужную, правильную, достойную сторону. Хотя, перейти от мыслей к делу – сложно.

Собственно мысли.

Люди часто в своих представлениях как-то делят людей. Это один из распространенных способов обрести и предъявить своё мировоззрение. Именно то, на кого ты поделил мир, общество и определяет тебя, теперешнего.

Например, помню, мальчишкой делил на глупых и умных, сильных и слабых, потом добрых и злых, да мало ли…

И вот, несколько лет назад, я вдруг понял, что все люди для меня стали делиться на благородных и не… Но! – тут самое важное – кто такие благородные. Понятное дело, речь идет не об аристократии, хотя, в определенном ракурсе, и о ней.

И вдруг натыкаюсь на простое определение: «Благородный тот, кто ДАЕТ, и это право давать он присваивает себе сам. Не имеет значения, что: землю, ресурсы, средства, время, внимание, творчество, жизнь. Главное отдавать – просто, не взамен, не вкладывать, а по собственному волеизъявлению, тем самым что-то меняя в мире».

Это и есть свобода. И тогда, и Всевышний предстает предельно свободным – благородным.

Слово может быть и другим, но смысл такой, и он близок – мне так показалось – к тому, что я прочел у вас.

blog_vinokur
2011-09-22 02:15 pm (UTC)

И вам спасибо. Считаю я очень правильными эти ваши простые мысли об отдаче. Без философствований, без мудрствований, вот так, как пишите: «Главное отдавать – просто, не взамен, не вкладывать, а по собственному волеизъявлению, тем самым что-то меняя в мире». Так и жить.

Это потом уже сам человек захочет прийти к чистому состоянию отдачи и поймет, что ему в себе надо исправить, чтобы к этому прийти.

Но пока – вы правы – не надо никаких сложностей.

Хорошо человеку, что он отдает, – и прекрасно! Ощущает он, что этим чем-то меняет мир, – и замечательно!

Так и приходит он к пониманию, что Творец – это свойство Отдачи и есть.

Спасибо вам большое!

>>>>>

sergrain
2011-09-22 03:03 pm (UTC)

Однако!..

Внезапно, на двадцатой минуте чтения вашего текста, я выпал из жизни. Ничего не слышал и не видел, кроме экрана перед глазами.

Это стоит многого, и я говорю – спасибо вам!

blog_vinokur
2011-09-22 03:11 pm (UTC)

Я искренне благодарен вам за этот комментарий.

Как «киношник» знаю, как не просто удержать человека у экрана, и если, вы говорите, у меня получилось, я очень рад.

Спасибо вам!

И важно мне очень, чтобы это не просто держало, а чтобы прошло в человека то, что хочу сказать.

Спасибо!

Надеюсь, что прошло.

>>>>>

Владимир
2011-09-23 05:02 am (UTC)

Благодарю за удивительную, жизненную историю. Согласен с тем, что если бы не ваши близкие, друзья, товарищи, искренне желавшие того, чтобы вы остались живы и здоровы, этого чуда могло бы и не произойти.

Общий посыл сделал свое дело.

Это еще один пример тому, как мы все, живущие на планете Земля, можем влиять на происходящее с каждым из нас и на те события, происходящие на всей планете, в целом, имея в душе Любовь и сострадание.

blog_vinokur
2011-09-23 07:31 am (UTC)

Мне нечего добавить к тому, что вы пишите. Все очень точно.

Это и называется «взаимное поручительство», когда каждый понимает, что его благо зависит от блага ближнего: мне не может быть хорошо, если не будет хорошо ему; я не могу накормить себя сам – я кормлю тебя, а ты кормишь меня.

Только так мы сможем жить.

>>>>>

mml_2001
2011-09-23 01:37 pm (UTC)

До чего же красиво написано. Прочитал на одном дыхании, как роман. Только ведь это не роман, а история из жизни.

Спасибо!

blog_vinokur
2011-09-24 07:35 pm (UTC)

Так и было. Ничего я тут не придумал. Больше того, не смог словами – по-настоящему – выразить это счастье, которое испытал: что был рядом с Учителем, что ощутил, что такое взаимное поручительство, когда ты, поломанный, разбитый чувствуешь себя в полной безопасности, потому что товарищи «держат тебя на руках».

Ну, и еще одно важное понимание пришло тогда – что я правильно выбрал Цель жизни.

>>>>>

k_larabell
2011-09-24 04:03 pm (UTC)

Спасибо вам огромное...

Мы действительно все связаны друг с другом. Мне так нужно было, по состоянию души, прочесть что-то подобное вашему рассказу... И вот – притянуло к вам!

blog_vinokur
2011-09-24 07:45 pm (UTC)

Что мы все связаны друг с другом, – в этом у меня нет сомнения.

Нам надо только это раскрыть. Вот тут за нами вся работа: понять, что мешает нам объединиться, и убрать эту преграду.

И сразу окажется, что все это было сном, а настоящий, реальный мир – это прекрасный мир Единства.

Спасибо вам!

146 comments

пост_
улыбка_

Бывало ли у вас такое, что, вот, посмотрев хороший фильм, выходишь из кинотеатра и ловишь себя на мысли, что: «Идешь, как герой этого фильма, мыслишь вдруг так же, как он, и хочешь быть таким же во всем… И, в то же время, думаешь: «Но ведь это был фильм. Играли передо мной. И артиста этого я знаю – это Роберт Де Ниро. Так чего же я принимаю все это за чистую монету»»?!

А ведь принимаю…
Как дети растут? – Играя.
Что мы делаем, растя их? – Играем.
Как, там, Шекспир сказал, и мы любим это повторять: «Весь мир театр, а люди в нем актеры»…

Игра… Сыграть бы этот великий спектакль, в котором мы все играем в добрых, открытых людей, пытающихся дружить, любить, быть вместе. Играть с мыслью действительно стать такими…

* * *

Мой комбат, майор Кузнецов, часто говорил: «Из Израиля надо сделать полигон для ядерного оружия».
Через 10 лет после армии я оказался на «полигоне». Еще через полгода это подтвердилось – на нас начали падать ракеты. Назвали это «войной в Персидском заливе».

Мы сидели, как попугаи-неразлучники, в «заклеенной комнате», в противогазах. Я, жена Нина и сын Илюшка. Ему было пять с половиной лет, и я видел, как за стеклами противогаза его глаза ищут мои глаза. Чтобы я сказал ему: «Успокойся, сынок, это игра».

Это не было игрой, но я играл. А что было делать?! Говорил Илюшке: «Давай при каждом взрыве будем кричать «Ура!», и кто громче крикнет, тот получит шоколадный батончик».

Я не был спокоен, совсем. Во-первых, привез их сюда под ракеты, во-вторых, ходил упорный слух, что ракеты с химическими боеголовками.

Нет, не был я спокоен, но был вынужден играть спокойствие. И как-то играя, сам в это поверил.

Помню – это было на второй или третий день войны – мы пошли на море. Ну, уже не могли сидеть дома и «играть». Взяли противогазы и пошли.

Уже за полкилометра до моря слышим музыку. Подходим. На пустой автостоянке танцуют люди. Аж сердце защемило от умиления и тоски. Ходят парами, такие грациозные, красивые, празднично одетые, спокойные. И танцуют. Разные танцы: русские, венгерские, марокканские, израильские. Польку, вальс…

Ну, в общем, красота…

Меня это так растрогало. Оказывается, есть такая штука, называется «танцы у моря». Люди танцуют танцы стран, из которых они приехали.
И мне показали на парнишку лет 30-ти, который все это организовал. Звали его Жак. Кучерявый такой, выходец из Марокко, жил во Франции. Такая у него осанка танцора, и девушка с ним вызывающе красивая.
Вот так плыли они передо мной и улыбались…
Конечно же играли спокойствие, потому что в любой момент могла прозвучать сирена. Конечно, играли. Но как?!.. И становилось так покойно.

И вот, как в «хорошем» сценарии, прозвучала сирена.

Ряды дрогнули, как говорится, кто-то бросился в сторону, кто-то к машине.

Мы тоже побежали к дороге… Но слышу, музыка-то продолжается. Она выключилась на мгновение, а потом включилась еще громче. Оглядываюсь, смотрю. Жак и его красавица продолжают танцевать и с ними еще две пары.
Мы замедляем ход.

Конечно, понимаю, что это все неправильно. Указание жесткое: «при сигнале тревоги срочно искать убежище». Но они танцуют. И как бы даже выглядят еще более спокойными. Играют!.. И под нашими взглядами, просто хорошо играют.
Сирена воет.
Они танцуют.
Мы переходим на шаг и успокаиваемся.
И все, смотрю, тоже.

Все закончилось, слава Богу, быстро. Танцы возобновились. Жак был героем вечера.
Но на этом история не заканчивается.
Сразу после войны, там же, у моря, я увидел девочку лет десяти. Ну, такая, как с картинки – огромные глаза, косичка заплетена туго, смотрит на море и не улыбается. Я остановился в стороне. Наблюдаю. Не улыбается. Смотрит, вся в себе… Проходит десять минут, пятнадцать… Мне интересно… Не улыбается.

Была в ней какая-то тоска красивая. Тайна. Я ждал. И тут увидел маму. Она присела рядом с девочкой.
Подхожу, представляюсь: «Я сценарист, режиссер». Знаю, это придает веса.
Она говорит: «Вера. Из Днепропетровска».
Спрашиваю: «Что с девочкой»?
Она мне рассказывает, что воспитывает ее одна, что сама переболела сильно, думала, что не выживет, вообще… Боролась сама, без денег, без помощи. Еле дотянула до Израиля. Все это происходило на глазах у девочки. В результате, Вера выздоровела, а вот девочка – Таня – просто в одно утро перестала улыбаться.

Ну, знаете, как это у киношников: с одной стороны, конечно, сопереживаешь, с другой – закручиваешь про себя фильм, в котором соединяются вместе все впечатления последнего времени. И соединяются они в такой маленький сюжет, который грех не снять. А у меня к тому времени уже есть заказ от израильского телевидения.

И я тут же говорю маме: «А хотите, я вас сниму?»
Она говорит: «Я не против. Надо Таню спросить».
Садимся напротив Тани.
– Ты танцы на море видела, – спрашиваю?
– Видела, - говорит.
– Любишь?
– Я очень, – говорит Вера. А Таня пожимает плечами, ей, как бы, все равно.
Я продолжаю объяснять: «Таня, я хочу тебя, как актрису снять. Сюжет будет почти документальный. Живет девочка Таня, которая однажды перестала улыбаться… Просто они с мамой прожили непростую жизнь, и Тане, то есть тебе, пришлось многое пережить.
Но мы все-таки кино делаем, поэтому дальше происходит следующее: «Однажды ты приходишь на море и видишь – люди танцуют. Счастливые такие, улыбающиеся… И ты начинаешь приходить каждый день. Это для тебя становится, как отдушина. И вот тебя видит организатор этих танцев – Жак. И видит, что ты часто приходишь, и ты грустная все время.
И тогда он приглашает тебя на танец. И ты с ним танцуешь. И так вдруг улыбаешься в конце фильма»».

Вот такое «индийское кино» я рассказал Тане.
И говорю ей: «Давай поиграем в это. Сможешь улыбнуться?» – Таня не отвечает.
Я говорю ей: «Я тебя спрашиваю не как Таню, а как актрису Таню. Сыграй улыбку. Улыбнись для кино…»

И она соглашается.

Начали снимать.
Снимали три дня, об этом особый рассказ…
Но Таня так втянулась, как будто это все о ней было, и вся эта история не придумана наполовину. Она играла взаправду. Ей этого хотелось.
И вот приближается ответственный момент на съемках, когда я

прошу ее войти в круг танцующих. Жака прошу вдруг ее увидеть. Вот она выходит ему навстречу… Вот он ее видит… Вот подходит к ней… Протягивает руку…
Я кричу ей: «Улыбайся!» – И она улыбается.
Ах, какая у нее улыбка! Поверьте, улыбались люди вслед за ней, вся съемочная группа улыбалась.
Но я прошу её еще раз улыбнуться.
Делаем второй дубль.
Она снова улыбается.
Я прошу: «еще раз».
Улыбается!…
И так раз пять, наверное, мы снимали ее выход и эту улыбку.

Никогда не забуду этот вечер и растроганную маму Веру.

Так Таня и начала улыбаться.

Мне Вера позвонила на следующий день и с придыханием сообщила: она улыбается!

А потом, когда сюжет этот показали по телевидению, телефон у меня дома не смолкал до двух ночи. И мой великий переводчик – 17-летний Шурик, без которого я бы пропал на этом фильме, – сиял и переводил с акцентом вопросы израильтян: «Ну, как она?.. Улыбается?.. Передайте ей, что если ей что-то надо…»

Прошло 20 лет. Не знаю, что стало с Таней. Может быть, она прочтет этот рассказ и отзовется.

* * *

Мы все время играем в этой жизни.
И снова, и снова я думаю: как бы нам научится все время играть пьесу о хороших людях, о тех, кто ищет возможность соединиться, дружить, кто постоянно живет этим…
Неважно, пусть мы будем знать, что играем, ничего страшного.

И видеть, как это заводит других, которые сначала фыркали и говорили, что все это игра. А мы, слыша их, продолжали играть. И так, играя, стремились жить не для себя. Стремились отдавать, любить, поддерживали друг друга и повторяли друг другу, что мы должны открыть этот Закон мироздания – Закон Любви.

Он же окружает нас, это точно.

Что бы тогда было с людьми, которые попадали бы в наш круг?..
Начали бы вместе с нами играть.
Захотелось бы им самим это почувствовать.
И вдруг, как Таня, они ощутили бы, что так можно жить. Улыбаясь.

И это счастье, так жить.
И более того – мы все для этого и рождены.

a_happy_one
2011-06-27 02:19 pm (UTC)

Ох, как вы написали… Аж, до слез.

А то, что вы, вот так. подарили девочке Тане улыбку – это настоящий подвиг. Ведь подарить улыбку ребенку – наверное, самое главное в этой жизни.

> **blog_vinokur**
> 2011-06-28 06:31 am (UTC)
>
> Спасибо вам за теплые слова.
>
> Но какой же это подвиг? – это я о себе. – Конечно, хотелось, чтобы девочка заулыбалась, но, конечно, и кино хотелось сделать, и чтобы его посмотрели, и чтобы прочувствовали. Понимал, что это сюжет хороший для телевидения. Наше эго нас так просто не отпустит.
>
> Но когда Вера позвонила и сказала, что Таня улыбается, я, конечно был на седьмом небе.
>
> Спасибо вам!

>>>>>

lenutsaa
2011-06-27 02:36 pm (UTC)

Мне всегда казалось, что истинное назначение искусства именно такое – делать людей лучше. Пусть даже всего на тот короткий миг, пока они смотрят фильм или спектакль.

А вы вернули человеку улыбку. Одно это уже оправдание всего.

Вы счастливый человек, удивительный.

Спасибо вам.

И насчет игры – возможно, так и есть. Просто никто не пробует, считая несерьезным. А может, действительно, стоит.

annanaskat
2011-06-27 02:22 pm (UTC)

Я почему-то никогда раньше не задумывалась об этом. Хотя, играла часто и не всегда хорошую...

blog_vinokur
2011-06-28 06:35 am (UTC)

О-о, об игре можно много говорить.

Потому что и мы играем, и с нами играют, – до тех пор, пока мы не начинаем понимать, какие правила у этой игры. Что она вся для того, чтобы направить нас к раскрытию в себе больших высот: Любви, Желания связи с другими, Желания Отдавать.

Вот тогда игра переходит в правду.

Спасибо вам!

>>>>>

margopa
2011-06-27 02:40 pm (UTC)

Прекрасная история.

Спасибо вам.

blog_vinokur
2011-06-28 06:43 am (UTC)

Так живешь-живешь и нанизываешь на себя истории. И так каждый.

Как много у нас, у каждого, прекрасных историй!

Спасибо.

>>>>>

atithi_at
2011-06-27 03:14 pm (UTC)

Спасибо за то, что делитесь мудростью с этим миром.

blog_vinokur
2011-06-28 06:50 am (UTC)

Да мудрость-то – она проста, и мир ее знает прекрасно.

Ну что в этом сложного, в том, что цель наша – соединиться, что есть Закон Любви – и его мы все и должны постичь.

Спасибо вам.

>>>>>

simfeya
2011-06-27 03:36 pm (UTC)

Спасибо, Семён!

Как вдохновляюще вы пишете! И…хочется улыбаться.

blog_vinokur
2011-06-28 06:52 am (UTC)

Так улыбайтесь!

Не зря написал, получается. Нет, не зря, на самом деле, будет, если поймем, как нам играть надо и ради чего.

Спасибо!

>>>>>

ookami_noctua
2011-06-27 03:48 pm (UTC)

Самому захотелось улыбаться. Хотя, я до сих пор улыбаюсь после вашей истории.

Вы хорошим делом занимаетесь.

Спасибо, вам, Семен!

blog_vinokur
2011-06-28 08:28 am (UTC)

Если вы ощущаете, что дело хорошее, то и вы в деле!

Играем вместе.

>>>>>

jugozavod
2011-06-27 04:26 pm (UTC)

Хочется верить!

Замечательная история!!!

blog_vinokur
2011-06-28 08:31 am (UTC)

Играем в эту доброту и знаем, что играем.

А цель – чтобы действительно, однажды, научиться дарить себя другим.

Спасибо!

>>>>>

chelovek_being
2011-06-27 04:58 pm (UTC)

Спасибо за историю.

Искусство должно дарить радость и надежду!

blog_vinokur
2011-06-28 08:34 am (UTC)

Научиться бы дарить, не думая, что получишь взамен.

Спасибо!

\>\>\>\>\>

armfis
2011-06-27 05:39 pm (UTC)

До слёз…

Действительно, улыбка ребёнка – это самое великое, что есть в мире.

Спасибо вам!

> **blog_vinokur**
> 2011-06-28 08:38 am (UTC)
>
> Думаю, что самое великое, – это, когда человек понимает, что он начинает меняться.

\>\>\>\>\>

natakalin
2011-06-28 06:47 am (UTC)

Интересная история. Впрочем, в вашем ЖЖ много таких.

Спасибо вам.

Некоторые играют всю жизнь, даже не подозревая об этом. А иным везёт и, скорее всего, начинается путь под названием «изучи себя».

> **blog_vinokur**
> 2011-06-28 08:42 am (UTC)
>
> Не только «изучи себя», но – что самое важное – после этапа «изучи себя» наступает этап «измени себя». Но не сам. Самому изменить себя невозможно.
>
> Спасибо!

>>>>>

veiksme7
2011-06-28 07:08 am (UTC)

Благодарю за историю. Вы всегда пишете от сердца!

Для кого-то – просто сидит хмурая девочка, а для другого – это целая драма с большим желанием изменить все.

И всех – здесь присутствующих, неравнодушных – благодарю! Тепло здесь, с вами!

«..Желания связи с другими. Желания Отдавать. Вот тогда игра переходит в правду».

Семен, здесь небольшое уточнение: любая игра всегда переходит в правду, и как бы достучаться до людей, что главную игру своей жизни выбираем именно мы, сами!

И тут свалить просто не на кого!

Низкий поклон вам, за ваше большое сердце!

> **blog_vinokur**
> 2011-06-28 08:44 am (UTC)
>
> Не знаю даже, что ответить. Смущен…
>
> Принимаю все поправки, только бы мы начали играть в людей, желающих соединиться. Вижу, что уже играем.
>
> Спасибо вам!

>>>>>

awamnemarusya
2011-06-28 04:59 pm (UTC)

Знаете, Семён, есть такой диагноз «фантомная боль», – когда болят ампутированные части тела, те, которых уже нет.

Тогда человек становится лицом к двум зеркалам, расположенным под углом друг к другу, и видит себя «целиком». То есть та половина тела, в которой всё «нормально», зеркальным отражением заменяет вторую, где что-то ампутировано.

Если люди занимаются этим регулярно – видят себя в зеркале регулярно целиком, – то боли исчезают.

Тот же самый эффект имеет смехотерапия. Улыбкой лечится депрессия. Надо только заставить себя улыбаться и мозг получает сигнал: «у меня всё в порядке!» И что вы думаете? – помогает, на себе проверено.

Мы просто играем, а наш глупый мозг верит!

Сказать вам спасибо за этот пост – не сказать ничего.

Спасибо, что вы такой, какой вы есть!

blog_vinokur
2011-06-29 06:52 am (UTC)

Огромное вам спасибо!

Как интересны и важны эти примеры. Они лишний раз доказывают, что мы игрой можем изменить мир.

Вы уж извините, я сразу глобально мыслить начинаю…

Но ведь как это прекрасно будет, если мы начнем играть в соединение между нами, в проявление Любви, в стремление отдавать, дарить, наполнять один другого… Ну вот, завелся…

Спасибо вам огромное!

И, пожалуйста, заходите ко мне в блог, буду ждать вас все время.

>>>>>

prosvet_s
2011-06-28 08:02 pm (UTC)

Большое спасибо за такой светлый, глубокий и, отчасти, грустный рассказ.

Что такое игра? Когда играешь в кого-то, ты пытаешься примерить на себя новый образ, вникнуть в его суть, и твой внутренний мир становится от этого богаче.

Давайте играть друг в друга и беречь в себе эти светлые образы, – и тогда наш мир изменит свои границы…

blog_vinokur
2011-06-29 06:58 am (UTC)

И играя, мы поймем, как же мы должны измениться сами! И игра нам поможет измениться!

Спасибо вам за светлый образ и за желание, чтобы мир изменился.

>>>>>

nmorris
2011-07-05 07:54 am (UTC)

Отозвалось...

Спасибо!

Вот, о чем подумалось.

Актеры часто, для игры, берут ресурсные состояния из своей жизни. Невозможно сыграть, придумать восторг, если ни разу не испытывал в жизни, не знаешь, что это...

Это значит, что мы, играя, тоже берем не вымышленные состояния, а те, которые уже случались с нами в прошлом. Мы просто через «игру», наверное, получаем доступ к этим личным ресурсам, которые помогают в сложные моменты. И это значит, что в любой игре есть подлинность.

blog_vinokur
2011-07-05 09:20 am (UTC)

Абсолютно точно!

А особенно вот эта игра, ведущая, как я говорил, к соединению, к таким добрым состояниям единства. Они были, эти состояния. Мы были едины. Из этого корня все и происходит.

И то, что вы называете ресурсными состояниями артиста, – это как бы «духовный» код, некая запись, которая существует от прежнего счастливого состояния.

Спасибо. Вы абсолютно точно все понимаете.

\>\>\>\>\>

sovunechka
2011-09-17 05:28 pm (UTC)

Каждый раз, когда читаю ваши записи, меня не покидает чувство тихой радости, такой естественной и спокойной.

Спасибо за все эти истории из жизни. Они, как глоток свежего воздуха.

Мне бы тоже очень хотелось играть в этой жизни счастливую роль и улыбаться вместе с другими...

blog_vinokur
2011-09-21 02:09 pm (UTC)

Попробуйте это действительно делать.

Попробуйте понять, что все, что к вам приходит, – все для вас, для того, чтобы вы, счастливая, улыбались!

Спасибо вам за очень теплые слова.

Я улыбаюсь.

122 comments

пост_
послесловие_

Эх, был бы я мультимиллиардером…
Или нет, если бы я сумел объединить всех мультимиллиардеров, я бы сказал им: «Ребята, мы безусловно крутые, у нас все есть, и это мы правим миром…

Но, согласитесь, стало скучно жить в последнее время… Я предлагаю вам поиграть в настоящую игру – давайте изменим мир. Положим несколько сот триллионов на то:
– чтобы во всех садиках мира, школах, колледжах, институтах, на рабочих местах, на биржах безработных, – везде, на радио, телевидение, в интернете, во всем, что нас окружает, в рекламе, везде-везде!!! – чтобы с утра до вечера нам бы «промывали мозги»: умно, талантливо, просто рассказывали бы о том едином мире, в котором мы живем, и о том, что мы все связаны, что никуда нам не деться, что мы просто вынуждены будем соединиться;
– чтобы вместо обычной чернухи, говорили нам о том, сколько великой любви есть вокруг, сколько ее есть в человеке, – а он даже не догадывается об этом;
– а сколько любви есть в Природе вокруг нас;
– и чтобы рекламировали нам не людей «хапающих», а людей любящих, отдающих;
– и чтобы не хотели на нас заработать, а хотели, чтобы заработали мы, объединившись;
– чтобы капали и капали нам на мозги и на душу высокими благородными примерами.

И мы бы сами не поняли – как, но вдруг, поверьте, мы бы захотели этого.
Мы бы позавидовали чистым помыслам, позавидовали бы тем, кто умеет так любить, отдавать, дружить.
Мы бы захотели стать такими же!..
Это желание проросло бы в нас.
Мы бы создали нам и нашим детям такое доброе окружение, которое бы изменило и их, и нас.
Ну, что может быть выше этого!..

Но хотя и нет у меня еще этих триллионов, и не слышат меня пока «денежные мешки», но вот, даже сейчас, я – пишущий, вы – читающие, если мы, начнем сеять это доброе, светлое, вечное, пусть помаленьку, стремиться к нему – к этому единству, к этим Законам Мироздания, которые – Любовь, Равенство, мы перевернем мир.

Мы двинем мир к этому единству, потому что мы создадим сеть мыслей, великую «ловушку», в которую попадут все.
Ведь в каждом есть эта точка добра, взаимной помощи.
Мы ее пробудим в человеке, и тогда вдруг прекратиться весь этот эгоистический бардак, и почувствуем мы, как хорошо быть вместе, и заботиться друг о друге – хорошо!

Потому что никуда нам не деться с этого шарика.
И от Законов природы не убежать.

«И тогда наверняка...»
книга-блог

Редакторы: Э. Сотникова, А. Ицексон
Графика и дизайн: А. Мохин
Компьютерная верстка: И. Менабде
Модератор блога: Р. Закиров
Выпускающий редактор: М. Бруштейн

ISBN 978-965-7577-04-2

www.ingramcontent.com/pod-product-compliance
Lightning Source LLC
LaVergne TN
LVHW010148070526
838199LV00062B/4286